y los hombres que aman

Este es uno de los mejores libros sobre relaciones que he leído en mucho tiempo. Holly y Philip Wagner son una pareja agradablemente auténtica que me hace reír, pensar, volver a pensar y poner en práctica sus excelentes ideas. Su estilo de escritura y comunicación es nuevo, espontáneo y muy práctico. Recomiendo mucho este libro.

Dr. Jim Burns
Presidente de *HomeWord*, autor de *Los diez principios esenciales para una familia feliz*

Estamos muy emocionados de que tengas este libro en tus manos. Philip y Holly no son solo una de las parejas que mejor enseña sobre relaciones, sino que también se esfuerzan mucho por practicar los principios bosquejados en este libro. Encontrarás recursos prácticos para ayudarte a ascender en todo nivel de tus relaciones, y te reirás a medida que aprendas de tu propio viaje. Acogemos muy bien y recomendamos este estupendo libro.

Christine y Nick Caine
Autores, oradores y fundadores de *A21*

¡Auténtico, claro y al grano! ¡Holly y Philip no se reprimen! Este es un libro estupendo sobre el cual enseñar. Tengo intención de utilizarlo en nuestra iglesia y, si puedo recordar hacerlo, daré el mérito adecuado a los autores... *¡Ja, ja, ja!*

Ted Cunningham
Coautor de los éxitos de librería *Del enojo a la intimidad* y *El lenguaje del sexo*

Philip y Holly Wagner tienen un estilo de enseñanza distinto a cualquier otro; viven y enseñan de una dinámica relación con Dios y también el uno con el otro. Philip y Holly son queridos amigos, y su perspectiva sobre las relaciones saludables y sobre mantener un matrimonio divertido y centrado en Dios es refrescante. Su estilo de escritura humorístico y su pasión por las personas cautivarán tu mente y desafiarán tu corazón a medida que todos buscamos la dirección de Dios en esta importante esfera de la vida.

Brian y Bobbie Houston
Pastores principales de *Hillsong Church*, Australia

Todos lo queremos... el final de cuento de hadas, «y vivieron felices para siempre», pero la mayoría de nosotros no sabe cómo conseguirlo. Philip y Holly Wagner saben cómo ayudar. Su enfoque sincero y humorístico del deseo de nuestro corazón es un manual práctico y personal que necesitamos todos con urgencia.

Debbie y Robert Morris
Pastores principales de *Gateway Church*, Austin, Texas
Autor del éxito de ventas *La vida bendecida*

Las relaciones pueden ser una enredada red de dolor si no se manejan con precaución y cuidado. Desde la angustiosa primera cita hasta los pasos de compromiso hasta el altar, los hombres y las mujeres tienen que dedicar tiempo para acercarse, escuchar con atención, aprender y tomar sabias decisiones. Los pastores Philip y Holly han dado un regalo al Cuerpo de Cristo, no solo con este libro, sino también con sus vidas. Su propio matrimonio ha guiado y alentado a muchos otros, incluyendo el mío. Lo que escribieron en estas páginas es lectura obligatoria para todo el que quiera obtener una cosecha máxima en su relación.

Priscilla Shirer
Maestra de la Biblia y escritora

He enseñado sobre las diferencias entre los hombres y las mujeres desde los años setenta. Este libro es muy refrescante por el modo en que honra esas diferencias. Gracias, Holly y Philip, por ser auténticos y mostrarnos su vida en cada página.

Gary Smalley
Coautor de los éxitos de librería *Del enojo a la intimidad* y *El lenguaje del sexo*

Cuando soñamos con la relación perfecta, a menudo nos imaginamos la confianza, la emoción y la seguridad de un compromiso para toda la vida. En realidad, sabemos que una relación exitosa de verdad requiere trabajo, dedicación y disposición a humillarnos y aprender. En este libro, nuestros buenos amigos Philip y Holly Wagner reflejan el viaje que las relaciones exitosas deben experimentar, un viaje en el que ellos mismos han estado por más de veinticinco años. Ya sea que estés soltero, en un noviazgo o hayas estado casado durante décadas, en estas páginas encontrarás algo más que consejos sobre relaciones o arreglos rápidos. En cambio, descubrirás las verdades de las Escrituras que te ayudarán a que vuelvas a despertar al deseo de Dios para tu vida y tu relación.

Ed y Lisa Young
Pastores de *Fellowship Church*, Grapevine, Texas
Autores de *The Creative Marriage* y *The Marriage Mirror*

Las chicas de Dios
y los hombres que aman

Holly + Phillip **Wagner**

Las *Chicas* de *Dios*
y los hombres que aman

Publicado por
Unilit
Medley, FL 33166

© 2011 Editorial Unilit (Spanish translation)
Primera edición 2011
Primera edición 2015 (Serie Favoritos)

© 2010 por Holly y Philip Wagner.
Originalmente publicado en inglés con el título:
GodChicks and the Men They Love
por Regal Books, una división de Gospel Light Publications, Inc.
Ventura, California 93006, USA.
Todos los derechos reservados.

Traducción: Belmonte Traductores

Producto 497009 • ISBN 0-7899-2240-1 • ISBN 978-0-7899-2240-3

Impreso en Colombia
Printed in Colombia

Categoría: Vida cristiana /Relaciones /Amor y matrimonio
Category: Christian Living /Relationships /Love & Marriage

Dedicado...
A todas ustedes comprometidas a hacer la obra
necesaria para tener relaciones increíbles

Contenido

Gracias a . . .

Muchísimas personas nos han ayudado a navegar por nuestro matrimonio (algunas de las cuales quizá nunca las conozcamos), incluyendo:

Gary Smalley: por ayudarnos a entender que nuestras diferencias pueden hacer más fuerte nuestro matrimonio...

Gary Chapman: por ayudarnos a hablar el lenguaje el uno al otro...

Neil Clark Warren: por las perspectivas sobre las personas y sobre las cualidades que buscas en una pareja estupenda...

Ashley: por leer el manuscrito inicial con tanta rapidez y corregir las erratas y otros fallos técnicos...

Nuestra familia de Oasis: por querer aprender sobre las relaciones, y por ser pacientes con nosotros a medida que hemos enseñado sobre edificarlas a lo largo de los años...

Jordan y Paris, nuestros hijos: por seguir haciendo que la vida sea emocionante y llena de amor...

La mayor parte del tiempo damos gracias a Dios el uno por el otro... y siempre, le damos gracias por el privilegio de ser pastores en su casa.

Introducción

No creo que en verdad «me enamorara» de Philip.

Fue más como crecer en amor.

Solo recuerdo que mi corazón palpitaba más deprisa cuando estaba a su lado.

Recuerdo querer pasar cada momento con él.

Recuerdo quererle mientras tocaba su álbum recién grabado (en LP y casete, no CD... somos mayores).

Recuerdo que me inspiraba su relación con Dios. Solo parecía muy fácil y muy real.

Me encantaba (y me sigue encantando) escucharle enseñar. Hacía (y sigue haciendo) que la Biblia pareciera práctica y relevante.

Me encantaba lo compasivo, paciente y nada crítico que era (y lo sigue siendo) con las personas.

Me encantaba cómo me hacía reír (y lo sigue haciendo). Nadie me hace reír como él.

Le conozco mucho mejor ahora de lo que le conocía cuando comenzamos por primera vez nuestro viaje. Y le amo más. Hemos aprendido a valorarnos y honrarnos el uno al otro. Hemos mejorado cada vez más al comunicarnos de manera que sea edificante. Hemos aprendido a agradecer aquello en lo que somos diferentes. Hemos aprendido a tener paciencia. Hemos comprendido que juntos somos más fuertes.

Una vez dicho esto, ha habido momentos a lo largo de nuestro viaje en que él me ha vuelto loca, cuando cuestioné mi decisión de elegirle como esposo.

«Haz que recuerde que el divorcio es caro y que el asesinato va en contra de la ley», fue un ruego que le hice a una amiga hace varios años. Ahora me río de ese comentario, ¡pero en ese entonces yo no bromeaba! En esa época nuestro matrimonio no era divertido, ¡dado que requería mucho trabajo y él no «me entendía»!

Quizá hayan habido momentos en los que te hayas sentido igual. Vagamente recuerdas esos sentimientos de amor... ya no los tienes ahora en sí.

Bien, aliéntate. No estás sola.

O quizá estés soltera y no quieras estarlo en realidad.

Tal vez tus amigas se estén casando y tu armario esté lleno de vestidos de dama de honor. A lo mejor la película *27 Vestidos* no sea ficción, sino una realidad para ti y te debatas entre si debieras o no conformarte. Te preguntas si habrá algún hombre en algún lugar para ti.

Bueno, sí... lo hay.

Es posible que solo tengas que trabajar un poco.

En ti.

Y en lo que estás buscando. Sí, todavía hay hombres estupendos por ahí. Además, hay algunos hombres a los que ni deberías acercarte. Por fortuna, este libro puede ayudarte a ver la diferencia.

Después de veinticinco años de edificar un matrimonio, de lograr atravesar algunas de las curvas engañosas, Philip y yo queremos mostrarte un poco lo que hemos aprendido.

Una de las últimas oraciones que Jesús hizo fue que nosotros, toda la humanidad, fuésemos uno. ¡Parece mucho más fácil de lo que es en realidad! Si nosotros, la humanidad, debemos llegar a ser uno, es probable que comience en nuestros hogares.

Una de las definiciones de la palabra «extremo» es «apartado lo más lejos posible de lo ordinario o promedio».

Me gusta eso.

Tú y yo necesitamos ser personas *extremas* casi en cada esfera de nuestra vida. ¡Y de seguro que en nuestras relaciones! Los matrimonios *promedio* se están derrumbando a un ritmo alarmante. Entonces, ¿qué te parece si nos volvemos *extremos* en nuestro compromiso de edificar un matrimonio? ¿Qué piensas si nos volvemos *extremos* en nuestra determinación de entender más que ser entendidos?

Gran parte de nuestras vidas se emplean recorriendo la carretera siempre peligrosa de las relaciones. Y algunas de nosotras (¡tú no, desde luego!) hemos tomado decisiones muy estúpidas cuando se trata de los hombres a los que les permitimos entrar en nuestro corazón. Aunque es posible que nunca lleguemos a ser expertas en todo el asunto de las relaciones, sí creo que todas podríamos mejorar un poco al respecto.

Ese es el corazón de este libro.

Nuestra esperanza y nuestra oración son que te ayude.

Philip y yo nos alternaremos capítulos. Sobre algunos temas, nos escucharás a los dos, pero con una perspectiva diferente. Sin duda, sus capítulos estarán más organizados.

¡Eso no debería ser una sorpresa!

Introducción

Las mujeres son un regalo para el género humano.

Sin embargo, la humanidad tiene su manera de tratar mal los regalos que recibe.

Las mujeres son un arma secreta y las claves para disfrutar la vida a plenitud. Se han convertido en el arma secreta de Dios: Las chicas de Dios. Las mujeres que aman a Dios reconocen su propia valía como un tesoro y sienten un llamado a distinguirse en el mundo.

Las chicas de Dios son un arma secreta para llevar esperanza, consuelo y vida a casi cualquier situación. En realidad, no es un secreto tan grande. Lo que sucede es que algunas personas no prestan atención.

No existen manuales sobre cómo amar bien a las mujeres (de todas formas, a muchas personas no les gusta leer manuales). Y aunque históricamente puede que no siempre hayamos sido amables con ellas, creo que es momento de que cambiemos el plan de juego. Es momento de que enmendemos un error.

¡Es momento de que honremos a las muchachas!

Las mujeres prosperan cuando los hombres que hay en su mundo las honran y capacitan. Muchas veces, los hombres no entienden el impacto que tienen sobre el alma de una mujer. Los papás subestiman la marca que dejan en sus hijas. Los hermanos subestiman la influencia que tienen en sus hermanas. A menudo los novios no son conscientes de las marcas que permanecerán en el alma de las muchachas con las que salen. Y los esposos no entienden la importancia de su toque en el corazón de sus esposas.

He oído decir que la piel de la mujer es diez veces más sensible al toque que la del hombre.

Diez veces más sensible a un toque frío, a un toque egoísta, a un toque afectuoso y alentador, a un toque perjudicial, a un toque no sexual y a un toque sensual. (Ten en mente que el toque puede ser físico, emocional o verbal).

Escucha el poderoso impacto de un toque de ternura:

No fue a mi oído donde susurraste,
sino a mi corazón.
No fueron mis labios los que besaste,
sino mi alma.
JUDY GARLAND, «*MY LOVE IS LOST*»[1]

Deberían besarte y con frecuencia... y por alguien que sepa cómo.
RHETT BUTLER, *LO QUE EL VIENTO SE LLEVÓ*

Observa el tono de la versión del hombre de un beso y el tono de la versión de la mujer. Tal vez parezca que todo en cuanto a nosotros es diferente.

En este libro veremos cómo hombres y mujeres, a pesar de nuestras diversas idiosincrasias, podemos trabajar juntos para distinguirnos en nuestro mundo y poder edificar una alianza que nos traiga satisfacción a todos.

Leer este libro puede ayudarte a entender un poco mejor al hombre que amas. Los hombres son distintos a las mujeres. Los hombres no son tu enemigo; solo son diferentes. Y la clave para una mejor relación es el entendimiento.

No represento a todos los hombres. No soy el portavoz del equipo completo aquí. Soy solo un hombre, una voz que intenta explicar, que intenta llenar la brecha que hay entre las mujeres y los hombres que aman y que les aman a ellas. Por fortuna, entenderás más, quizá te rías un poco más y disfrutes un poco más de las relaciones después de leer este libro.

Cuanto mejor nos entendamos el uno al otro, menos probable será que nos miremos el uno al otro y pensemos: *¿Pero qué te pasa?*

El baile de las relaciones

Una relación estupenda es como un baile. Tienes una pareja. Quieres disfrutar de la experiencia, disfrutar del viaje y que haya los menos pisotones posibles entre los dos.

El baile es en parte técnica y en parte química. Es aprender los movimientos esenciales y también dejar que te lleve la música.

A mí me tomó bastante tiempo descubrir que mi esposa, Holly, era un regalo para mí.

Al principio, estaba locamente enamorado. Nos queríamos mucho. Sin embargo, pronto tuve mis dudas con respecto a que ella fuese un regalo en realidad; quiero decir, que éramos y somos muy diferentes...

Cuando está caliente, yo estoy frío; cuando yo estoy demasiado caliente, ella está demasiado fría. Ella quiere ir más rápido; yo quiero restarle la velocidad a las cosas durante un momento. A ella no le gusta caminar al sonido de un ritmo diferente; a veces es una canción diferente.

Ella y yo vemos la mayoría de las cosas de modo distinto.

Solíamos intentar cambiarnos el uno al otro. Quedábamos muy frustrados.

No obstante, lo entendimos al final. Somos un equipo. Veinticinco años después, reconocemos que las fortalezas de ella nos hacen mejores y más fuertes. Mis fortalezas nos hacen más sabios. Un importante cambio en nuestra relación se produjo cuando comenzamos a reconocer las diferencias, aceptamos nuestras diferencias y encontramos un camino para respetar las diferencias. Leerás mucho acerca de eso en este libro.

Tomemos el «problema de los cinco minutos», por ejemplo. Cuando nos preparamos para salir, yo necesito diez minutos, como máximo doce, si también me arreglo el cabello. Holly necesita mucho más tiempo, lo cual no es el problema.

Aquí es donde comienza el problema: yo soy más literal, mientras que ella es más metafórica. A mí me gusta ser puntual, lo cual significa para mí llegar de cinco a diez minutos antes. Holly toma «llegar puntual» con una interpretación más metafórica.

«Holly, ¿estás lista para salir?».

«Estoy lista», dice ella.

Creo que quiere decir que está lista para salir ahora, así que me voy para el auto y lo pongo en marcha. Sin embargo, ella no quiere decir que esté preparada de verdad para salir ahora, *en este momento*. Ahora es más como, digamos, cinco minutos. Entonces, ¿por qué no dice «en unos cinco minutos»? Incluso si lo dijera, no se referiría a cinco minutos *reales*. Es más general que eso.

Yo me frustro.

Entonces hace que recuerde: «Cinco minutos. Ya sabes, como los cinco minutos que tú me dices que quedan en el partido de baloncesto. Lo cual es más parecido a quince o veinte».

«Vaya. Bueno, buen punto».

Conducir en silencio es una experiencia común cuando estás intentando descubrir: *¿Con quién estoy casado? ¿Qué acaba de suceder?* La clave es entendimiento... y paciencia.

Es importante que mantengas tu vista en el cuadro general, en la visión para tu vida. Eso te ayudará a sortear muchas pequeñas batallas. De otro modo, es fácil quedarse estancado en pequeños problemas que pueden agriar la relación. No vas a entenderlo todo acerca de los hombres y ellos no van a entenderlo todo acerca de ti.

Como «el problema de masticar». Estamos sentados en la cama leyendo por la noche. Mi esposa está comiendo algo. Esta masticando cierto tipo de patatas. Es el ruido más alto que he escuchado en todo el día.

—Perdona, ¿crees que puedes masticar más en silencio?

—Solo estoy masticando. No hay volumen en el masticar —se defiende ella.

—¿Cómo puede tanto ruido... —de repente me doy cuenta de que me estoy dirigiendo hacia aguas peligrosas—, salir de una mandíbula tan... bonita? No estoy criticando, tan solo digo...

—Tú lee. Deja de meterte conmigo.

—Lo siento.

Ella sigue leyendo unos minutos más, cierra su libro y apaga su lámpara.

—¿Vas a seguir leyendo mucho más tiempo? —pregunta—. Porque la luz me molesta.

—Estoy leyendo a Grisham; solo un par de capítulos más. ¿Te molesta la luz?

—Claro que me molesta... —y entonces dice un par de frases con voz demasiado baja para que yo la oiga.

—¿Qué?

Me repite lo que dijo, pero a un volumen aun más bajo.

—¿Estás hablando entre dientes o tenías algo que querías decir?

—Buenas noches, Philip.

—Y... ¿entonces no habrá relación sexual esta noche?

Yo trato de detener las palabras antes de que salgan de mi boca, pero demasiado tarde...

Los dos nos quedamos mirando al techo y pensando: *Dios, ayúdame a entender a esta persona que está acostada a mi lado.*

Podemos permitir que esas pequeñas molestias en la relación definan quiénes somos y cómo es nuestra relación, o podemos tener un propósito y una visión mayores en mente, como la unidad implícita en el propósito de Dios.

Alguien me dijo que los hombres no leen a menudo libros sobre relaciones. Estoy escribiendo mi parte de este libro principalmente para las mujeres, pero espero que el hombre de tu vida lea al menos la sección que hay al final de cada capítulo: «¡Solo para hombres!». Creo que le ayudará a obtener entendimiento que aportará fortaleza a las vidas de ambos: a ti, una chica de Dios, y al hombre que amas.

Y despegamos...

Nota

1. Judy Garland, «My Love Is Lost», de una colección de poemas no publicada, 1939.

1

Espejito, espejito

(Holly)

Tu obligación moral es ser feliz[1].
DRA. LAURA SCHLESSINGER

Te alabo porque soy una creación admirable.
SALMO 139

No es tarea de tu esposo darte una vida. No es su tarea hacerte sentir bien contigo misma.

Jesús nos dijo que debemos amar a nuestro prójimo como a nosotros mismos (lee Lucas 10:27). Quizá lo hagamos... y ese sea el problema.

Es posible que en verdad no amemos la manera en que somos, así que tal vez no seamos tan estupendas con respecto a amar a otra persona. Y amar a los demás es el motivo de que estemos aquí. Tú y yo tenemos que ser la expresión humana del amor de Dios a este mundo tan herido. Nunca podremos hacer eso si no nos amamos a nosotras mismas.

Hay algunas grandes razones para que debamos amarnos a nosotras mismas.

Una de las mayores es que es muy difícil para otras personas amar a nuestro verdadero yo cuando estamos intentando ser otra persona.

Todas necesitamos crecer y hacer cambios. Cuando tenemos un noviazgo, sin embargo, necesitamos tener cuidado de no intentar cambiar el modo en que somos en realidad. He escuchado a parejas de novios tener conversaciones parecidas a la siguiente:

—¿Te gusta viajar?
—Sí, me gusta mucho viajar. (Sé que ella detesta viajar).

—¿Te gusta la comida tailandesa?

—Sí, me encanta. (De nuevo, sé que a ella no le gusta).

—Me encanta de verdad la música clásica.

—A mí también. (No, no le gusta. Está mintiendo. La que de verdad le gusta es la música *country*).

Están engañando a la otra persona.

¿Por qué? Porque no están cómodos con quienes son y, en cambio, intentan ser lo que quizá quiera la otra persona. Eso causa confusión.

El personaje de Julia Roberts en la película *Novia a la fuga* tiene precisamente ese problema. En realidad, no se busca a sí misma y por eso intenta ser cualquier otra cosa que el hombre con el que sale quiera que sea. Ni siquiera sabe cómo le gustan los huevos; se los come cocidos si el hombre que la acompaña los prefiere así. Eso no es bueno. Solo después que toma algún tiempo para descubrirse a sí misma está lista para comprometerse al matrimonio.

Tan solo sé tú misma.

Hay muchas personas que pensarán que eres maravillosa.

Sé quién eres tú.

No desperdicies tu tiempo, ni el de la otra persona, engañándola.

Otra razón de que debamos amarnos a nosotras mismas es que, si no lo hacemos, escogeremos malos hombres para casarnos. Es más probable que nos conformemos con menos, e incluso aceptemos el maltrato, porque sentimos que no merecemos nada mejor.

¡Tú eres una hija del Rey! Tienes derecho a apuntar alto cuando se trata de escoger un novio o un cónyuge... pero no lo harás si no te amas a ti misma.

Dicho eso, mantengamos la cabeza fría. Prepárate. Ahí afuera no hay un hombre perfecto ni ninguna mujer perfecta. Las películas y los cuentos de hadas nos miman, pero tenemos que aprender a afrontar la realidad de nuestra naturaleza humana a la luz de lo mejor que Dios tiene para nosotras. Todas estamos en un viaje, así que si estás esperando al Sr. Perfecto, olvídalo.

Sin embargo, tampoco tienes que aceptar al Sr. Mucho Menos que Promedio.

No.

Deja que madure antes.

Me gusta estar alrededor de personas que tengan confianza.

Que no sean arrogantes.

La arrogancia es poco atractiva y fea, y con frecuencia es una máscara para cubrir la inseguridad.

No obstante, la confianza serena es estupenda.

Vale la pena esperar a alguien que pueda reírse de sí mismo y sea capaz de aceptar una broma sin que se hieran sus sentimientos.

Haz tus cálculos

Cuando te gusta quién eres, no tienes excesiva necesidad.

Es difícil desarrollar intimidad con alguien que está necesitado. Las personas necesitadas son agotadoras; y toman muy malas decisiones en las relaciones.

Hubo una canción pop de Mariah Carey en la radio que ponían cada cinco minutos no hace mucho tiempo. La letra se queja: «¡No puedo vivir si la vida es sin ti!»[2].

Parece trágicamente romántico decir que perder a su amante o su afecto haría imposible vivir la vida.

De modo que eso no es sano.

Yo puedo vivir sin Philip. No quiero hacerlo porque me gusta compartir la vida con él, y planeamos envejecer juntos. Sin embargo, debido a que sé quién soy, y me gusta quién soy, lo cierto es que... podría vivir sin él. Esto no me convierte en una persona necesitada. No busco que él me dé un propósito para vivir.

Dios nos llama a ser interdependientes los unos de los otros. Por definición, eso significa «mutuamente dependientes». Deberíamos participar en una relación recíproca con nuestra pareja y solo reservar nuestra dependencia para Dios. Solo Dios puede ser nuestro todo, porque solo Él es perfecto. Él nos da propósito, destino y una razón de vivir. Mi esposo no es perfecto (¡se acerca bastante!), así que busco en Dios mi propósito para vivir, no en Philip. Eso es demasiada presión para que nuestro cónyuge la maneje. No está diseñado para llevar esa carga.

Nos crearon para el compañerismo.

En la película *Jerry Maguire*, el personaje de Tom Cruise le dice al amor de su vida: «Tú me completas». Ahora bien, eso de seguro que parece romántico, y es probable que todas suspiremos cuando lo escuchemos. No obstante, a decir verdad, son tonterías.

No deberíamos estar buscando a alguien que nos complete.

No eres una mujer fragmentada que está buscando a un hombre para que llene los espacios. Dios no te creó como una mitad. Una relación sana es cuando dos todos se unen. El objetivo es que tú y yo seamos los todos.

Cuando Dios le dijo a Adán que no era bueno que estuviera solo (lee Génesis 2:18), Él creó a la mujer, Eva, como una compañera. A Eva no la crearon para que fuera una pérdida.

Salomón dijo que más valen dos que uno (lee Eclesiastés 4:9).

Al hacer los cálculos, eso significa que $1 + 1 = 2$.

Como contraste, $1/2 + 1/2 = 1$... lo cual es en menos de 2. Uno es el mismo número con el que Dios comenzó, lo cual significa que este «compañerismo» de dos mitades no avanzará el propósito del cielo en la tierra del modo en que pueden hacerlo dos personas completas que se unen. El propósito del matrimonio es glorificar a Dios, ser el ejemplo de amor entre Él y su iglesia (lee Efesios 5:32). Dos personas completas pueden participar en una relación mutuamente dependiente con una comunicación y una responsabilidad sincera, abierta y vulnerable, a la vez que se alientan y se instan el uno al otro a profundizar más y a avanzar en el propósito de Dios. Al igual que Eva, te diseñaron para aportarle ayuda y compañerismo a tu relación.

Por lo general, dos mitades unidas experimentan una falsa intimidad, venas de codependencia, secretos, falta de comunicación y temor acerca del propósito y el destino del otro. Es muy difícil alentar a tu cónyuge a convertirse en quién es en Dios cuando tú misma no estás segura de quién eres en Él.

Mi capacidad de gustarme a mí misma no proviene de pensar que soy admirable, sino de que Dios lo piensa (lee Salmo 139:14). Soy su obra maestra, una creación única (lee Efesios 2:10). Y, a decir verdad, mi Dios satisface las necesidades más profundas de mi alma. Tengo una relación sincera y real con mi Creador. No espero que Philip satisfaga necesidades que solo Dios puede satisfacer.

Ahora bien, no estoy diciendo que tú no tengas necesidades que tu cónyuge tenga que satisfacer. En realidad, a los hombres les gusta satisfacer las necesidades de una mujer. Philip a menudo me ayuda a arreglar cosas. (No quiero decir que lo arregle todo en la casa, porque no lo hace; si es necesario algo más que un martillo, tenemos que llamar a alguien). Me ayuda cuando necesito aclarar un mensaje de enseñanza, negociar las emociones implicadas en una amistad u organizar mis pensamientos a veces dispersos. Hubo algunas ocasiones mientras pasaba por mi batalla contra el cáncer de mama, en que él me ayudó a conquistar el temor, haciendo que recordara lo que Dios dice sobre la sanidad. Cuando necesitaba seguridad, me la dio. Cuando necesitaba a alguien que me abrazara en la consulta del médico, lo hizo.

Y él me necesita. Para encontrar cosas. Para alentarle. Para presentarles a nuevas personas. Para jugar. Juntos, Philip y yo hemos logrado mucho más de lo que cada uno de nosotros podría haber logrado por separado.

No estoy diciendo que no tengamos necesidades legítimas. Todos las tenemos, y nuestro cónyuge puede satisfacerlas. Sin embargo, tener necesidades y estar necesitados son dos cosas diferentes. Y ese es el punto que estoy intentando establecer.

La necesidad demanda. Tener necesidades pide.

Independiente... no es bueno.

Dependiente... no es bueno.

Interdependiente... es *bueno*.

Cuando no nos gusta quiénes somos, siempre procuramos que otra persona nos complete. Y aunque Philip de seguro puede ser un alentador, y debería serlo, no tiene la responsabilidad de cómo me veo a mí misma.

Podría haber muchas razones para nuestra inseguridad: abuso en el pasado, descuido, rechazo o abandono. Todas nosotras, en un grado u otro, hemos experimentado al menos una de esas cosas. Sin embargo, en algún punto, debemos comenzar a creer que somos quienes Dios dice que somos... y a vivir nuestra vida con ese conocimiento.

En una ocasión oí decir a alguien: «Si me atropella un camión, no es culpa mía; pero mi responsabilidad es aprender otra vez a caminar». Tenemos que afrontar nuestro pasado, nuestros problemas, nuestras heridas y nuestro sufrimiento si deseamos ser una pareja estupenda. Tenemos que asumir la responsabilidad; no la culpa, sino la responsabilidad de sanar, crecer y convertirnos en una persona sana y arraigada en el amor de Dios y en su Palabra.

¿Quién eres tú?

Somos unos cinco mil millones de nosotros en el planeta que creemos en Dios. Eso es bueno. Sin embargo, necesitamos llevar esa creencia un paso más adelante y no solo creer en Dios, sino también creer que Él nos creó con un propósito.

Tú no eres un accidente.

No importa lo que te dijeran tus padres, te situaron sobre el planeta en este momento de la historia por una razón concreta. Dios te arrancó de la eternidad y te confió este momento en la historia.

Él podría haber hecho que nacieras en cualquier otra época, pero escogió el presente.

Debe de haber una razón. Tú tienes un propósito y un destino que vivir.

Y, en realidad, no sabremos cuál es nuestro propósito si no conocemos a nuestro Creador.

Si quiero conocer algunos detalles sobre mi modelo de auto, no le pregunto a otro auto. Le pregunto a la empresa que fabricó el auto. He tenido que leer el manual unas cuantas veces a medida que he ido aprendiendo todo acerca de mi nuevo híbrido.

El primer paso hacia gustarte a ti misma es saber que te crearon con un propósito, y que es bueno.

Saber que eres la hija de Dios amada sin medida lo cambia todo. ¡Somos mujeres! ¡Sabemos que el amor lo cambia todo! Puedes aprender los caminos de Dios y madurar hasta amar su carácter cuando entiendes que Él no es la suma de tu experiencia humana. En otras palabras, Él no es quien era tu padre terrenal, quien era el que abusó de ti, quien era el que criticaba, quienes eran tus críticos novios. Ese no es su carácter. Su carácter es bueno.

El siguiente paso es descubrir quién es Él, quién eres tú en Él y cuál es su propósito. Puedes hacer eso llegando a conocer a tu Creador, leyendo su manual. La Palabra de Dios, la Biblia, es su carta de amor para ti, su manual de instrucciones para ti. No es un libro de reglas con estándares imposibles en los que nunca puedes estar a la altura; es una expresión de amor que comunica y que te impulsa hacia delante a lo mejor que Él tiene para ti.

Otra razón por la que debemos saber quiénes somos es para decidir qué haremos. No podemos hacer esto al contrario. Yo no puedo apoyarme en lo que hago para decidir quién soy, porque si me arrebatan lo que hago o fracaso en ello, me veré como una perdedora. LeBron James es un increíble jugador de baloncesto, ¿pero qué sucederá cuando ya no pueda jugar? ¿Qué les sucede a las Julia Roberts y los Luciano Pavarotti de este mundo? ¿Qué sucede cuando ya no puedan hacer lo que hacen? ¿Estarán confundidos o deprimidos? ¿La tomarán con sus seres queridos?

¿Y tú?

¿Está tu identidad involucrada en lo que haces?

Antes de que fueras esposa, madre, maestra o abogada, eras una hija del Rey amada sin medida y creada a la perfección.

No obtenemos nuestra identidad de nuestra licencia de conducir. La mayoría de las cosas que están ahí son equivocadas. Sin duda, ¡yo no peso lo que dice que peso! ¡Creo que cambió mi dirección en realidad!

No obtenemos nuestra identidad de nuestro pasaporte (eso solo nos dice dónde estuvimos).

No obtenemos nuestra identidad de las calificaciones escolares (¡muchas de nosotras aún seguimos lidiando con algunas cosas negativas que decían los maestros!).

No obtenemos nuestra identidad de un espejo (eso es solo lo que utilizamos para ponernos maquillaje).

Tú y yo obtenemos nuestra identidad de nuestro Creador.

A través de sus ojos es como tenemos un verdadero cuadro de los individuos que somos.

A continuación hay parte de lo que nuestro increíble Dios tiene que decir sobre nosotras.

Lo único que tienes que hacer es creerlo.

Quizá te ayude decirlo en voz alta.

Soy una hija de Dios (lee Juan 1:2).
Soy coheredera con Cristo (lee Romanos 8:17).
Soy una hija del Rey (lee el Salmo 45).
Soy llamada (lee Jeremías 1:5).

Tengo propósito (lee Efesios 2:10).

Soy escogida (lee Efesios 1:11).

Soy una creación admirable (lee el Salmo 139:13-14).

Estoy equipada para la batalla (lee Efesios 6:10-17)

Soy más que vencedora (lee Romanos 8:17).

Soy parte del plan de Dios para justicia en la tierra
    (lee Isaías 61:1).

Soy la justicia de Dios en Cristo (lee 2 Corintios 5:21).

Soy libre de condenación (lee Romanos 8:1).

Soy el templo del Espíritu Santo (lee 1 Corintios 6:19).

Soy libre de la enfermedad y los dolores (lee Mateo 8:17).

Soy libre del pecado (lee Romanos 6:7; Juan 3:16).

Soy aceptada en Él (lee Efesios 1:5-7).

Soy amada sin medida (lee Juan 17:23).

Estoy completa en Él (lee Colosenses 2:10).

Soy una nueva creación en Cristo Jesús (lee 2 Corintios 5:17).

Soy adoptada por Dios y trasladada a su reino
    (lee Romanos 8:15; Colosenses 1:13).

Estoy formando a la siguiente generación para vivir bien
    (lee Tito 2:3-5).

Soy libre del poder de la oscuridad (lee Colosenses 1:13).

Soy una embajadora de Cristo (lee 2 Corintios 5:20).

Soy salva por gracia (lee Efesios 2:8-9).

Soy creada para dar gloria a Dios (lee 2 Corintios 3:17-18;
    Colosenses 1:15-17).

Vivo para honrar y adorar a Dios (lee Romanos 12:1).

Soy transformada por la renovación de mi mente
    (lee Romanos 12:2).

Soy redimida de la maldición de la ley (lee Gálatas 3:13).

Estoy en Cristo (lee 1 Corintios 1:30; Colosenses 3:3).

Soy la voluntad de Dios (lee Santiago 1:18; Apocalipsis 4:11).

Soy amada por completo, aceptada por completo, perdonada por completo y estoy completa en Él. Soy la voluntad de Dios.

Vernos a nosotras mismas como Él nos ve es un primer paso en el viaje de amarnos a nosotras mismas.

¡Establece una meta y persíguela!

Hay algunos otros pasos que podemos dar.

Establecer una meta y vencer todos los obstáculos en el camino para lograrla hará grandes cosas con respecto a cómo nos vemos a nosotras mismas. No solo se siente estupendamente obtener una meta que hemos establecido, sino que también es una gran manera de forjar el tesón... y de aprender una pequeña palabra llamada *tenacidad*. Se necesita una actitud previsora, de hacer todo lo necesario, a fin de alcanzar una meta.

Durante mis veinticinco años como pastora, he hablado con muchas jóvenes que han batallado con este problema de la identidad.

Su cambio comenzó cuando empezaron a verse con los ojos de Dios.

El cambio ha continuado con el establecimiento de una meta y alcanzarla.

Hablo con muchas jóvenes que tienen diversas adicciones: sexo, drogas, comida, compras.

Se ven como fracasadas.

Y mientras se vean así, nunca serán libres.

Sin embargo, cuando se ven como personas amadas por Dios y logran tan solo una meta, están en el camino hacia la salud.

Para algunas, la meta fue conseguir un «trabajo serio»: horas regulares, aparecer cuando tenían que hacerlo y rendirle cuentas a alguien.

Para otras, fue terminar la escuela.

Para algunas, matricularse en una clase de ejercicio y acudir cada semana.

Para otras, fue perder algunos kilos.

Una debilidad mía era que nunca terminaba los proyectos que comenzaba. Soy estupenda para empezar... ¡solo mi finalización es lo que necesita trabajo! Ser débil en este aspecto afectaba el modo en que me veía. Sabía que necesitaba comenzar algo y terminarlo; y tenía que ser algo significativo, ¡algo distinto a terminar un libro o terminar de comer un helado triple!

En esa etapa de mi vida llevaba a mi hijo, Jordan, a clases de kárate. Mientras veía las clases, comencé a pensar: *Yo puedo hacer esto*. Además, observaba que en cada nivel que pasaba un alumno, se le entregaba un nuevo color de cinturón, pasando por todos hasta el cinturón negro.

Era como un premio, y a mí me gustan los premios.

Así que me matriculé en las clases de kárate.

Quizá ese no fuera el objetivo que me resultó más fácil lograr, pero eso fue lo que hice. El primer día de clase, aparecí con mi nuevo uniforme blanco y mi rígido cinturón blanco. Estaba muy emocionada porque había visto la película *Karate Kid* y quería aprender a hacer el increíble salto del final de la película. Sabía que no pasaría mucho tiempo antes de que asombrara a mi familia y mis amigos con esa increíble capacidad.

Bien, no aprendimos ese increíble salto el primer día. Ni siquiera el cuarto día.

¡Desastre!

Durante meses, aprendimos a caernos.

¡No me había apuntado para eso!

Pasé horas aprendiendo cómo caer de frente, cómo caer de espaldas, cómo caer de lado.

Caer. Levantarse. Caer. Levantarse. Caer. Levantarse.

¡Aburrido!

Para ser sincera por completo, quise tirar la toalla.

No obstante, ese había sido mi patrón durante años.

En cuanto un proyecto se volvía un poco trivial o un poco aburrido, quería dejarlo sintiéndome justificada... ¿por qué tendría que soportar el aburrimiento? Y entonces buscaba algo más emocionante.

El siguiente consejo es gratuito: A veces la vida, el matrimonio y el trabajo son aburridos; se convierten en rutina. Debido a que somos adultos, las decisiones que tomamos durante esos períodos dicen mucho en realidad de nuestro carácter. Antes, las decisiones que tomaba durante las partes aburridas de los proyectos revelaban que me rendía con facilidad.

Sin embargo, esa vez no me rendí.

Mantuve el objetivo de un cinturón negro delante de mí.

Después de unos años en el desafío del kárate, mi hijo decidió que quería dedicar la mayor parte de su tiempo al baloncesto. Ya no quería seguir practicando kárate.

Estupendo.

Ahora mi meta del kárate se convirtió en una incomodidad.

No fue fácil pensar qué hacer con el resto de la familia mientras seguía recibiendo clases. Casi me rindo en ese punto.

Otro consejo gratuito: Alcanzar metas nunca es conveniente.

Después de tres años de practicar el kárate, comenzó a volverse difícil desde el punto de vista físico. Los movimientos que me exigían eran duros. Las figuras (una serie de complejos movimientos) que tenía que memorizar eran muy complicadas, y me preguntaba si mi meta de obtener un cinturón negro era una meta demasiado difícil para mí. El kárate es un deporte de contacto, y se estaba volviendo cada vez más evidente; en ese período en mi entrenamiento hacíamos peleas, y yo terminaba con más magulladuras de las que quería.

El último consejo gratuito: Cualquier meta que valga la pena es difícil y puede ser dolorosa de alcanzar.

Cuatro años y medio después, pasé mi prueba del cinturón negro.

¡¡Viva!!

¿Hubo momentos en que fue aburrido?

Sí.

¿Hubo momentos en que fue incómodo?

Sí.

¿Hubo momentos en que parecía demasiado difícil?

Sí.

Solo el hecho de que era una meta difícil de terminar hizo que fuese aun más valiosa para mí. Conseguir mi cinturón negro hizo cosas con respecto a cómo me veía de lo que ninguna otra cosa había hecho hasta ese momento.

Yo había comenzado algo.

Y lo había terminado.

Tú también puedes hacerlo. Escoge algo, cualquier cosa. Encuentra una meta y comienza el proceso de alcanzarla venciendo los obstáculos que haya en el camino: aburrimiento, incomodidad, dificultad y otros. Cuando por fin llegues allí, incluso con todos los baches y magulladuras, ¡te sentirás increíble! Tu confianza se elevará a medida que permites que la vida extraiga el potencial que permanece latente o desconocido en tu interior. Entenderás que hay mucho más en tu interior de lo que creías en un principio.

¿Estás disfrutando tu vida? Estoy segura de que hay momentos desafiantes, ¿pero eres feliz en esencia? ¿Eres interesante? ¿O te aburres incluso a ti misma?

Es mucho más fácil estar alrededor de alguien interesante, alguien que sea apasionado con respecto a algo… *cualquier cosa*. ¿Tienes un pasatiempo en el que estés invirtiendo o una causa por la que estés luchando?

Si tu mayor interés está en encontrar a un hombre o mantenerlo, no es muy interesante. Y tampoco ningún hombre pensará que lo eres.

Cuando nos gusta quiénes somos, participamos con el mundo. Leemos libros. Tenemos intereses. Tenemos pasatiempos. ¡Nos encanta la vida!

El verde (de envidia) no es tu color

Cuando una mujer está confiada en su propósito y tiene una sana imagen de sí misma, no tiene ocasión ni tiempo para la envidia. Piensa en eso. ¿Por qué tenemos que ponernos celosas de otros? Por lo general, esto se debe a que deseamos lo que tienen sin pagar el costo que pagaron para tenerlo y porque no disfrutamos en realidad de las personas que somos.

Yo no sé cantar.

Ni una sola nota afinada.

Lo he intentado. He tomado clases. Por eso siempre me sorprenden los que pueden cantar de verdad.

Tampoco sé dibujar.

Nada de nada.

Las figuras de palo son el alcance de mi capacidad de dibujo. Las clases de arte no me ayudaron. Admiro a esos artistas que están en la calle y pueden hacer un retrato en unos diez minutos.

Dadas estas realidades, tengo una elección. Puedo envidiar a esas personas que saben cantar y dibujar, o puedo ser feliz de que haya personas así en el planeta a las que Dios le confiara esos talentos, y estar agradecida por los talentos que Él me ha dado a mí.

A ninguna de nosotras nos crearon de manera exacta con los mismos propósitos, personalidades o destinos. Cada una es única.

Cada una de nosotras necesita pasar tiempo para descubrir quién es y cuál es su propósito en lugar de intentar ser como otra persona y querer tener sus talentos. Eso solo conducirá a la frustración y la envidia.

Alguien que de verdad se guste a sí misma puede alegrarse cuando una amiga consigue un empleo, se casa o le ofrecen una oportunidad increíble.

Las oportunidades de Dios no tienen límite. Él tiene grandes cosas preparadas para ti también. Solo sigue andando por el camino que Él te ha asignado, y sigue descubriendo *por qué* estás aquí. Las puertas que Dios planea para que las atravieses no requerirán que las derribes. Él las abrirá para ti. Tan solo tienes que estar preparada y no distraída por la puerta abierta de otra persona. Aprende a celebrar los éxitos de otros en casa, en el trabajo y en tu círculo de amistades. La vida es mucho mejor cuando nuestra seguridad descansa en Él.

Proverbios 31 celebra a «la mujer virtuosa». Esa es una palabra estupenda. Su raíz significa «una fuerza en la tierra». A ti y a mí nos crearon para ser una fuerza en la tierra.

Una fuerza en la tierra para bien.

Nos crearon para distinguirnos.

Para ser parte de la solución.

Y nos crearon para ser esta fuerza antes de que un hombre entrara siquiera en escena. El desafío para el hombre, según ese capítulo de Proverbios, es encontrarnos. Encontrar a la mujer virtuosa.

No tengo que esperar a que un hombre, incluyendo mi esposo, me haga ser virtuosa. Esa responsabilidad me corresponde a mí. Recuerda: El matrimonio es un lugar de encuentro de dos todos, no un lugar para satisfacer la necesidad.

La felicidad es sencilla

Parte de estar cómodas con nosotras mismas es tomar la decisión de no ser complicadas. Recibí una carta hace unos años de mi amiga Bobbie. Allí escribió: «Holly, tan solo quiero ser tu amiga sin complicaciones». Eso me hizo pensar. Y decidí que esa es la clase de persona que quiero ser: sin complicaciones. Ya sabes, la clase de persona que es lo que ves con exactitud. No hay planes ocultos, no hay motivos ocultos. No hay que andarse con pies de plomo cerca de mí. Solo sin complicaciones.

¿No es estimulante estar con alguien así? ¿Alguien con poco o ningún drama emocional? Es muy difícil estar con la clase de persona que te hace pensar: *No estoy segura de quién va a ser hoy...*

Quiero ser una esposa sin complicaciones para mi esposo.

No estoy segura de lograrlo siempre, pero de seguro que es mi plan.

Quiero ser la presencia pacífica en su vida.

No quiero ser un problema que él tenga que resolver.

Sin duda, Philip y yo tenemos nuestros problemas que tratar, pero he decidido que no quiero llevar los problemas durante todo el día y tener una actitud particular mientras los solucionamos.

En la Biblia hay una historia de tres hombres. Sadrac, Mesac y Abednego amaban a Dios, y a pesar de una nueva ley en el país, no se inclinaron ante un ídolo. Al rey no le gustó su decisión, y los lanzaron a un horno de fuego. Sin embargo, no se abrasaron en el fuego. El rey dijo que vio a un cuarto hombre en el horno, un hombre con el aspecto del Hijo de Dios. Les dijo a los guardias que sacaran a los tres hombres y, cuando lo hicieron, «el fuego no les había causado ningún daño, y que ni uno solo de sus cabellos se había chamuscado; es más, su ropa no estaba quemada ¡y ni siquiera olía a humo!» (Daniel 3:27).

Me encanta este cuadro.

Me pregunto cuántas de nosotras podríamos pasar por tiempos desafiantes y no salir quemadas y oliendo a humo.

Es difícil estar cerca de una persona que saque a relucir su pasado y todos sus pedazos cada segundo de cada día.

Seamos un poco más sencillas y menos complicadas que eso.

Creo que muchísima presión se liberaría en las relaciones si solo decidiéramos ser felices con nosotras mismas y con nuestras circunstancias, sin importar cuáles puedan ser. No hay ninguna persona en el planeta que pueda hacernos felices; solo tenemos que decidir serlo.

Abraham Lincoln dijo una vez: «Casi todas las personas son felices mientras se proponen serlo». Me gusta eso. Sitúa la responsabilidad en nuestro campo. A pesar de lo que esté sucediendo en el mundo, a pesar de lo que esté sucediendo en nuestras circunstancias, podemos controlar nuestra actitud.

Mi hijo, Jordan, ha pasado algún tiempo en el África subsahariana trabajando para supervisar que se construyan pozos de agua en comunidades que tienen una gran necesidad de agua dulce y potable. Después de uno de sus viajes, comentó lo siguiente: En medio de una absoluta y deplorable pobreza, los niños corrían y se reían. Al parecer, sus circunstancias eran horribles. Muchos de sus padres murieron de SIDA. Vivían en cabañas de barro. Quizá comieran una vez al día. No tenían agua potable.

Sin embargo, eran felices.

En este momento solo estoy pensando, pero la mayoría de nosotras no está en circunstancias tan terribles... quizá podamos optar por sonreír.

Algunas personas me dicen a veces: «Holly, ser feliz se ajusta a la perfección a tu personalidad. Es fácil para ti». No estoy de acuerdo. Me levanto de la cama por la mañana igual que tú. Al igual que la tuya, mi vida no es perfecta. Solo tomo una decisión. Cuando vea a Philip, ¿voy a poner una sonrisa en mi cara? Cuando vaya a la oficina, ¿qué tipo de actitud va a ir conmigo?

La felicidad no es una nube que desciende.

No es un estilo de personalidad.

Es una elección.

Es una decisión de seguir cierto camino.

La *Nueva Versión Internacional* de la Biblia define «dichoso» como «bienaventurado y feliz». Si queremos ser dichosos, debemos hacer las obras que producen felicidad. Como estadounidenses, se nos prometen los derechos a la vida, la libertad y la *búsqueda* de la felicidad. Algunas personas lo han interpretado mal, tomándolo como que todos merecemos felicidad. No, no es así. Solo merecemos la oportunidad de perseguirla.

Encontramos felicidad cuando tomamos decisiones conscientes de hacer lo que la produce. Echemos un vistazo a algunos de los caminos que conducen a la felicidad, según la Biblia. Te aliento a que busques aun más caminos y vayas por ellos. La felicidad está a tu alcance.

«Es un pecado [contra Dios, su semejante y contra sí mismo] despreciar al prójimo; ¡*dichoso* [bienaventurado y feliz] el que se compadece de los pobres!» (Proverbios 14:21). *¿Quieres ser dichoso? Ten misericordia de los pobres.*

«*Dichoso* [bienaventurado y feliz] el que halla sabiduría, el que adquiere inteligencia [extraída de la Palabra de Dios y las experiencias de la vida]» (Proverbios 3:13). *¿Quieres ser dichoso? Encuentra sabiduría. Obtén inteligencia.*

«¡*Dichoso* [bienaventurado y feliz] el pueblo que recibe todo esto! ¡*Dichoso* [bienaventurado y feliz] el pueblo cuyo Dios es el Señor!» (Salmo 144:15). *¿Quieres ser dichoso? Que el Señor sea tu Dios.*

«*Dichoso* [bienaventurado y feliz] el hombre que no sigue el consejo de los malvados [ni sigue su recomendación, ni sus planes, ni propósitos], ni se detiene [de manera sumisa y pasiva, ni se relaja y descansa] en la senda de los pecadores ni cultiva la amistad de los blasfemos [ni de los burlones]» (Salmo 1:1). *¿Quieres ser dichoso? Ten cuidado de con quién pasas tiempo.*

«*Dichoso* [bienaventurado y feliz] aquel a quien se le perdonan sus transgresiones, a quien se le borran sus pecados» (Salmo 32:1). *¿Quieres ser feliz? Vive cada día sabiendo que eres perdonada.*

«*Dichoso* [bienaventurado y feliz] el que habita en tu templo, pues siempre te está alabando» (Salmo 84:4). *¿Quieres ser feliz? No te limites a asistir a la iglesia. Haz vida allí.*

Agua de tu pozo

Tú y yo tenemos un inmenso papel que desempeñar con respecto a crear la atmósfera de nuestro hogar. Proverbios 5 nos enseña, en esencia, a mantenernos enfocadas en nuestro matrimonio. Incluye una advertencia en cuanto a que otra persona nos reduzca por sus «dulces» palabras. El versículo 15 desafía a los cónyuges a beber «el agua de tu propio pozo».

Ahora bien, soy consciente de que casi ninguna de nosotras saca agua de un pozo. Solo abrimos un grifo. Sin embargo, en los tiempos bíblicos (y también en muchas comunidades en países en desarrollo en la actualidad) el agua era escasa y los pozos se guardaban con sumo cuidado. He aprendido, mediante nuestro trabajo construyendo pozos con *Generosity Water*, que no puedes ponerte al lado de un pozo y solo esperar que aparezca agua delante de ti. Tienes que bajar un cubo o cebar la bomba. Tienes que *hacer algo* para que suba el agua.

En esencia, este pasaje dice: «Deja de mirar a otros pozos. ¡Mira a tu propio pozo! Haz algo para que salga el agua de este pozo».

Al contribuir a la atmósfera de tu hogar y de tu relación, ¿cómo bebes de tu propio pozo? ¿Qué puedes hacer, qué puedes decir, que lleve agua dulce a tu hogar?

¿Qué puedes hacer para crear una buena atmósfera?

¿Qué te parece tomar una decisión de tener buenos pensamientos de tu cónyuge, incluso en días en que quieres tener malos pensamientos?

Otro proverbio nos dice que según pensamos en nuestro corazón, así somos (lee Proverbios 23:7, *RV-60*). Lo que pensamos determina hacia dónde vamos. Debido al modo en que pensamos, nosotros contribuimos a nuestra propia percepción del mundo, incluyendo nuestra actitud, amor y respeto hacia nuestro cónyuge. Nosotros controlamos la dirección de nuestros pensamientos.

No somos marionetas. No somos robots. Podemos controlar nuestros pensamientos.

Quizá no sea el primero, porque a veces nos bombardean con algo desde fuera, pero podemos controlar dónde permitimos que vaya ese pensamiento. El segundo pensamiento es nuestro. Nosotros lo controlamos.

Ha habido momentos en que Philip ha hecho o no ha hecho algo que me molestó mucho. Quizá no hiciera algo que dijo que haría (grr...). Quizá estuviera demasiado ocupado, o se olvidara, o solo decidiera que no quería hacerlo.

Yo podría irritarme o que mis sentimientos resultasen heridos.

O tal vez alguien en el trabajo dijera o hiciera algo que creó más trabajo para mí. (¡Muy molesto!) Cosas como esas nos suceden a todas, pero he observado que podemos alimentar ese sentimiento hasta que se agrande, o podemos atrapar el pensamiento y detener la avalancha de malos pensamientos que solo producen destrucción.

No estoy diciendo que no deberíamos hablar sobre lo que nos molesta ni dialogar de temas importantes. Es solo que si no controlo los pensamientos que pasan por mi mente, las palabras que salgan no serán útiles.

Y el apóstol Santiago nos dice que si no podemos poner freno a nuestras palabras, nos engañamos a nosotros mismos y nuestra religión no sirve para nada (lee Santiago 1:26).

Es aquí donde entra en juego que nos gustemos a nosotras mismas. He descubierto que quienes se gustan a sí mismos tienden a ser más felices, lo cual significa que crean una mejor atmósfera en cualquier parte que estén. Si lo que sucede en nuestra cabeza y en nuestro corazón es casi siempre positivo, nuestro ambiente y nuestras relaciones reflejarán eso.

Si no puedes decir algo agradable...

Las personas que se gustan a sí mismas tienden a ser más libres con los elogios. No están preocupadas de que hacer un elogio les quitará nada, y por eso con frecuencia buscan algo bueno que decir acerca de otros. Hay otras personas que son críticas y parecen encontrar faltas a cualquier parte que miran. Lo triste es que a menudo son aun más críticos consigo mismos. No es una manera divertida de ser.

¿Qué tal eres para hacer elogios a las personas que hay en tu mundo? ¿A tu esposo? Quizá debieras preguntarle.

Alguien que se siente cómodo en su propia piel puede reírse de sí mismo. No se toma todo demasiado en serio.

Yo me atoro con mi propia saliva.

Me he caído en un escenario en mitad de una enseñanza.

He tenido desordenado mi armario mientras había cámaras grabando.

He dicho palabras que, aunque eran apropiadas en una cultura, *no* lo eran en absoluto en otra.

Y he deletreado mal palabras mientras enviaba un mensaje a miles de personas.

¿Embarazoso? Sí.

Sin embargo, ¿me desquito de esa vergüenza con otros? No.

Solo me río y me pregunto qué vendrá a continuación.

Haz el viaje de amarte a ti misma. Es el primer paso hacia tener estupendas relaciones. Amar a nuestro prójimo como a nosotros mismos. Líbrate de esas voces en tu cabeza que causan celos, peleas e inseguridades. Lee la Palabra de Dios y deja que Él te diga lo que piensa de ti.

A medida que aprendemos a amar lo que somos en Dios, eso dará vida y alegría a cada etapa de nuestras vidas. Profundizará y fortalecerá nuestro matrimonio, nuestras comunidades y, en última instancia, nuestro mundo.

Para más información acerca de la importancia de conocerte y amar quién eres, puedes ver un breve vídeo de Philip y mío en www.godchicks.com.

¡Solo para hombres!

Tenemos que amar lo que somos a fin de amar a otra persona.

Todos tenemos inseguridades, pero las mujeres casi siempre tienen más bajas opiniones de sí mismas que los hombres. Esto puede causar que tengan demasiada necesidad y sean inseguras. Eso no es bueno.

Todos tenemos necesidades que deben expresarse y satisfacerse, y es posible que eso suceda sin estar necesitados.

La necesidad demanda. Tener necesidades pide. Tendemos a caer en una de las siguientes categorías:

1. Independiente (pensando que podemos hacerlo todo nosotros solos o intentando hacerlo); eso no es bueno porque nos crearon para vivir juntos la vida.

2. Dependiente (apoyándonos por completo en otra persona como haría un niño con su mamá); eso no es bueno, porque Dios, y no nuestro cónyuge, es el único que puede ser toda nuestra suficiencia.

3. Interdependiente (confiado y a la vez mutuamente dependiente), eso es bueno, porque nos crearon para las relaciones recíprocas que están arraigadas en Dios.

El objetivo es la interdependencia.

Los hombres también pueden ser inseguros, pero se ve diferente a la inseguridad de una mujer.

Los hombres inseguros tienden a ser negativos y críticos. No saben reírse de sí mismos y a menudo son mezquinos o manipuladores. El único camino para salir de la inseguridad es verte como te ve Dios. Cuando comienzas ese viaje, aportas fortaleza, bondad y amor a tu relación. Tu chica de Dios cuenta contigo.

Notas
1. Dra. Laura Schlessinger, *The Proper Care and Feeding of Marriage*, Harper Collins, Nueva York, 2007, p. 64.
2. «Without You», canción escrita por William D. Collins, Thomas Evans, Michael Gibbins, Peter Ham y J.C. Molland, interpretada por Mariah Carey, © Apple Publishers LTD, a la atención de Bughouse Music, Inc., Los Ángeles, CA.

2
Secretos Victoriosos

(Philip)

¡En el nombre de Dios! ¡Los soldados lucharán y
Dios les dará la victoria!
JUANA DE ARCO

Sin embargo, gracias a Dios que en Cristo siempre nos lleva
triunfantes y, por medio de nosotros, esparce por todas
partes la fragancia de su conocimiento.
2 CORINTIOS 2:14

Era como cualquier otra mañana para Bethany Hamilton a sus trece años de edad. Un día de octubre de 2003, decidió hacer surf con una amiga en Tunnels Beach en Kauai, Hawái. Eran alrededor de las siete y media de la mañana. Bethany iba tumbada de lado sobre su tabla de surf con su brazo izquierdo en el agua cuando un tiburón tigre se acercó y la atacó, arrancándole el brazo izquierdo por debajo del hombro. Si el tiburón le hubiera mordido un poco más arriba, el ataque habría sido fatal.

Bethany perdió casi el sesenta por ciento de su sangre esa mañana.

Sus amigas la ayudaron a llegar hasta la playa, le hicieron un torniquete con una correa de la tabla de surf y lo ataron alrededor de lo que quedaba de su brazo, luego, la llevaron enseguida al hospital *Wilcox Memorial*. Al papá de Bethany le iban a operar la rodilla esa mañana, pero ella ocupó su lugar en el quirófano. A continuación, pasó otros seis días más recuperándose en el hospital.

A pesar del trauma del incidente, Bethany estaba decidida a volver a hacer surf. Solo tres semanas después del ataque, volvió a subirse a su tabla y salió al mar. Al principio, utilizó una tabla hecha para ella, más larga y un poco más gruesa que su tabla profesional, que hacía más fácil remar.

Después de adiestrarse en hacer surf con un solo brazo, Bethany comenzó a participar en competiciones otra vez. Ahora está usando de nuevo tablas de competición más cortas. En 2004, Bethany ganó un premio ESPY a la mejor atleta, y se le concedió un galardón especial por su valentía en los *Teen Choice Awards*.

En 2005, con un solo brazo, Hamilton ocupó el primer lugar en el campeonato nacional de la NSSA, una meta que trató de lograr antes del ataque del tiburón. En 2008, comenzó a competir a tiempo completo en la serie clasificatoria mundial de la ASP.

En su primera competición contra muchas de las mejores surfistas del mundo, terminó en tercer lugar. El libro *Soul Surfer: A True Story of Faith, Family, and Fighting to Get Back on the Board* relata la increíble historia de Bethany[1].

Bethany se ha convertido en un símbolo viviente para muchos que se enfrentan a obstáculos increíbles, y un ejemplo de determinación y valentía para seguir adelante. Lo más difícil que tuvo que «aprender de nuevo» sobre el surf después del ataque del tiburón fue a cómo ponerse de pie y posicionarse en el lugar adecuado; y esperar la ola y subirse en ella después.

A veces, lo más difícil de la vida es recuperarse de las tragedias, las tormentas y el sufrimiento. Lo más difícil es aprender a cómo *ponerte de pie y posicionarte*. Quizá sea difícil esperar a que llegue la próxima ola... y subirte a ella después.

Quiero que te posiciones para agarrar la siguiente ola. Está llegando. Se está formando en el horizonte. Prepárate.

¿Con qué sueñas? ¿Qué te hace creer en lo extraordinario? ¿Qué visión o idea aporta maravilla a tu vida?

Una joven podría decir: «Quiero ser doctora, bailarina o atleta de talla mundial».

¿Y tú? ¿Qué dirías tú?

¿Tu sueño es comenzar un negocio?

¿Obtener un título universitario?

¿Casarte y tener familia?

¿Viajar a otro país?

¿Darles una edución a tus hijos?

¿Sueñas con ganar un campeonato, ser maestra, ayudar a los pobres y oprimidos?

Yogi Berra, el jugador de béisbol del Salón de la Fama y mánager conocido por sus frases fuera de lugar, dijo en una ocasión: «El futuro no es lo que solía ser». Aunque algunas personas podrían reírse de la confusa frase de Yogi, sus palabras son una realidad para el caminante herido.

Creo que Dios quiere que vuelvas a escribir tu historia. Él quiere restaurar tu futuro.

Su sueño para ti sigue siendo el que solía ser.

Muchas mujeres sobreviven a experiencias desgarradoras y que transforman la vida. Algunas se levantan por encima de las tragedias mientras que otras permiten que esas dolorosas circunstancias definan el resto de sus vidas.

El dolor de perder a un ser querido.

Pérdida económica.

Enfermedad y dolor físico.

Rechazo y traición. Todas son verdaderas batallas.

Verdaderas batallas.

Algunas vencen y otras siguen luchando. Algunas viven con limitaciones impuestas por la crisis en sus vidas.

Algunas atrapan la siguiente ola.

La capacidad de amar a otros y ser amados nosotros mismos puede verse limitada de manera significativa por el impacto oculto de las cicatrices de la batalla. Esas cicatrices de la batalla pueden ocultar nuestra capacidad de confiar, de ser sinceros o de interpretar de manera precisa nuestros propios sentimientos. Una cojera aunque sea en una de esas tres esferas tiene impacto en las relaciones de todo tipo: familia, amistades, relaciones de trabajo... y el matrimonio en especial.

La epidemia

Es triste, pero dos experiencias comunes han marcado las almas de millones de mujeres, dejándolas incapaces de remontarse a las alturas para las que las crearon... incapaces de atrapar la siguiente ola. Las heridas que dejaron esas experiencias conducen a algunas mujeres a no volver a confiar nunca... y si lo hacen, se sienten incapaces de confiar con todo su corazón.

Una experiencia es el abandono.

La segunda es el abuso.

Una mujer que esté intentando sobreponerse a las cicatrices del abandono literal o a la desfiguración del abandono emocional tendrá que ser decidida en su búsqueda de libertad. Necesitará demandarse un nivel de dedicación que podría ser difícil de lograr. Será necesario que navegue en medio de las peligrosas aguas de la confianza; peligroso, pero importante.

Es una experiencia desgarradora depender de alguien que haya prometido estar contigo y después ver cómo se aleja esa persona. ¡Qué decepcionante es necesitar ayuda y descubrir que no hay nadie para responder! Esa persona prometió apoyarte y estar siempre a tu lado; entonces, un día, esa persona desapareció. Quizá fuera un novio o un esposo que primero «se alejó» de manera emocional y eso condujo a su ausencia física. Te quedas preguntándote: *¿Qué dije? ¿Qué descuidé? ¿Hay algo de malo en mí?*

Esta dinámica, que a veces se lleva a cabo en las relaciones románticas, comienza con un papá o una mamá ausente que se alejó. La semilla del abandono queda plantada con firmeza, y a menos que se elimine de raíz, vuelve a brotar una y otra vez.

Es sorprendente el número de mujeres víctimas de abuso, ya sea de manera sexual, física o emocional, a mano de sus padres, esposos o personas extrañas.

Un regalo que se maltrató.

Un tesoro antes limpio y ahora manchado.

Pienso: *Un momento. Basta. ¡Esa es* mi *hija! Esas son* nuestras *hermanas. Esa es la niñita de alguien. Mi Padre se preocupa por cada una de esas mujeres.*

No puedo imaginar el dolor que algunas de ustedes han experimentado, pero sí sé que esto es cierto: Es urgente que ganen esta batalla. Es esencial que vuelvan a levantarse. Que amen de forma más profunda. Que crean con mayor fe.

Sigue estando en ustedes. Está justo detrás de la cicatriz.

Jesús tuvo un mensaje dramático para las mujeres, pero la declaración radical que les hizo a las mujeres acerca de sí mismas con frecuencia pasa inadvertida a los lectores de la Biblia.

Hay una historia conocida por millones de personas solo como «la mujer del pozo»[2].

Una mujer se acercó a un pozo en el calor del día. Era una mujer en similares circunstancias a las de muchas lectoras de este libro. En ese momento, había sufrido abandono y abuso.

Estaba allí para sacar su provisión diaria de agua. Todas las demás mujeres de la ciudad ya habían ido o se habían marchado; llegaban temprano en el día porque hacía más fresco por la mañana. Una visita matutina al pozo era más razonable, la norma social.

Sin embargo, esta mujer ya no iba en las primeras horas.

Demasiadas miradas.

Demasiados conocían su historia.

Ya había soportado bastante, y lo último que quería era que le hicieran más preguntas, más desprecios y más susurros de condescendencia. Aquellas miradas sospechosas... aquellas miradas de acusación.

No obstante, ese día había algo diferente. Un hombre se acercó al pozo y descansaba. Cuando la mujer comenzó a sacar agua, el hombre le habló de cierta «agua» que poseía Él, agua que nunca la dejaría con sed.

> Si conocieras el don de Dios, y quién es el que te dice: Dame de beber; tú le pedirías, y él te daría agua viva [...] mas el que bebiere del agua que yo le daré, no tendrá sed jamás; sino que el agua que yo le daré será en él una fuente de agua que salte para vida eterna. (Juan 4:10, 14, RV-60)

En lugar de dirigirse a la necesidad de la mujer de agua física, Jesús estaba hablando a la necesidad de su alma. Él le ofreció esperanza; si bebía, nunca más volvería a tener sed.

> —Por favor, señor —le dijo la mujer—, ¡déme de esa agua! Así nunca más volveré a tener sed y no tendré que venir aquí a sacar agua. (Juan 4:15, NTV)

¿Puedes oír el tono de tristeza en su voz? ¿O es desesperación? *Por favor, señor... déme de esa agua.*

¿Quería esa agua porque estaba sedienta o la quería para no tener que regresar nunca a ese lugar? Quizá se imaginara por un momento que toda su vergüenza podría desaparecer. Si nunca tenía que ir a sacar agua otra vez, no tendrían que recordarle el dolor. El pozo era el lugar donde le recordaban sus pérdidas, sus fracasos y sus errores. Allí le recordaban que sus mejores tiempos estaban a sus espaldas.

Jesús entonces reveló que Él conocía acerca de sus relaciones fracasadas. Ella había tenido cinco esposos. ¡Huy! *Cinco.* Y parece que ella no había tirado la toalla en cuanto al matrimonio, porque ahora vivía con un hombre; al menos con alguien que le proporcionaba sustento, alguien que la tocaba. No era la clase de toque que preferiría, pero mejor que el toque de la soledad. Mejor que ningún toque. «Al hambriento, hasta lo amargo le es dulce» (Proverbios 27:7).

Cuando escuché por primera vez esta historia, pensé que esa mujer debía ser inmoral, o alocada, o... no lo sé. Que debía de haber algo malo en ella.

Esto fue antes de que supiera que, en esa época, una mujer no podía dejar a un hombre. Las mujeres no podían divorciarse de sus esposos. Las mujeres estaban a merced de los hombres. La mujer necesitaba a un hombre para sostenerla. Un divorcio o la muerte de un esposo dejaban sola a la mujer sin ingresos ni sostén. Ella se convertía al instante en un número entre los pobres.

Esta mujer no era necesariamente una inmoral; era una mujer que abandonaron. Cinco veces.

Jesús tocó su herida.

Y, desde luego, está el abuso. Casada y abandonada. Casada y desechada. Casada y puesta a un lado. Promesa y abandono.

Yo no, cariño. No soy como los demás.

Ella había oído eso antes.

Lo que es peor... ¿abuso físico o abuso emocional, abuso sexual o abuso mental? Abuso es abuso. Deja cicatrices.

Si has experimentado abandono o abuso, lo lamento mucho. Lamento que te hayan tratado de ese modo. Es probable que no te conozca. Es probable que nunca nos hayamos encontrado. No obstante, si pudiera mirarte a los ojos, te diría que me gustaría que nunca hubieras estado expuesta a ese dolor. Si pudiera, haría que te abandonara todo el dolor. Intentaría hacer que desaparecieran todos los recuerdos dolorosos de tu alma.

Nunca deberías haber experimentado ese dolor. Me gustaría que se hubieran ahorrado esa violación. Como un hombre, representando a otros hombres que quizá te hicieran daño, quiero disculparme contigo.

Lamento mucho que hayas tenido que beber ese trago amargo. Hay otro líquido que se te ofrece hoy. Bebe.

En este preciso momento, puede producirse un milagro en tu alma. Hoy, oramos. Pedimos a Dios que quite la pesadez, las heridas y los temores. Hoy bebemos.

Yo no tengo la capacidad de sanarte, pero *hay* sanidad para ti. Hay esperanza.

Jesús tiene esa agua… Si pudieras beber un poco, traería sanidad. El amor de Jesucristo ofrece sanidad y alivio.

Adora con franqueza a tu Dios

Quiero que sepas que vas a estar bien. Vas a sobreponerte a esto y Dios va a utilizar tu vida para distinguirte.

El profeta Isaías del Antiguo Testamento a veces le hablaba al pueblo de Dios en forma colectiva como si fuera una mujer desesperada. Me pregunto si, a través de las palabras del profeta, la voz del Espíritu Santo podría hablarte. Una voz de esperanza. Él quiere hablarle a tu corazón. Escucha mientras lees estos versículos.

«Tú, mujer estéril que nunca has dado a luz, ¡grita de alegría! Tú, que nunca tuviste dolores de parto, ¡prorrumpe en canciones y grita con júbilo! Porque más hijos que la casada tendrá la desamparada —dice el Señor—. Ensancha el espacio de tu carpa, y despliega las cortinas de tu morada. ¡No te limites! Alarga tus cuerdas y refuerza tus estacas. Porque a derecha y a izquierda te extenderás; tu descendencia desalojará naciones, y poblará ciudades desoladas.

»No temas, porque no serás avergonzada. No te turbes, porque no serás humillada. Olvidarás la vergüenza de tu juventud, y no recordarás más el oprobio de tu viudez. Porque el que te hizo es tu esposo; su nombre es el Señor Todopoderoso. Tu Redentor es el Santo de Israel; ¡Dios de toda la tierra es su nombre!» (Isaías 54:1-5)

¿Puedes oír la voz de Él en estos versículos? Vuelve a leerlos. Escucha con más atención.

Está ahí. Es un susurro, pero es para ti. Escucha hasta que el mensaje resuene en voz alta en tu alma.

Canta de gozo. Canta de celebración. Canta un canto de adoración.

El mejor ejemplo de cómo adorar a Dios lo reveló una mujer en una sorprendente muestra de liderazgo. Jesús declaró que su ejemplo debería contarse en todo el mundo. No se ha establecido un estándar más elevado.

En Betania, mientras estaba él sentado a la mesa en casa de Simón llamado el leproso, llegó una mujer con un frasco de alabastro lleno de un perfume muy costoso, hecho de nardo puro. Rompió el frasco y derramó el perfume sobre la cabeza de Jesús.

Algunos de los presentes comentaban indignados:

—¿Para qué este desperdicio de perfume? Podía haberse vendido por muchísimo dinero para darlo a los pobres.

Y la reprendían con severidad.

—Déjenla en paz —dijo Jesús—. ¿Por qué la molestan? Ella ha hecho una obra hermosa conmigo. A los pobres siempre los tendrán con ustedes, y podrán ayudarlos cuando quieran; pero a mí no me van a tener siempre. Ella hizo lo que pudo. Ungió mi cuerpo de antemano, preparándolo para la sepultura. Les aseguro que en cualquier parte del mundo donde se predique el evangelio, se contará también, en memoria de esta mujer, lo que ella hizo. (Marcos 14:3-9)

La adoración que honra a Dios y capta la atención de los ángeles es una adoración que nos cuesta algo. No es cómoda. No es fácil. Para esta mujer, le costó un año de salario. Su adoración surgió de un lugar profundo en su alma. Se ganó las críticas de otros que habían estado ofreciendo una versión más sencilla y más fácil de adoración. Quizá su estilo fuera más una representación que una expresión de pasión.

Sin embargo, la adoración de ella les declaró a todos que la había tocado Dios. Fue una respuesta al perdón que acogió en la aceptación de Jesús como su Salvador, su Sanador y su Redentor. Su adoración se mostró sin reservas.

Captó el corazón del mismo Jesús.

Esta clase de adoración nos lanza a las aguas más profundas de la sanidad.

Las aguas de sanidad nos permiten decir con convicción: «Ustedes pensaron hacerme mal, pero Dios transformó ese mal en bien» (Génesis 50:20).

La adoración nos da la capacidad de perdonar y de orar: «Crea en mí, oh Dios, un corazón limpio, y renueva la firmeza de mi espíritu» (Salmo 51:10).

A la mujer que no está viendo que el fruto de sus esfuerzos está dando los resultados que esperaba... ¡canta! A ti que no experimentas el ímpetu que soñabas... ¡canta! A la que piensa que su futuro pasó de largo... ¡canta!

¡Canta! Adora, porque Dios quiere participar en tu vida.

Me pregunto si la mujer que ungió a Jesús era estéril como la mujer en el cuadro de Isaías. Ser estéril en varios aspectos de la vida tiene la tendencia a pintar un cuadro en tu corazón de lo que puedes esperar de tu vida: *Ningún fruto. Toda esperanza sin resultados.* Sin embargo, la bebida que Dios ofrece y tu respuesta de adoración pueden pintar otra vez el cuadro en tu corazón. Dios está diciendo: «Quiero darte un cuadro nuevo. Es un cuadro mayor, un cuadro mejor. ¡Es brillante! ¡Es DC (Definición Celestial)!».

Ensancha el lugar de tu morada. Amplía las fronteras de tus sueños... y esta vez, sueña el sueño de Dios para tu vida. No tengas temor, es momento de volver a creer.

«Confía en mí», dice Dios. «Te alegrarás de haberlo hecho».

Secretos Victoriosos

La sanidad es un viaje.

Es una aventura.

Quizá no parezca emocionante al principio, pero es necesaria. Puedes hacerlo. Yo creo que puedes hacerlo.

He sido testigo de muchas personas que hacen este viaje. A medida que he andado con ellas a lo largo del camino, he descubierto algunos secretos que necesitas saber: los secretos para la victoria. El primer Secreto Victorioso es:

1. Busca una relación con Jesús que se haga presente y sea vivificadora

Jesús nos ofrece una *relación*. Eso es muy distinto a una religión. Puede que hayas aceptado una religión que incluye la fe en Jesús. Eso puede ser bueno, pero no es *el* punto. Lo principal que Jesús ofrece es conexión.

Para hacer este viaje de sanidad, es crucial que estés conectada con Jesús. Si antes tuviste una fe que producía este tipo de vida, pero ahora te sientes desconectada, este es el momento de reconectarte. La conexión comienza cuando le abres tu corazón a Él haciendo una oración parecida a esta:

> *Jesús, voy a confiar en ti de la mejor manera que sé.*
> *Voy a comenzar a seguirte hoy. Necesito que me guíes.*
> *Necesito que me dirijas. Abro mi corazón herido a ti.*
> *Lléname, Señor Jesús, con tu presencia sanadora.*
> *Muéstrame cómo beber tu agua viva.*

Jesús le dijo a la mujer en el pozo que algunas personas prefieren adorar en los montes y otras en Jerusalén, pero que el Padre quiere que le adoremos en espíritu y en verdad. En otras palabras, debemos participar. La participación es la cuestión. La relación que se hace presente es participar o implicarse. Es momento de que hagas participar tu fe. Puedes mirar desde fuera o puedes participar. Busca una relación con Jesús que se haga presente y que sea vivificadora.

El alma quebrantada en nosotros dice: *Me da miedo participar... no sé si puedo hacerlo*. Permíteme alentarte: No necesitas tener una gran fe para sobrevivir. Tan solo necesitas una pequeña fe en un gran Dios. No solo sobrevivirás, sino que te desarrollarás. ¡Bailarás!

Isaías le dijo a la mujer estéril que cantara y gritara de gozo.

¡Debe de haber una danza en algún lugar!

Es una danza de fe. Una danza de vida.

Es una danza de celebración.

Es una danza que te permite hacer caso omiso de las circunstancias; no es pasarlas por alto, sino elevarte por encima de ellas. Danza ante anteriores limitaciones. Mira a la acusación a los ojos... y danza.

Esta clase de celebración te catapulta fuera de las preguntas del pasado y de las distracciones del futuro, y te lleva al presente. *¿Por qué sucedió esto? ¿Cómo pudo él hacerme esto?* Algunas preguntas quizá no tengan respuestas nunca, mientras que las preguntas más poderosas crean una fe presente.

Jesús asistió a un funeral en el que había corazones llenos de tristeza y ojos llenos de lágrimas. Una mujer, que estaba sufriendo mucho, se acercó a Jesús porque le conocía bien. Juntos, pasaron tiempo. Eran amigos. Él la amaba. Ella le hizo preguntas parecidas a las que nosotros queremos que se nos responda: *¿Por qué sucedió esto? ¿Dónde estabas?*

Cuando Marta supo que Jesús llegaba, fue a su encuentro; pero María se quedó en la casa.

—Señor —le dijo Marta a Jesús—, si hubieras estado aquí, mi hermano no habría muerto. Pero yo sé que aun ahora Dios te dará todo lo que le pidas.

—Tu hermano resucitará —le dijo Jesús.

—Yo sé que resucitará en la resurrección, en el día final —respondió Marta. (Juan 11:20-24)

Observa que, al principio, Marta estaba centrada en el pasado («si hubieras estado aquí»). Entonces cambió su atención hacia el futuro («resucitará [...] en el día final»). Sin embargo, Jesús desafió su modo de pensar. La sacó del pasado, la sacó del futuro y la llevó al presente. La llevó al momento.

Entonces Jesús le dijo:

—Yo soy la resurrección y la vida. El que cree en mí vivirá, aunque muera; y todo el que vive y cree en mí no morirá jamás. ¿Crees esto? (Juan 11:25-26)

Yo *soy*.

La fe en Jesús necesita hacerse presente. En este momento llamado *ahora*.

Yo *soy* la resurrección y la vida, no se trata de yo *seré* la resurrección.

¿Crees esto? ¿Puedes creer? ¿Puedes dejar de enfocarte en el pasado y preocuparte por el mañana y creer en Él... ahora?

El apóstol Pablo escribió: «Les digo que *este* es el momento propicio de Dios; ¡*hoy* es el día de salvación!» (2 Corintios 6:2).

El primer Secreto Victorioso es perseguir hoy una fe que se haga presente y sea vivificadora.

El segundo Secreto Victorioso es:

2. Acepta el amor incondicional de Dios

Dios te ama, tal como eres.

Ya sea que estés quebrantada o tan fuerte como hayas sido alguna vez, Él te ama. Su amor no desaparece. Permanece. Es amor divino, una clase de amor más elevada de la que estamos acostumbrados. No hay nada que puedas hacer para que Él te ame menos.

Bebe de su amor por ti. Él te acepta. Él te recibe con los brazos abiertos. Él trae perdón a tu corazón. Cuando aceptas su amor, eres libre de tus errores, de tus transgresiones y de tus fracasos.

Cuando aceptas su perdón por ti, puedes avanzar hacia experimentar ese mismo perdón por otros. (Es posible que no estés preparada para perdonar a quienes te han hecho daño; eso quizá llegue más adelante en el viaje para ti. Está un poco más adelante en el camino). El perdón no es algo que podemos hacer nosotros mismos; su amor nos capacita para perdonar. No liberamos a otros de la responsabilidad al perdonarlos; nos liberamos a nosotros mismos de la carga de la amargura.

Recuerda las palabras de Isaías: «No temas, porque no serás avergonzada. No te turbes, porque no serás humillada. Olvidarás la vergüenza de tu juventud, y no recordarás más el oprobio de tu viudez» (Isaías 54:4).

El apóstol Juan, conocido por muchos como «el apóstol del amor», escribió: «No hay por qué temer a quien tan perfectamente nos ama. Su perfecto amor elimina cualquier temor. Si alguien siente miedo es miedo al castigo lo que siente, y con ello demuestra que no está absolutamente convencido de su amor hacia nosotros. Como ven ustedes, si amamos a Dios es porque Él nos amó primero» (1 Juan 4:18-19, *LBD*). El amor sin temor es uno de los secretos de la victoria.

El tercer Secreto Victorioso es:

3. Incluye a otros en tu viaje hacia la libertad

Santiago, el escritor de la epístola del Nuevo Testamento que lleva su nombre, tiene un consejo estupendo para nosotros: «Confiésense los pecados unos a otros y oren los unos por los otros, para que sean sanados» (Santiago 5:16, *NTV*).

Nos necesitamos los unos a los otros. Es así que funciona.

Sin embargo, confiar en alguien es engañoso cuando te han herido por... confiar en alguien. Cuando nos hacen daño, tiene sentido que nos protejamos levantando un muro alrededor de nuestro corazón. Aun así, ese muro se convierte en nuestra propia cárcel, apartándonos de las personas a las que necesitamos.

Por lo tanto, lo intentamos otra vez... y esta vez esperamos ser más inteligentes.

Decirle a alguien nuestros temores y nuestro dolor nos libera de nuestra cárcel. Hablar de las cosas con un amigo de confianza nos libera de tener que llevar todo el peso. Ser transparentes con un compañero en quien confiemos nos ayuda a evitar engañarnos a nosotros mismos.

Resiste la urgencia de contar tu historia a las personas equivocadas. Esta categoría incluye a quienes sufren tanto que no tienen una perspectiva clara, a quienes están demasiado cerca de la situación o a quienes les repiten a otros lo que tú les dijiste o reaccionan de manera inapropiada.

Al hablar con la persona *adecuada*, descubres un potente elemento del proceso de sanidad. La persona adecuada podría ser una amiga, una consejera, una terapeuta o un grupo de apoyo. Esa persona será alguien que te escuchará, te aceptará, te desafiará a seguir adelante en tu viaje y no hablará con otros al respecto.

A medida que nos acercamos a los compañeros de viaje en nuestro camino hacia la libertad, experimentamos la verdad de las palabras del rey Salomón:

> Es mejor ser dos que uno, porque ambos pueden ayudarse mutuamente a lograr el éxito. Si uno cae, el otro puede darle la mano y ayudarle; pero el que cae y está solo, ese sí que está en problemas. (Eclesiastés 4:9-10, NTV)

El cuarto Secreto Victorioso es:

4. Mejora tu servicio

Me acababan de hacer una operación. Necesitaba descansar. La enfermera entró en mi habitación y me dijo: «Vamos a levantarnos y caminar un rato».

¿Qué?

—¿Leyó mi historia clínica? Me acaban de operar. Necesito descansar.

Ella me explicó con amabilidad que *ayer* no es lo mismo que *acabar de.*

—Caminar es parte de la recuperación —me dijo.

—Estupendo —musité yo.

Puede que aún te estés tambaleando por heridas en tu vida y no tengas ganas de servir a nadie. A pesar de eso, lo cierto es que el servicio es parte del proceso de sanidad.

Vamos a levantarnos y caminar un rato.

Y mientras vamos caminando, sirvamos a las personas a lo largo del camino. Jesús nos llama a servir; de eso se trata ser un seguidor de Cristo. El servicio toca a otras personas a la vez que nos sana. La mejora de tu servicio fortalecerá tu vida.

> El más importante entre ustedes será siervo de los demás. Porque el que a sí mismo se enaltece será humillado, y el que se humilla será enaltecido. (Mateo 23:11-12)

Fue una mujer muy especial la que proclamó: «Aquí tienes a la sierva del Señor [...] Que él haga conmigo como me has dicho» (Lucas 1:38). Cuando el ángel visitó a María y le dijo que daría a luz al Hijo de Dios unos meses después, ella podría haberse resistido. Podría haber dado muchas razones por las que no quería ir adelante con el plan de Dios. En cambio, se denominó como la sierva del Señor.

El servicio es la puerta de entrada a las grandes bendiciones de Dios. Él prometió: «En esos días derramaré mi Espíritu aun sobre mis siervos y mis siervas» (Hechos 2:18). Nuestras experiencias, tanto buenas como malas, son las que nos preparan para influir en nuestro mundo. ¿Podría ser que los abusos que has sufrido se convirtieran en la plataforma desde la cual inspirarías a otros? Lo que para algunos podría ser una lápida quizá para ti sea un escalón que conduzca hacia un futuro fascinante. Esta clase de vida victoriosa comienza con la mejora de tu servicio.

El quinto Secreto Victorioso es:

5. Vigila la ola

¡Aquí llega! Se está formando. ¿La ves?

> Al que puede hacer muchísimo más que todo lo que podamos imaginarnos o pedir, por el poder que obra eficazmente en nosotros, ¡a él sea la gloria en la iglesia y en Cristo Jesús por todas las generaciones, por los siglos de los siglos! (Efesios 3:20-21)

Dios puede.
Él puede hacer más de lo que podrías atreverte a pedir.
Él puede hacer más de lo que podrías imaginar.
Hay un poder operando en tu interior, como un bebé que avanza por el canal del parto, preparándose para entrar al mundo. Hay una semilla que Dios plantó en tu alma, la semilla del sueño que Él siempre ha tenido para ti.

Nadie puede detenerla... excepto tú.

¡Levántate! ¡Canta! ¡Bebe! ¡Cree! ¡Confía!

Ama como si nunca antes te hubieran hecho daño.

Estás invitada a la danza de victoria, la cual te liberará a todo lo que Dios tiene para tu vida.

Para más Secretos Victoriosos,
¡visita www.godchicks.com!

¡Solo para hombres!

Tienes una misión. Dios te está llamando.

Hay una epidemia entre las mujeres en la actualidad. Quizá una chica de Dios en tu vida haya caído presa de una o dos de estas experiencias comunes, experiencias que dañan su alma, le dejan cicatrices, encierran su mente en el pasado, le roban las buenas relaciones con nosotros e intentan incapacitar su futuro:

Abandono

Toda mujer conoce el dolor del abandono. Incluso cuando alguien importante en su vida haya estado físicamente presente, conoce el dolor de su retirada emocional. Quizá haya experimentado abandono por parte del padre o la madre, en una amistad importante o tutoría, o con uno de nosotros: los hombres que Dios llamó para protegerla y quererla.

Abuso

El abuso emocional, físico y sexual es más común de lo que a cualquiera de nosotros nos gustaría admitir. Tal vez el descuido, los apodos, el golpe, un toque sexual inadecuado las moldeara en sus años de crecimiento. Quizá ella haya aceptado el abuso porque es lo único que conoce. A lo mejor piensa en secreto que el abuso es la única manera de que la puedan querer. Es posible que tenga problemas para creer que el amor de Dios es puro porque en muy raras ocasiones ha experimentado «amor» que no fuera destructivo.

Tu misión es clara: Sé un sanador. Si la mujer que hay en tu mundo se pregunta sobre el amor de Dios, da un paso adelante y sé un ejemplo de Él.

¿Qué pasaría si decidiéramos levantarnos a fin de ser ejemplos de un carácter honorable? Las mujeres no solo comenzarían a entender su valor, sino que también entenderían el carácter de nuestro Dios y confiarían en Él.

Los abusadores no solo destruyen las vidas de las mujeres que maltratan; también destruyen sus propias vidas, ¡y nos dan al resto de los hombres una terrible reputación que vencer! Y los hombres que se alejan de manera emocional y física de las mujeres que hay en su mundo, no solo abandonan el propósito de esas mujeres, sino también el suyo propio.

Tenemos el llamado a liderar. Necesitamos liderar en adoración, en oración, en honrar a Dios y a las personas, en nuestros hogares *y* en la manera en que cuidamos de las mujeres. Tú tienes una misión. Dios te está llamando a guiar en el camino. Él quiere ver a sus hijas sanadas, restauradas y protegidas por hombres que se levantarán en el carácter de nuestro Padre.

Apóyala en su viaje de sanidad. Dale gracia a medida que aprende que tú no eres su enemigo. Condúcela a la presencia de Dios con tus palabras y también con tus actos.

Notas
1. Bethany Hamilton, Sheryl Berk, Rick Bundschuh, *Soul Surfer: A True Story of Faith, Family, and Fighting to Get Back on the Board*, Pocket Books, Nueva York, 2004.
2. La historia se relata en Juan 4.

3

Me gustaría, si pudiera... tener un gran matrimonio para la medianoche

(Holly)

*Los sueños se hacen realidad si solo los deseamos con la
fuerza suficiente. Puedes tener cualquier cosa en la vida
si sacrificaras todo lo demás por esto.*
J.M. BARRIE

*Con sabiduría se construye la casa;
con inteligencia se echan los cimientos.*
PROVERBIOS 24:3

Yo amaba a Philip. Él me amaba a mí.

Entonces dijimos: «Sí, quiero».

Y como Cenicienta, pensé que eso era todo lo necesario: amor y un anillo de boda.

Cenicienta mintió.

¡Pensar que el matrimonio es tan simple como el amor y un anillo de boda es casi tan ingenuo como pensar que lo único que tienes que hacer para tener estupendos abdominales es comprarte un bonito conjunto para ejercicios! Es triste, pero los estupendos abdominales solo se producen después de mucho ejercicio, Pilates y el control de la dieta.

El desarrollo de las relaciones da mucho trabajo. Punto. No conozco a nadie que haya estado casado mucho tiempo y no sea testigo de ese hecho. El matrimonio requiere un alto nivel de compromiso, lealtad y crecimiento por parte del individuo y también como pareja. Nuestro carácter en nuestras relaciones determina el éxito de nuestras relaciones. Por lo tanto, cuando las parejas realizan el tipo de trabajo apropiado, trabajo en el carácter, descubren más felicidad y un nivel de intimidad más profundo del que pensaban que fuera posible. Sin embargo, estas cosas llegan como resultado del trabajo duro y de atravesar algunos momentos difíciles.

¿Y cuáles son algunos de esos momentos difíciles? Conflictos, temores, traumas antiguos, rechazos grandes y pequeños, peleas y sentimientos heridos… la desilusión de que alguien es diferente de lo que habíamos imaginado. Todas estas cosas son normales y se pueden solucionar. Además, si las personas trabajan en ellas, vuelven a lograr la felicidad, que casi siempre es una felicidad mejor y de un tipo más profundo. Solo tienen que hacer el trabajo.

Un consejero relata esta historia:

En cierta ocasión, conversaba con un joven acerca de su novia. Estaba pensando en casarse y tenía preguntas acerca de su relación. Varias veces durante la conversación, dijo que algo que ella hacía o algo con respecto a la relación «no le hacía feliz». Estaba claro que este era un asunto importante para él. Ella no le estaba «haciendo feliz».

Cuando pregunté, descubrí que ella quería que él tratase algunas cosas en la relación. Él tenía que hacer algún trabajo que requería esfuerzo. No era un período «feliz». Cuando tuvo que trabajar en la relación, ya no le gustó.

Al principio, intentaba entender cuáles eran las dificultades, pero cuanto más escuchaba, más veía que *él* era la dificultad. Su actitud era: «Si yo no soy feliz, algo malo debe de estar sucediendo». Y su conclusión inmediata era que siempre lo «malo» estaba en otra persona y no en él. Desde su perspectiva, no era parte de ningún problema, y mucho menos parte de la solución. Por fin, ya había escuchado lo bastante de sus egoístas divagaciones.

—Creo que sé lo que deberías hacer.

—¿Qué? —me preguntó.

—Cómprate un pez de colores.

Mirándome como si estuviera un poco loco, preguntó.

—¿De qué está usted hablando?

—Me parece que ahí está el nivel más elevado de relación para el que estás preparado. Olvídate del matrimonio.

—¿Qué quiere decir con el nivel más elevado de relación?

—Bien, incluso un perro te hará demandas... Al perro hay que sacarlo para que haga sus necesidades, y uno tiene que limpiar después. Otras veces, requiere tiempo de uno cuando no se lo queremos dar. Un perro podría interferir en tu felicidad. Mejor te consigues un pez de colores. Un pez de colores no pide mucho. Sin embargo, una mujer está fuera por completo de la cuestión[1].

Divertido en cierto modo... ¿verdad?

Cuentos de hadas

Los matrimonios estupendos no son genéticos. No se producen solo porque quieras tener uno. Si así fuera, en todas partes todo el mundo iba a haber un matrimonio estupendo.

En realidad, tener el deseo de un matrimonio sano es solo el primer paso en una larga lista de pasos. Y lo triste es que muchas parejas no van más allá de los primeros pasos. El deseo por sí solo no forjará un buen matrimonio; es más, el deseo interiorizado e incumplido destruirá a la pareja.

Sin embargo, es bueno recordar que los matrimonios que batallan no «vienen de la nada» tampoco.

El 29 de julio de 1981 se celebró una de las bodas de mayor publicidad y más elegantes de la historia. El príncipe Carlos de Gran Bretaña se casó con Lady Diana Spencer. Recuerdo que vi la boda en medio de la noche... suspirando... soñando... me encantaban todos los símbolos de la realeza... ¡y esperando que mi futuro esposo no tuviera orejas como esas!

Se calcula que una audiencia de setecientos cincuenta millones de personas en todo el mundo vio el acontecimiento. Hubo cuatro mil quinientas macetas de flores naturales flanqueando la ruta hasta la catedral de San Pablo, donde dos mil setecientas personas llenaban la grandiosa iglesia. Más de setenta y cinco técnicos con veintiuna cámaras trabajaron para hacer posible que el mundo viera la ceremonia[2].

Para muchas de nosotras, esto era un cuento de hadas moderno. Un príncipe se casa con una encantadora señorita en la grandiosa catedral rodeados de los súbditos que los adoran. Al ser ricos, jóvenes y guapos (bueno, ¡*ella* lo era!), eran la envidia de millones. Parecían ser la pareja perfecta. No obstante, si has pasado por algunas experiencias, sabrás que las cosas no son siempre como parecen.

Además, lo triste es que sabemos cómo terminó ese cuento de hadas en particular. La pareja se separó, y el matrimonio del libro de cuentos en el que queríamos creer, colapsó a la larga en adulterio y divorcio.

Se necesita algo más que un príncipe, una señorita y un palacio para formar un matrimonio feliz. A fin de que los matrimonios sobrevivan, se requiere mantenimiento regular. Se requiere esfuerzo.

Si ahora mismo estás pensando: *Esto es demasiado difícil. Debo de haberme casado con el hombre equivocado*, no estás sola. Todas hemos pensado eso en algún momento u otro. Aun así, es probable que *él* no sea el hombre equivocado; tan solo tienes algún trabajo que hacer. ¡Te esperan buenos tiempos!

La preparación para ser aprendiz

Muchas personas piensan que hacen falta acontecimientos monstruosos, casi milagrosos, para cambiar su matrimonio. Ese no es el caso. Creo que se necesitan pequeños retoques para hacer avanzar la relación hacia alturas superiores.

Creo que son los momentos aparentemente insignificantes en la vida los que determinan el éxito en nuestra relación y en nuestro carácter. Sé que no tienes ganas de quitar el proyecto de arte de los niños, el correo, ni tu bolsa de la encimera de la cocina; pero sabes que el desorden le irrita a él, así que el amor dice que tienes que hacerlo. Es probable que él te amará por hablarle en modo de esquema, pero no te sentirías muy querida si eso fuera todo lo que quisiera, ¿verdad?

La paciencia, la generosidad, el entendimiento, el afecto, el tiempo de calidad y el interés llegan con demasiada facilidad en la fase inicial de una relación. Él nos permite disfrutar todos los detalles. Nosotras pensamos que es muy lindo que no pueda encontrar las llaves de su auto. Él nos abre todas las puertas y nos deja pasar. A nosotras nos encanta cada una de sus palabras y la admiración se refleja en nuestras caras... estas son las expresiones normales del amor que hacen que las relaciones sean extraordinarias.

Al principio, todo llega de modo tan natural que ninguno de nosotros puede imaginar siquiera que va a irritarse, ocultar sentimientos o distanciarse; pero sucede. Y no sucede «de repente», con un incidente importante, como podríamos pensar. Sucede en la culminación de todas las pequeñas cosas: muchos trastos sobre la encimera, un sentimiento apremiante de «ir al grano» que nos hace callar, continuas peleas por las llaves que no se encuentran. Y después están las heridas silenciosas, frustraciones, irritaciones, planes ocultos, falsas expectativas, sueños inexpresados... señales reveladoras de un corazón sin control que siempre se ve tentado a divagar.

Hay muchísimas razones para el divorcio.

Ruptura de la comunicación.

Diferencias de personalidad.

Frustración o infidelidad sexual.

Problemas de dinero.

Problemas del pasado sin resolver.

Sin embargo, quizá en el centro de todas estas cosas solo haya una falta de preparación. Casi todas nosotras pasamos más tiempo planeando la boda que el que pasamos planeando el matrimonio.

Además, seamos realistas: No puede ser que nuestro cónyuge sea el único problema (aunque hay días en que estoy convencida de que sí lo es). A veces podemos pensar que si nos hubiéramos casado con otra persona, nuestros problemas se resolverían.

Me parece que no.

Hace años escuché una entrevista a una celebridad, justo después de su segundo matrimonio. El entrevistador preguntó: «¿Cómo supo que esta era la persona adecuada?». La celebridad solo sonrió y dijo: «Cuando lo sabes, solo lo sabes... hay ese sentimiento». La última vez que lo verifiqué, iba por su cuarto matrimonio.

Quizá su método no dé resultados.

Uno de cada dos matrimonios termina en divorcio. Eso es un *cincuenta por ciento*. ¿Te imaginas que fueras a hacer puentismo y el hombre que manejara las cuerdas dijera: «¡Vamos, es estupendo! Dos de cada cuatro personas regresan vivas. Dos de cada cuatro personas se estrellan en el fondo, ¡pero la caída es impresionante! Es increíble. La expectativa es sorprendente. Hace que el corazón lata... y, escucha, podemos hacerlo especial si quieren saltar juntos. Podemos encargar flores, pedirles a sus amigos que vistan esmoquin y podemos filmarlo todo. Quizá regresen o tal vez no. Aun así, tendremos fotografías para toda su familia».

¿Quién va a hacer ese puentismo? No muchas personas.

Con todo y eso, saltamos al matrimonio. Saltamos a relaciones que tienen un por ciento significativamente menor de tener éxito y decimos: «¡Sé lo que hago! ¡Estoy siguiendo mis *sentimientos*!».

El sesenta por ciento de los segundos matrimonios termina en divorcio[3]. Algunos cálculos indican que el ochenta por ciento de los terceros matrimonios puede terminar en divorcio y que hasta el noventa por ciento de los cuartos matrimonios termina en divorcio.

Quizá tengamos algunas cosas que aprender.

Todas esperamos que nuestros médicos empleen años de estudio y de prácticas a fin de ser buenos en lo que hacen, pero casi todas nosotras esperamos tener un matrimonio fuerte sin siquiera aprender cómo. ¿No sería estupendo si todas las universidades les exigieran a todos los alumnos que tomaran una clase básica de matrimonio? A la larga, esa clase habría demostrado ser más útil que las de cálculo que tomé yo.

Sin embargo, para los que nos perdimos la clase básica de matrimonio, ¡hay esperanza!

Todos necesitamos seguir siendo alumnos en nuestro matrimonio, seguir aprendiendo y creciendo. ¿A qué se debe que esperemos emplear tiempo y esfuerzo mejorando en nuestro trabajo o nuestra carrera, que pueden o no durar una década, pero nos descuidamos en adquirir nuevas destrezas y nuevos conocimiento con respecto a nuestro matrimonio? Yo estoy comprometida a ser la esposa de Philip hasta que uno de nosotros se reúna con Jesús. Eso podría ser *mucho* tiempo (no tanto como era hace veinticinco años, ¡pero aun así bastante tiempo!). ¿No debería mejorar a medida que pasa el tiempo? Ser su esposa es un papel que desempeñaré durante muchos años, así que sigo aprendiendo.

Es bueno que estés leyendo este libro. Eso significa que quieres aprender y seguir desarrollando tu matrimonio.

Lo triste es que la mayoría de las personas no lo hace.

Quiero alentarte a que sigas en esto. Philip y yo hemos leído cientos de libros sobre relaciones. Libros sobre cómo hablar el uno con el otro. Libros sobre cuáles son sus necesidades y cuáles son mis necesidades. Libros acerca de que él es de Marte y se parece a un gofre, y que yo soy de Venus y me parezco a los espaguetis. Hemos escuchado incontables horas de enseñanza sobre el tema y hemos asistido juntos a muchos seminarios... porque estamos comprometidos a ser todo lo buenos que podamos ser en esto del matrimonio.

A los solteros les digo que la pregunta número uno que deben hacerse sobre un cónyuge potencial es la siguiente: *¿Esta persona es alguien que aprende?* Porque si alguien quiere aprender, aprenderá a ser un estupendo esposo, esposa, padre, empleado... cualquier cosa.

Yo aprendí en la clase de biología que la manera de diferenciar un organismo vivo de un objeto inerte es observando cualquier cambio. Si no hay crecimiento y cambio después de un tiempo, el objeto se considera inanimado. Muerto.

Lo mismo sucede contigo y conmigo como individuos y como parte de un matrimonio.

Debemos crecer. Como individuos y como parte de una pareja.

Como individuos, debemos estar dispuestos a aprender cosas nuevas y a tener pensamientos nuevos. Al tener pensamientos viejos, no lo lograremos en la vida del modo en que debemos hacerlo. Necesitamos conocer nuevas personas, leer nuevos libros, aceptar nuevos desafíos y establecer nuevos objetivos.

En esencia, necesitamos ser estudiantes de por vida.

Hace unos años oí acerca de un grupo de religiosas que casi siempre vivían hasta más de los cien años de edad. ¡Increíble! Algunos científicos fueron a su convento para estudiar a esas hermanas y ver qué había de distinto en cuanto a su manera de vivir. Sin duda, sus vidas eran más orgánicas y puras, pero los científicos también descubrieron otra cosa. Obtuvieron permiso para realizar autopsias a las religiosas que murieron, y esos exámenes revelaron que los cerebros de las religiosas tenían más conexiones entre varios puntos que los cerebros de la mayoría de la gente. Esas conexiones se forman cuando el cerebro aprende algo nuevo. Los científicos entonces descubrieron, después de entrevistar a algunas de las religiosas, que el grupo estaba comprometido a aprender cosas nuevas hasta la muerte. Leían nuevos libros y aprendían a hablar nuevos idiomas hasta que llegaban casi a los noventa años. Debido a que sus cerebros estaban en continuo crecimiento y utilización, las religiosas vivían más tiempo[4].

Tú y yo necesitamos ser personas que quieran aprender cosas nuevas no solo para que nuestras vidas sean más largas, sino también para que sean más satisfactorias. El crecimiento que yo hago y los cambios que acepto no cambiarán quién soy, pero me harán ser una mejor persona.

> *Pienso que esto es una buena idea.*
> *Je pense que c'est une bonne idée.*
> *Ich denke, dass dieses eine gute Idee ist.*
> **Δκέωφτομαι ότιαυ τό είναι μια καλή ιδέα.**
> *Iay inkthay isthay isay ay oodgay eaiday.*

(¡Solo pensé que te ayudaría con algunas de estas conexiones cerebrales!)

Casi todos *decimos* que queremos aprender cosas nuevas.

Y es probable que sea así.

Sin embargo, decirlo es más fácil que ponerlo en práctica. Cuando nos damos cuenta de lo difícil que es hacer algo nuevo, es muy tentador tirar la toalla. No obstante, eso es justo lo que no podemos hacer. Tenemos que atravesar la curva del aprendizaje.

Mi hija tiene dieciocho años y ha pasado años jugando al baloncesto. Gracias a su hermano mayor, ha estado regateando un balón desde que era pequeña. Y después de muchas temporadas, es una jugadora bastante buena. Hace algunos años, le pedí que lo intentara con el voleibol, y lo hizo. Sin embargo, después de una temporada, estaba lista para dejarlo. Se dio cuenta de que tendría que trabajar muy duro para llegar a ser buena en ese deporte. Era algo nuevo para ella, y no estaba dispuesta a atravesar la curva del aprendizaje.

Dejar el voleibol no es algo tan importante.

Dejar un matrimonio sí lo es. Dejar de intentar entenderse el uno al otro sí lo es.

Cada uno tiene que atravesar la curva del aprendizaje en nuestras relaciones. En la vida y en las relaciones, hay muchas curvas del aprendizaje.

Como parte de un matrimonio, he tenido que crecer de varias maneras. A decir verdad, he tenido que convertirme en una estudiante de Philip; no solo aprender cuáles son las fortalezas y debilidades de su personalidad, sino también aprender cuáles son sus gustos, lo que no le gusta y sus necesidades. Desde conocer lo sencillo hasta lo más complejo; desde su comida favorita hasta lo que necesita cuando sufre, y entonces estar dispuesta a que cambie de opinión... ¡lo cual significa que yo tengo que aprender otra vez cosas nuevas!

Lo engañoso para mí, al principio, era aprender a *no* cambiarle, sino a *conocerle*.

Algunas personas van llorando a un consejero: «¡Esa no es la persona con la que me casé!». Bueno, es probable que no. Tú tampoco lo eres. Nuestros gustos, intereses y necesidades emocionales cambiarán. Eso es lo que lo mantiene interesante, y el motivo de que tengamos que seguir siendo estudiantes.

Durante años, veintitrés años de vida de casada, para ser exactos, a Philip no le gustaba la pasta. Creo que su mamá le dio de comer demasiados macarrones con queso enlatados en su niñez; cuando piensa en pasta, imagina las comidas enlatadas de su niñez. Pensaba que eso solo era un poco raro. ¿Cómo era posible que a una persona no le gustara la pasta? A él le gusta el arroz y, en realidad, ¿dónde está la gran diferencia? Ambas cosas saben a cualquier salsa que uno les ponga encima. Durante años, intenté convencerle de muchas maneras que no gustarle la pasta era una equivocación. Probé todo tipo de recetas para persuadirle. Nada resultó. No le gustaba la pasta.

Mi problema era que, en lugar de ser una buena estudiante de mi cónyuge a fin de conocerle, intentaba cambiarle. Eso no es bueno.

Sin embargo, ahora ha sucedido algo incluso más extraño que lo de no gustarle la pasta.

Philip ha decidido que le gusta la pasta. No tengo ni idea de lo que sucedió. Lo único que sé es que ahora es quien hace las reservaciones en los restaurantes italianos.

Como una mujer comprometida a ser una estudiante de mi cónyuge, ¡tan solo intento seguir el ritmo!

Philip necesita tiempo para procesar la mayoría de las cosas.

A él le gusta tener encendidas la computadora y la televisión mientras estudia. No le gustan las interrupciones de la gente cuando está estudiando.

En realidad, no le gustan las sorpresas.

Se toma su tiempo cuando tiene que tomar decisiones.

No le gusta que los demás intervengan cuando está hablando. (Lo llama «interrumpir»).

Le encanta aprender cosas viendo un DVD.

Lee varios libros al mismo tiempo, sin terminar ninguno.

Lo primero que quiere hacer por la mañana es encender su computadora.

No le gustan las comidas largas en restaurantes de moda.

Disfruta caminando a un ritmo cómodo.

Y yo soy todo lo contrario en cada una de esas cosas... ¡lo cual puede hacer que el matrimonio sea desafiante! Porque a veces, en lo profundo de mi corazón, me gustaría que Philip se pareciera más a mí.

¡Eso no es bueno! Significa que he dejado de estudiar quién es él y, en cambio, me estoy enfocando en quién quiero que sea.

Ya mencioné que, en realidad, a Philip no le gustan las sorpresas. Lo descubrí a fuerza de cometer errores. (Bueno, en verdad sabía que no le gustaban las sorpresas; solo pensaba que estaba equivocado. ¿Quién necesita saber todos los detalles acerca de lo que llegará?). Un día, en los primeros años de nuestro matrimonio, llamé a su asistente en la oficina y le dije que iba a secuestrar a Philip durante unos días, así que tendría que cancelar cualquier cita que tuviera. Preparé su pequeña maleta y lo organicé todo; solamente íbamos a estar fuera el fin de semana, así que era algo fácil de hacer. Llegué a la oficina y le dije que se subiera al auto... ¡y nos fuimos! Él no estaba tan emocionado como yo. Es más, estaba un poco irritado. Quería saber a dónde íbamos y qué íbamos a hacer. ¡Y yo estaba también tan irritada que tuve que estropear mi sorpresa y darle todos los detalles!

Al volver la vista atrás, y la retrospectiva es ciertamente 20/20, habría sido mucho más feliz si le hubiera dicho: «Cariño, ¿qué te parece si nos vamos a pasar una noche a Santa Bárbara?».

Lección aprendida.

Algunas veces las diferencias de personalidad y las preferencias pueden ser irritantes. No obstante, he descubierto que donde soy débil, él es fuerte... y viceversa. Nos sentimos atraídos el uno por el otro debido a las diferencias, y aunque con frecuencia es difícil solucionarlas, hacen que nuestra relación sea más fuerte. Hablaremos más sobre esto en capítulos siguientes...

Haz preguntas

Las preguntas son una manera estupenda de saber cosas sobre alguien.

Cuando Philip y yo comenzamos a salir, a cada momento me hacía preguntas. Casi cada vez que estábamos en el auto, me preguntaba algo.

Era estupendo, pues significaba que salía con un hombre que quería tener intimidad conmigo conociendo mis pensamientos, mis temores y mis sueños. Estaba interesado en cómo funcionaba mi corazón. ¿Cómo no podía enamorarme de alguien así?

¿Y tú? ¿Estás haciendo preguntas?

Prueba las siguientes:

- ¿Cuál es tu mayor temor?
- ¿Cómo quieres que sea nuestra vida en cinco años?
- Si tuvieras un millón de dólares ¿qué harías con ellos?
- ¿Cuáles son dos cosas que te encantan de mí?
- Si el dinero no fuera problema, ¿dónde te gustaría ir de vacaciones?
- ¿Qué esperas para el futuro?
- ¿Qué te hace sentir más vivo?

A lo largo de los años las preguntas podrían cambiar, ¡por no mencionar las respuestas! Sin embargo, deberíamos seguir haciéndolas.

La verdad es que tanto tú como tu esposo son un misterio que nunca se resuelve por completo.

Un matrimonio estancado tiene lugar cuando nadie se interesa lo suficiente para hacer preguntas.

Cuando dejamos de aprender el uno sobre el otro.

La Dra. Robin Smith, en su libro *Mentiras ante el altar*, sugiere doscientas setenta y seis preguntas que deberían hacerse antes del matrimonio, y que deberían hacerse de nuevo durante el matrimonio. Además, que se deben responder con sinceridad, y no como tú crees que tu pareja quiere que las respondas. Al fin y al cabo, la verdad es la que nos libera.

Si estás en una relación de noviazgo y no tienes tiempo para hacer las preguntas, tampoco tienes tiempo para casarte.

Las siguientes preguntas son algunas de las que sugiere:

- ¿Trabajas en la profesión que escogiste?
- ¿Cuántas horas a la semana trabajas?
- ¿Prefieres un entorno urbano, suburbano o rural?
- ¿Piensas en el hogar como un capullo o tu puerta siempre está abierta?
- Si tuvieras recursos ilimitados, ¿cómo vivirías?
- ¿Tienes alguna deuda?
- ¿Cuándo fue la primera vez que te sentiste enamorado de otra persona?
- ¿Haces ejercicio con regularidad?
- ¿Qué te gusta o no te gusta de tu aspecto?
- ¿Quieres tener hijos?
- ¿Te has aislado alguna vez de tu familia?
- ¿Tienes un mejor amigo?
- ¿Sirves en la iglesia?
- ¿Cuál es tu idea de un día divertido?
- ¿Te gusta viajar?
- ¿Te gusta cocinar? ¿Comer?
- ¿Hay responsabilidades de la casa que crees que son ante todo de hombre o de mujer?
- ¿Eres una persona madrugadora o nocturna?[5]

Es crucial ser un estudiante perpetuo. No es que necesites quedarte en la universidad para siempre. Por favor, no lo hagas. Aprende y después haz la obra que haga falta. Continúa aprendiendo cosas nuevas de la vida y de tu cónyuge.

Sabiduría para la vida

Ser un estudiante y hacer preguntas producirá conocimiento. El conocimiento es bueno. Es el primer paso hacia la sabiduría, y se necesita sabiduría para edificar una vida, un hogar y una familia (lee Proverbios 24:3). La sabiduría es algo más que conocimiento. Sin duda, se requiere conocimiento sobre lo que es verdadero, pero está unido con saber qué hacer. La sabiduría viene de la experiencia: la tuya propia o, para los inteligentes que hay aquí, la experiencia de otros. No necesitas meter la mano en el fuego para saber que quema. Basta con ver la quemadura de la persona que ya lo hizo.

La sabiduría tiene un costo.

Yo tengo mucho conocimiento sobre el cáncer. He leído muchos libros y he hablado con muchos médicos. También he hablado con mujeres que han atravesado su propio viaje y han obtenido conocimiento; en muchos casos, aprendí a saber qué no hacer.

Lo que hice con ese conocimiento se convirtió en sabiduría. He obtenido mucha sabiduría navegando por mi propio viaje. He aprendido que el modo en que como, hago ejercicio y descanso importa en realidad. Y con sabiduría, he cambiado. Como, descanso y hago ejercicio de modo diferente. El conocimiento se convirtió en sabiduría porque actué basándome en él.

Es interesante que algunas de las personas que hay en mi mundo ahora comen, descansan y hacen ejercicio de modo diferente también. No pasaron por una batalla contra el cáncer; solo fueron lo bastante inteligentes para aprender de alguien que sí lo hizo.

La sabiduría edifica una vida.

La sabiduría también edifica un hogar y una familia.

Podemos obtener conocimiento de cualquiera. Yo puedo aprender de alguien que se haya casado diez veces. La mayor parte de lo que aprendo es lo que no debo hacer. Sin embargo, eso también puede producir sabiduría. Saber qué no hacer es muy bueno.

De una mujer divorciada dos veces: *Teníamos muy mala comunicación*.

De un hombre divorciado una vez: *Nos casamos demasiado jóvenes*.

De una mujer divorciada dos veces: *No sabíamos cómo lidiar con el conflicto*.

De una mujer divorciada una vez: *Él quería alguien más joven*. (Después de hablar con ella un rato, me di cuenta de que estaba bastante amargada. Dijo que le dejó por alguien que «pensaba que él sostenía la luna». Lo que necesitaba era el aliento que ella no estaba dispuesta a dar. Aunque su esposo era de seguro responsable de sus elecciones, en algún lugar del camino ella olvidó lo importante que el aliento era para él).

Recuerdo que le recomendé la consejería prematrimonial a un hombre que acababa de comprometerse. Su respuesta fue: «¿Por qué necesito eso? He estado casado otras cuatro veces antes». ¿Por qué? Supongo que no estaba tan interesado en la sabiduría que puede edificar un hogar.

Debido a que soy una estudiante que procura obtener conocimiento, el cual puede entonces convertirse en sabiduría para edificar mi propia casa, he realizado alguna investigación sobre el porqué se divorcian las parejas. Los resultados fueron interesantes para mí.

Sharon Pittman escribió:

El divorcio es una de las peores cosas que puede atravesar una persona. No importa quién tenga razón, ni quién esté equivocado, ni de quién es la culpa, uno estará mucho mejor sin el otro o ninguna otra cosa. Todo eso puede que sea verdad, pero en los momentos de silencio, sigue haciendo daño.

El divorcio para muchas mujeres no se trata solo de la pérdida de un cónyuge y un matrimonio, sino de la pérdida de un sueño. Ya conoce ese sueño. El sueño en el que dos personas se enamoran, envejecen juntas y viven felices para siempre. Solo es tener una persona con la cual envejecer, criar una familia y edificar una vida.

El divorcio hace grandes estragos en lo emocional. Una vez más, la causa no importa. Sigue habiendo sentimientos de fracaso y de desear que las cosas pudieran haberse hecho de otra manera. Los lamentos y las heridas necesitan años para sanar[6].

No parece que un solo factor contribuya a la decisión de una pareja de divorciarse, y hay varias razones por las que fracasan los matrimonios[7]. La razón número uno dada por parejas divorciadas es la falta de comunicación o la mala comunicación. La segunda razón más citada es los conflictos y las peleas matrimoniales. La tercera, muchas parejas divorciadas dicen que la infidelidad condujo a su divorcio.

Aunque esas son las razones principales citadas para los matrimonios fracasados, las estadísticas muestran que hay varios factores subyacentes que contribuyen a esas tendencias. Quienes se casan cuando tienen de veintitantos a treinta años tienen menos probabilidades de divorciarse que quienes se casan a edades más tempranas, y este grupo de edad tiende a estar más satisfecho en el matrimonio que las parejas que se casan más adelante en la vida.

La educación y los ingresos también desempeñan un papel en el divorcio. Los datos muestran que una pareja casada con una educación más elevada y mayores ingresos tienen menos probabilidades de divorciarse que una pareja con menos educación y menores ingresos.

Los informes sugieren entre un cuarenta y un ochenta y cinco por ciento de las parejas que viven juntos antes de casarse, terminaron divorciándose después de casarse. Es interesante, ¿verdad? La mayoría de las parejas que viven juntos piensan que les ayudará en su matrimonio.

Alrededor de un veinticinco por ciento de los adultos en Estados Unidos se han divorciado al menos una vez en su vida. Entre las características de individuos que tienen una mayor probabilidad de divorciarse se incluyen:

- menor edad en el momento de casarse
- menor educación
- hijos de una relación anterior
- cohabitación antes del matrimonio
- actividad sexual antes del matrimonio

Como observan Jon Gottman y Nan Silver: «Una de las razones más tristes por la que muere un matrimonio es que ninguno de los cónyuges reconoce su valor hasta que es demasiado tarde. Solo después que se firman los documentos, se distribuyen los muebles y se alquilen apartamentos separados, ambos reconocen lo mucho a lo que renunciaron en realidad cuando se separaron. Con demasiada frecuencia se da por sentado un buen matrimonio, en lugar de darle el respeto y el alimento que merece y que necesita con urgencia»[8].

Ahora bien, quizá estés leyendo esas estadísticas y pensando que tienes problemas... porque tenías veintidós años cuando te casaste, ninguno de los dos fue a la universidad y él tiene un hijo de una relación anterior.

Relájate.

Tu matrimonio puede ser diferente porque estás obteniendo los recursos necesarios para navegar por la aventura del matrimonio. Si estás comprometida a ser una estudiante, a aprender sobre ti misma y llegar a ser sana en lo emocional, a aprender sobre el matrimonio, sobre tu esposo y sobre la vida, ¡tienes una probabilidad mucho mayor de llegar a la vejez con el esposo que tienes ahora! Y no solo llegar, ¡sino también amarle durante todo el camino!

Hace poco, comencé a hablarles a personas que llevan casadas más de mis veinticinco años. Estoy en la búsqueda de obtener conocimiento.

Aprendí algunas cosas:

De un hombre casado por cuarenta y cuatro años: *Tomarse de las manos a menudo.*

De una mujer casada por treinta y dos años: *A veces es mejor quedarse callada.*

De un hombre casado por treinta y un años: *Dejar que sea ella la que más hable.* ☺

De un hombre casado por cuarenta y dos años: *Irse de la casa cuando su esposa es la anfitriona de una fiesta de boda para una amiga. Demasiado ruido de mujeres.*

De un hombre casado por treinta y tres años: *Paciencia.*

De una mujer casada por treinta años: *Perseverar en los momentos difíciles.*

De una mujer casada por treinta y cinco años: *Decidir que ese es el hombre con el que quieres envejecer y hacer todo lo necesario.*

De una mujer casada por treinta y seis años: *Sonreír a menudo*.

Todo este conocimiento se convertirá en sabiduría si en realidad *tomo* a menudo de la mano a Philip... y, de vez en cuando, estoy callada... y persevero en los momentos duros... y sonrío mucho.

A veces podría parecer como si el matrimonio fuera demasiado trabajo. Sí, requiere trabajo, ¡pero el trabajo es necesario para producir unidad, paz y *diversión*!

Antes de comenzar a pastorear *The Oasis* con Philip, yo era actriz en Los Ángeles. He trabajado en varias películas y cada una requería mucho trabajo. Mucho tiempo. Muchas horas (¡crema de ojos, café e incomodidad!). Sin embargo, el resultado final no era solo los días de trabajo... sino una película.

El resultado final de tu trabajo, tu aprendizaje y el mantenimiento regular de tu matrimonio, ¡será un gran matrimonio!

Así que no pierdas el enfoque.

Quizá todas tengamos un poco de trastorno por déficit de atención. Sin embargo, no te distraigas de lo que intentas construir. Y cuando lo hagas, vuelve a enfocarte y vuelve a construir una vida con la persona que amas.

> Así que no nos cansemos de hacer el bien. A su debido tiempo, cosecharemos numerosas bendiciones si no nos damos por vencidos. (Gálatas 6:9, *NTV*)

Para más información acerca de cosas que edifican tu matrimonio, puedes ver unos breves vídeos de Philip y míos en www.godchicks.com.

¡Solo para hombres!

No tires la toalla.

A diferencia de muchas mujeres, es probable que ya tú supieras que Cenicienta mintió. El verdadero amor no es como en los cuentos de hadas. Aun así, quizá estés un poco sorprendido del mucho trabajo que requiere un matrimonio. A veces, cuando la vida se pone difícil, podrías sentir la tentación a retirarte o a solo jugar en lugar de hacer el trabajo que se necesita.

Por favor, no te rindas.

Haz el viaje de muchacho a hombre.

Un muchacho es un niño. Está enfocado por completo en tener satisfechas sus necesidades. Eso no es malo; esto es solo lo que hacen los niños. Sin embargo, cuando un varón tiene veinte años de edad y sigue haciendo pucheros, montando un berrinche o dando portazos porque no se sale con la suya, eso no es bueno… en realidad, es un poco absurdo. He visto a hombres adultos mostrar todas esas conductas; y si no logran los resultados deseados, los muchachos juegan todo el día abandonando la responsabilidad y el trabajo necesarios para desarrollar relaciones.

Ser un hombre significa entender que el mundo no gira en torno a ti.

Un muchacho se interesa por tener cuidado de sí mismo; un hombre no solo cuida de sí mismo, sino que también puede hacerlo mientras se ocupa de otros. Un hombre es una persona diferente por completo a un muchacho; no solo es un muchacho más alto. Un hombre hará el trabajo necesario para edificar una familia.

La sabiduría edifica una vida, así que obtén toda la sabiduría y el entendimiento que te sea posible.

Sé un estudiante de tu esposa otra vez, como cuando eran novios. Hazle preguntas. ¿Cuáles son sus sueños y sus temores? Los sentimientos de amor con frecuencia siguen a «los actos» de amor. Comienza a hacer a pesar de lo que estés sintiendo.

Y gracias por interesarte lo bastante para leer la sección «¡Solo para hombres!». Ya eres un héroe.

Notas

1. Henry Cloud y John Townsend, *Límites en el matrimonio*, Editorial Vida, Miami, FL, 2009, p. 109 (del original en inglés).
2. «Diana, Princess of Wales: Engagement and Wedding», de Wikipedia.org. http://en.wikipedia.org/wiki/Diana_Princess_of_Wales#Engagement_ and_wedding; accedido en diciembre de 2009.

3. Maggie Scarf, «Remarriage Is More Fragile than First Marriage», PsychologyToday.com: The Bonus Years of Adulthood, 12 de enero de 2009, http://psychologytoday.com/blog/the-bonus-years-adulthood/200901/remarriage-is-more-fragile-first-marriage; accedido en diciembre de 2009.

4. Dr. John J. Ratey, «The Nuns of Mankato: Regeneration», extraído de *A User´s Guide to the Brain: Perception, Attention, and the Four Theaters of the Brain*, Vintage, Nueva York, 2002. http://www.enotalone.com/article/6232.HTML; accedido en diciembre de 2009.

5. Dra. Robin Smith, *Mentiras ante el altar: Cómo construir un matrimonio feliz*, Aguilar, Editorial del Grupo Santillana en Estados Unidos-Puerto Rico, 2007, pp. 159-183 (del original en inglés).

6. Sharon Pittman, «Divorce Hurts: What You Can Do to Avoid It», EzineArticles.com. http://ezinearticles.com/?Divorce-Hurts-What-Can-You-Do-to-Avoid-It&id=2690665; accedido en diciembre de 2009.

7. Robert Grazien, «Statistics of Divorce», EzineArticles.com. http://ezinearticles.com/?Statistics-of-Divorce&id=1468444; accedido en diciembre de 2009.

8. Jon Gottman y Nan Silver, *Los siete principios para hacer que el matrimonio funcione*, Vintage, Nueva York, 2010, p. 4 (del original en inglés).

4

La precaria práctica de besar sapos

(Philip)

*Tienes que besar muchos sapos horribles antes
de encontrar a un príncipe.*
GRAFITO

Las teorías pasan. El sapo permanece.
JEAN ROSTAND

*Yo besaría a un sapo aunque no hubiera ninguna promesa de
que un Príncipe Azul saliera de él. Me encantan los sapos.*
CAMERON DÍAZ

*Puedes identificarlos por su fruto, es decir, por la manera en
que se comportan. ¿Acaso puedes recoger uvas de los espinos
o higos de los cardos? Un buen árbol produce frutos buenos
y un árbol malo produce frutos malos.*
MATEO 7:16-17, NTV

Hay una vieja historia acerca de una joven princesa que se encuentra
a un sapo que habla. El sapo intenta convencerla de que si le da un
beso, él se convertirá en un guapo príncipe y se casará con ella; y
vivirán felices para siempre.

La princesa afronta este dilema: ¿Qué pasaría si todo es un invento
del sapo? ¿Y si corre el riesgo, besa a un escurridizo y asqueroso sapo

y, a pesar de eso... no sucede nada? No obstante, ¿y si está diciendo la verdad? ¡Podría ser el príncipe de sus sueños!

Supongo que el propósito de decirle a una joven señorita que «tiene que besar algunos sapos antes de encontrar a su príncipe» es alentarla a seguir confiando y abriendo su corazón a la gente, incluso después que haya experimentado un corazón roto. Sin embargo, actuando según este consejo, la mujer seguirá confiando en los hombres que no son buenas parejas en potencia, esperando que si «besa» al siguiente con su bondad y su gracia, se convertirá en el hombre que necesita.

¿Podría esa idea estar más equivocada? Cada uno de nosotros experimenta cierta mejora en la personalidad debido a la influencia positiva del amor de alguien. Aun así, ¿una *total transformación*? ¡Eso de seguro lleva escrito «el mito del cuento de hadas»!

Los cuentos de hadas son extraños. Incluso la historia de la Bella Durmiente, por ejemplo: ¿En realidad quieres a un chico que besará a una chica sin que la haya visto nunca antes, una chica en estado de coma? ¿Qué tipo de loco es ese chico?

¡Deja de besar sapos! ¡Apunta más alto!

Quiero decirte lo que le diría a mi propia hija, que tiene dieciocho años mientras escribo: «Cuando se trata de hombres, ¡apunta alto! No permitas que cualquiera tenga acceso a tu corazón». El corazón de un padre va arriba y abajo en la montaña rusa emocional ante el pensamiento de que su hija confíe en hombres que sin duda son «sapos» que nunca cambiarán siquiera por el más amoroso de los besos.

Toda chica quiere a un caballero con brillante armadura. Las mujeres quieren que las persigan, las amen y ser el deseo del corazón de un misterioso caballero. Sin embargo, la armadura de un caballero tiene un visor de metal por delante de la zona de la cara, así que antes de que te cases con él, ¡levanta el visor para ver quién está en realidad en su interior! Eso es todo lo que digo. No desearás descubrir, después de comprometerte con él para toda la vida, que debajo de su armadura haya un muchacho engreído, egoísta e inmaduro, y no el héroe que esperabas.

No cedas. Tú eres increíble, y te mereces lo increíble. No permitas que tus emociones te guíen a una relación. Presta atención. ¿Te quiere de verdad, o le encanta la idea de tener una novia?

En asuntos del corazón, busca evidencia. Estoy convencido de que algunas mujeres emplean más tiempo y energía evaluando a alguien para contratarla como empleada del que utilizan evaluando a alguien con quien salen. Un director de *casting* toma más tiempo eligiendo a la persona adecuada para un programa de televisión del que muchas mujeres toman para elegir a la persona adecuada para que sea «el hombre que merece acceso a mi corazón». ¿Por qué una mujer que es inteligente y atractiva, que posee un estupendo carácter y capacidad, elige a un hombre que no es seguro, que no va a tratarla bien y que no es un buen «material como cónyuge»? Otros hombres pueden decir que el chico al que persigue es peligroso. Algunas amigas no confían de verdad en el hombre, pero la alientan a seguir adelante.

Muchas mujeres dan el salto con ciertos hombres porque «tiene mucho potencial». He aquí lo que debes entender: Todo el mundo tiene potencial. La mayoría de las personas (en realidad, la *mayoría* de las personas), no hace nada con respecto a ese potencial. Por favor, pon más valor en los resultados o el progreso que solo en el potencial.

Del corazón de un padre

Además de nuestra hija biológica, Holly y yo también tenemos un grupo de «hijas adoptivas» que han asistido a nuestra iglesia durante algún tiempo. Las queremos a todas y nos interesamos de manera profunda por ellas, y me rompe el corazón ver a las mujeres que considero como hijas que van por el camino destructivo de las peligrosas opciones en los hombres. ¿Por qué no pueden utilizar la misma perspectiva, capacidad y confianza que utilizan en el trabajo o el ministerio, y aplicarlas a los asuntos del corazón? ¿A qué se debe que algunas mujeres persigan a «chicos malos» o se sientan atraídas hacia hombres que de seguro son un riesgo y tienen la palabra «peligroso» escrita por toda su vida?

Cuando Holly y yo celebramos nuestro vigésimo cuarto aniversario, pensaba en las chicas que debido a que se conforman con un sapo en lugar de esperar un príncipe, puede que nunca tengan la oportunidad de celebrar siquiera su décimo aniversario. Me senté y escribí una carta a mi hija, que tenía diecisiete años en ese momento.

Quería darle algunas ideas que pudieran ayudarla a aumentar sus oportunidades de tener un matrimonio satisfactorio.

12 de enero de 2009

Querida Paris:

Hoy, tu madre y yo celebramos nuestro vigésimo cuarto aniversario.

Estos casos son un poco raros en estos tiempos. Muchas veces, las relaciones no constituyen un matrimonio que durará tanto tiempo. A veces las personas siguen casadas mucho tiempo, pero solo se limitan a soportarlo y no disfrutan, en realidad, como lo hicieron antes.

Mi deseo para ti es que disfrutes de una relación de amor y tengas un matrimonio que perdure.

Después de haber estado casados veinticuatro años y haber ayudado a cientos de otras personas en sus relaciones, creo que tiene mucho que ver la persona que escoges para entregarle tu corazón. Un padre quiere lo mejor en la vida para su hija, y yo no soy diferente.

Una vez dijiste en un mensaje por vídeo que cuando te casaras, querías a un hombre como yo. Puede que no necesites a alguien como yo (aunque me encantó oír eso), pero sí espero que termines escogiendo a alguien para entregarle el corazón que sea una estupenda pareja para ti. Como papá, diría que escojas a alguien que sea lo bastante bueno para ti, alguien que sea digno de ti. Al final, es tu elección... nadie puede elegir por ti. Otros solo pueden esperar que guardes tu corazón por encima de todo lo demás.

He dado un consejo parecido a miles de otras personas, pero pensé dártelo a ti en este día tan especial de manera más personal. Mi consejo para ti, como tu papá, es que encuentres a alguien que sea:

1. Seguidor de Cristo. Esto debería ser el número uno.

No me refiero a que elijas a alguien que diga que es cristiano; he conocido a muchas personas así. No estoy hablando de alguien que sepa mucho de la Escritura ni que haya sido miembro de una iglesia; hay muchas personas que hacen esas cosas y quizá no sean un buen cónyuge.

Estoy hablando de un joven que tenga un amor genuino por Dios.

Encuentra alguien cuya fe te inspire a creer más y a vivir con un enfoque más elevado, una persona que quiera honrar a Jesucristo con su manera de vivir y en las decisiones que toma.

Esa clase de fe hará que la persona a la que escojas busque dirección de la Fuente que está por encima de sus propios pensamientos y sentimientos. También lo impulsará a ser un siervo en ocasiones donde otros se enfocan en sí mismos; perdonará cuando otros quieran aferrarse a los pequeños desacuerdos; e intentará confiar en Dios cuando otros solo hacen las cosas a su manera. Buscará la dirección en la Palabra de Dios y le rendirá cuentas a Dios por sus decisiones.

He visto a algunas personas ceder en esta cualidad número uno y más tarde lamentarlo, porque afecta a muchos otros aspectos.

Ha sido muy valioso tener una fe parecida con tu mamá.

2. Respetuoso. Una persona que te respete pensará en tus sentimientos y deseos antes de emprender acción alguna y tomar decisiones. Tomará decisiones que demuestren que te honra de manera genuina.

El respeto lo cambia todo en cuanto a nuestra forma de hablar el uno al otro, el modo en que solucionamos las diferencias y la manera en que llegamos a nuestras decisiones finales.

Respetará el plan de Dios para tu vida. Nunca te alentará ni te apoyará para descartar lo que sea mejor para tu vida.

El respeto nos hace ser amables de una manera en que otros no lo son. Influye en nuestra forma de hablar con los demás y en el modo en que enfocamos juntos la vida.

3. Protector. Esto no significa que sea *defensivo*. Es *protector*.

Para mí, esto significa que es considerado contigo. En nuestro mundo actual, es fácil ser egoísta. Cuando tenemos presión, tendemos a ocuparnos primero de nuestras necesidades. Una persona que sea protectora pensará en ti antes que en sí mismo.

Te protegerá de manera física del daño y de sus propios deseos que podrían ponerte en riesgo. Para los jóvenes, esto incluye embarazo y enfermedades, pero también significa satisfacer tus necesidades físicas en la vida diaria.

Te protegerá de manera emocional estando a la altura en momentos en que puedas necesitar esa sensibilidad extra.

Te protegerá de manera espiritual manteniendo un ojo atento a las tentaciones y las distracciones.

Protegerá tus relaciones, conduciendo su relación contigo de una manera que no ponga en peligro las relaciones que son importantes para ti. No será competitivo ni innecesariamente celoso, obligándote a escogerle a él a fin de sentirse más importante.

El amor inspira a alguien a cuidar de otros lo suficiente para protegerlos.

4. Un hombre con visión. Una persona con visión tiene una ambición con propósito. Una persona con visión tiene dirección.

Quizá algunas personas tengan objetivos, pero la visión te lleva hacia algún lugar.

La mayoría de los jóvenes tiene grandes sueños. Algunos jóvenes tienen ideas interesantes sobre maneras de hacer dinero. Sin embargo, a la larga, es probable que desees un hombre que se enfoque en «hacer una vida», y no solo en «ganarse la vida», alguien que quiera distinguirse en el mundo.

La visión aporta confianza, la confianza aporta fuerza y la fuerza aporta una mayor visión. (La confianza es una cualidad que aporta mucho a una relación, porque nos permite tratar las situaciones que surgen centrándonos solo en esas situaciones, y no en nuestras propias necesidades ocultas que afectan con sutileza toda conversación).

Pues bien, estas son algunas cualidades importantes... quizá puedas guardar esta nota en algún lugar y dejar que hable a tu corazón en los meses y años que quedan por delante.

Mi deseo para ti es que disfrutes del amor en su forma más elevada.

Te quiere,
Papá

No estoy seguro de cuánto valoró mi hija de diecisiete años la carta en ese momento, pero espero que la guarde y la saque de vez en cuando para pensar en lo que le he dicho a medida que toma decisiones en cuanto a abrir su corazón.

El Dr. Gordon Livingstone escribe:

Las decisiones que tomamos, las decisiones sobre las que depende en gran parte nuestra felicidad, implican juicios acerca de las personas con las que nos encontramos a medida que viajamos por la vida. ¿En quién podemos confiar? ¿Quién sacará lo mejor de nosotros? ¿Quién nos traicionará? ¿Quién nos salvará de nosotros mismos? Esos juicios son importantes en proporción directa a la cercanía de la relación. Si un vendedor nos engaña, solo perdemos dinero. Si entregamos nuestro corazón a alguien indigno del regalo, perdemos más de lo que podemos permitirnos[1].

El secreto para encontrar un amor que perdure es aclarar lo que quieres y, luego, dejar pasar cada sapo que no encaje en ese cuadro. Aprende a decir no. Cuando no sabes decir no, terminas en una relación que está bien, pero no es estupenda, o que es estupenda en algunos aspectos y mediocre en otros; a mí me gusta denominarla una relación de «mejor que nada». Sin embargo, la relación de mejor que nada *no* es mejor que nada en realidad; te arrebata tu autoestima y te hace cuestionar tu juicio.

El mejor momento para decir no es el primer momento en que te das cuenta de que la persona no encaja en el cuadro que Dios y tú trazaron juntos. Esto es más fácil decirlo que hacerlo; requiere fe en Dios y en tu propia perspectiva, pero decir no también te puede facultar. Es una manera de declarar que no te conformarás con menos de lo que mereces.

El enamoramiento... y otras banderas rojas

Ella le ve. Él le sonríe. Ella siente ese sentimiento especial en su interior. Sus ojos se encuentran una vez más. El sentimiento es más profundo con cada mirada, cada sonrisa y cada gesto.

Increíble... enamorarse. Qué sentimiento tan estupendo.

Mi filosofía es la siguiente: *Cualquier cosa donde puedes caer (como una zanja, una trampa o el amor), puede hacerte daño de verdad. ¡Sobre todo una zanja! ... y el amor.*

Nuestro mundo está lleno de tragedias en las relaciones, ¡donde las ruedas se salen de sus ejes por completo! Las decisiones horribles, las malas estrategias, los resultados tristes y los métodos desesperados siempre producen resultados deprimentes. Sin darse cuenta, los hombres y las mujeres utilizan los mismos enfoques lamentables en cuanto al amor y las relaciones una y otra vez, pero de algún modo esperan resultados diferentes.

Tenemos que ser más inteligentes en cuanto al amor. Sé inteligente en el amor. Sé más inteligente en cuanto a los asuntos del corazón. El rey Salomón nos dijo: «Por sobre todas las cosas cuida tu corazón, porque de él mana la vida» (Proverbios 4:23). Lo que permitamos que entre en nuestro corazón puede moldear el resto de nuestra vida.

De vez en cuando me gusta pescar. No soy muy bueno en la pesca, pero me divierte. A algunas personas solo les encanta toda la experiencia, ya sabes, el cebo, la búsqueda, la expectativa y las teorías. Aunque no pesquen nada, les encanta toda la experiencia y ansían repetirla.

A mí me gusta pescar el pez. Todo lo demás está bien, pero pescar el pez es lo principal para mí.

Un hombre me dijo una vez: «Si quieres pescar un pez, tienes que pensar como un pez».

¿Qué te parece eso? ¿De qué manera piensas como un pez? ¿Cómo se le ocurrió a alguien que tenemos que pensar similar a un pez? Al fin y al cabo, ¿cómo se sabe lo que piensan?

Una cosa de lo que estoy bastante seguro es la siguiente: No creo que los peces piensen nunca en la dirección de su vida. No creo que a los peces les preocupen sus relaciones. Estoy bastante seguro de que los salmones hembras nunca les dicen a los salmones machos: «No creo que te preocupes por mí tanto como yo me preocupo por ti». Estoy bastante seguro de que los peces nunca dicen: «¿Me quieres solo por mi cuerpo escamoso, escurridizo y esbelto, o me quieres por lo que soy en el interior?».

¿Has pensado alguna vez en lo tontos que son los peces? Quiero decir que los pescadores siempre pescan los peces con *comida falsa*. Esos son los cebos para peces: comida falsa. Los cebos parecen lo verdadero, pero no lo son, ¡y dan resultado! Después de todos estos años, uno pensaría que los peces se darían cuenta de que cuando sus amigos comen ese tipo de comida, salen disparados hacia el espacio y nunca regresan. Podríamos pensar que dudarían en comer después de ver eso. Sin embargo, los peces siguen cayendo en el truco, incluso después de todo este tiempo.

¿No te alegras de que las personas, seres humanos como tú y como yo, sean más inteligentes que los peces? Nosotros no caemos en el cebo. Aprendemos de los errores de otros.

¿No es así?

Seamos sinceros: En el campo de las relaciones, a veces las personas son como los peces. No aprendemos de los errores de otros. Pasamos por alto las banderas rojas y nos tragamos el cebo, con el hilo y la caña también.

Las banderas rojas son señales de advertencia. Las banderas rojas significan «bajar la velocidad, peligro». Hablemos sobre algunas de las banderas rojas de las relaciones riesgosas.

Primera bandera roja: Demasiado cerca, demasiado pronto

Un gran error que comete la gente es ir demasiado rápido. Aprende a disminuir la velocidad; ten cuidado de no implicarte demasiado muy pronto ni de permitir que tus emociones corran sin freno. No digas demasiado y demasiado pronto acerca de los deseos íntimos de tu corazón. Cuando te permites sentir cosas con demasiada profundidad y fuerza antes de conocer bien a la persona, te preparas para el sufrimiento. No permitas que tenga acceso a tu corazón antes de saber que puedes confiar en él.

Si eres la clase de persona que tiende a moverse con demasiada rapidez (¿o tus amigas te dicen que eres la clase de persona que se mueve demasiado rápido!), en realidad, no estás en la mejor posición de comenzar un noviazgo. Algunas personas piensan que la madurez es una cuestión de edad: «Soy lo bastante mayor para tener novio; ¡tengo dieciséis años!». Sin embargo, a decir verdad, no es cuestión de edad. La madurez es más un asunto de la condición de tu corazón.

Las Escrituras nos dicen: «El afán sin conocimiento no vale nada; mucho yerra quien mucho corre. La necedad del hombre le hace perder el rumbo, y para colmo se irrita contra el Señor» (Proverbios 19:2-3). No tengas tanto afán que te apresures y pierdas el camino de la sabiduría. Aminora el paso. Muchas personas no entienden que un punto importante del noviazgo es evaluar el carácter de la otra persona. ¿Resuelve bien los problemas? ¿Cómo maneja el conflicto? ¿Es respetuoso con los demás, aunque esté pasando por situaciones estresantes? ¿Reacciona en exceso y ataca a quienes tiene cerca? La siguiente pregunta sobre su preparación para el matrimonio (y la tuya) es fundamental: ¿Es posible que él (y tú) ame a otra persona tanto como a él mismo (y a ti misma)?

Intenta responder estas preguntas, pues encontrar las respuestas es una de las principales razones para el noviazgo. Algunos solo piensan en la emoción y la pasión del noviazgo, pero esas cosas son menos importantes que la búsqueda de respuestas... y eso toma tiempo.

Una vez oí a Neil Clark Warren, fundador de *eHarmony*, dar una charla en la que citaba un estudio de la Universidad Estatal de Kansas. Ese estudio revelaba algo interesante: Las parejas que salían durante más de dos años antes de casarse estaban en un punto alto en la escala de satisfacción matrimonial. El riesgo de fracaso matrimonial disminuye de manera significativa con los largos períodos de noviazgo. A pesar de esta evidencia innegable, muchas parejas piensan: *Pero nosotros somos diferentes. Nos queremos. Venceremos los pronósticos. Oramos; leemos la Biblia. Tenemos a Dios de nuestro lado.* Todos esos elementos son buenos, pero el tiempo hace que todos sean más eficaces.

Además de asumir demasiados riesgos emocionales muy pronto, algunas personas también llegan a estar demasiado familiarizados de manera física muy temprano en su relación. No estoy hablando de tener relaciones sexuales; hablo de la expresión de intimidad física en un ambiente social, y lo que eso expresa el uno al otro y a los demás, ya sea que se den cuenta o no.

Una joven me dijo una vez: «Estoy pensando en esta persona como novio. Hemos salido un par de veces. Me gustaría que le conociera y me dijera lo que piensa antes de seguir adelante». Por lo tanto, cuando estábamos todos juntos en una reunión social, miré hacia el otro lado de la habitación y los vi. Por la forma en que se relacionaban físicamente (tocándose, abrazándose y agarrándose el uno al otro), pensé: *¡No parece que esté «pensando» en nada! Físicamente ya ha dicho: «Soy tuya, no te retengo nada de mi corazón».*

Digamos que ves a un hombre casado hablando con una joven atractiva (que no es su esposa) que está muy cerca de él. Ella está tocando el botón de su camisa, mirando hacia abajo y riendo, y después levantando la mirada hacia él entre parpadeos.

¿Te parecería apropiado? ¡No! Pensarías: *¿Qué está pasando aquí?*

Lo que se dice físicamente es demasiado familiar, indica una unión emocional que es inadecuada para dos personas que no están casadas.

Incluso si el hombre no estuviera casado y los dos fueran novios, ese nivel de afecto físico y familiaridad no sería apropiado. Creo que alguien debería ganarse el acceso al afecto físico a lo largo de un tiempo.

La Dra. Joyce Brothers dice que antes del matrimonio, la mujer estadounidense promedio ha besado a setenta y nueve hombres[2]. ¡Eso es mucho besar! ¿Son los besos tan insignificantes de verdad que está bien dárselos casi a cualquiera?

Hay algunas buenas razones para tomarlo con más lentitud.

En primer lugar, no podemos llegar a conocer en realidad a una persona durante un breve período.

Siempre es una sorpresa cuando descubro cosas acerca de las personas a las que he conocido durante años. No es que estuvieran ocultando algo; esa información en particular nunca había surgido antes.

«Serví en el ejército y luché en Iraq durante seis meses».

«¿De verdad? ¡Increíble! Háblame de eso».

«Tuve este extraño empleo una vez en Europa».

«¿Viviste en Europa?»

«Sé cómo se siente ese chico porque a mí me arrestaron una vez cuando era joven».

«¿Qué? No sabía eso... ¿qué pasó?».

«Mi papá murió de cáncer cuando yo era joven».

«Te conozco durante todo este tiempo y no lo sabía».

Eso es nueva información. No obstaculiza nuestra amistad; solo es una nueva información.

Sin embargo, tú no desearás obtener información en tu luna de miel que podría tener un impacto significativo en tu matrimonio.

Estuve casado dos veces antes.

He tenido una enfermedad de transmisión sexual.

Pasé tiempo en la cárcel.

He experimentado la bancarrota.

Soy seguidor de los *Medias Rojas*.

«Habría sido bueno tener esa información... ¡ayer!».

Hay parejas casadas que llegan a consejería y dicen: «Todo fue bien durante un par de años y entonces, de repente, él dejó de hacer *esto* o ella comenzó a hacer *aquello*». Cuando oigo eso, sé que alguna clase de necesidad ha salido a la superficie que estaba siempre allí. Es probable que si se le hubiera dado un poco más de tiempo antes de haber llegado al altar, esa necesidad se podría haber descubierto y tratado.

También he oído muchas explicaciones de parejas que buscan consejería prematrimonial acerca de por qué no necesitan más tiempo... son la excepción de la regla.

«Sé que Dios me está guiando».

«Nunca antes me he sentido de esta manera».

«Hablamos por teléfono durante horas. Lo sabemos todo el uno del otro».

Y otras cosas parecidas.

Llegar a conocerse de verdad el uno al otro toma tiempo. ¿Vale la pena arriesgar tu corazón y una relación para el resto de tu vida por saltarte de tres a seis meses de evaluación?

La segunda buena razón para tomar una relación con lentitud es que necesitamos tiempo para unirnos como es debido para el matrimonio; y lanzar al medio el afecto físico confunde nuestras emociones.

Por fortuna, hay algunas emociones bastante elevadas mezcladas en la relación. Eso es normal. Aun así, las emociones pueden hacer difícil para ti evaluar si el matrimonio es la elección adecuada. ¿Es posible que hayas pasado por alto algo? Descartar esa posibilidad es el beneficio de la consejería matrimonial y de tomar tiempo para llegar a conocerse mejor el uno al otro.

Esto nos lleva a otro problema común: Muchas personas no salen de una relación que no tiene salida lo bastante pronto.

Cuando reconocemos que una relación de noviazgo no va a durar a largo plazo, es equivocado seguir adelante solo porque no tenemos la valentía de admitirlo. Deberíamos tener suficiente respeto por la otra persona a fin de dar un paso atrás de modo que no se convierta en algo innecesariamente dañino.

Muchas veces, las personas rompen seis meses o incluso un año después de comenzar la relación; pero si fueran sinceros, dirían que sabían con anterioridad que no iba a dar resultados. Solo no querían estar solos o no querían herir los sentimientos del otro. En cambio, es mejor herir los sentimientos del otro después de unas cuantas citas que después de varios meses, cuando las emociones son más profundas para ambas partes. No puedo recordar los nombres de las personas que dejaron de salir conmigo después de una o dos citas. Nunca he ido a terapia debido a su rechazo. Las que causaron un verdadero sufrimiento fueron las relaciones que terminaron después de seis meses o un año.

Las Escrituras nos dicen que no deberíamos defraudarnos unos a otros en esta cuestión de las relaciones (lee 1 Tesalonicenses 4:6). Es deshonesto permitir que algo continúe cuando sabemos que no tiene futuro. Si tienes miedo de cómo reaccionará la otra persona, ¿acaso no es eso otra confirmación de que no debieran tener juntos un futuro? Si no puedes ser sincera con él o tienes miedo de que estalle, él no es la clase de persona con la que querrás tener un compañerismo para toda la vida. Un compañerismo sano requiere una comunicación sincera y la capacidad de crecer y cambiar con las estaciones de la vida... juntos. Y ya que el tiempo es algo que nunca puedes recuperar, no desperdicies más tu tiempo ni el de él siendo deshonesta.

La tercera razón para tomar una relación con lentitud es que cuando lo haces, te proteges a ti misma de quedar unida con demasiada rapidez.

Protege tu corazón. Proverbios dice que guardes tu corazón *sobre todas las cosas*.

¿Es así como vives tu vida? ¿Es esa tu prioridad? O quizá guardar tu corazón esté más abajo de la lista que...

Sobre todas las cosas, intentar encontrar a alguien.

Sobre todas las cosas, no estar sola.

Sobre todas las cosas, conseguir que alguien te llame.

Haz de guardar tu corazón tu prioridad número uno.

¿Puede dar resultados una relación si te casas después de un noviazgo de dos meses? Sí, es posible. A pesar de eso, no hay razón alguna para situarte en esa situación arriesgada, en especial cuando los pronósticos se amontonan contra ti. Para siempre es un tiempo muy largo, por tanto, ¿por qué apresurarte?

Estoy pidiendo que pienses en esperar al menos un año (¡dos es mejor aun!) antes de casarte. Lleguen a conocerse el uno al otro. Pasen por diferentes períodos; atraviesen diversas circunstancias; experimenten puntos buenos y malos momentos porque desearás estar segura de que es una persona en la que puedes confiar.

Con el tiempo, serás capaz de distinguir el cebo de la falsa intimidad de lo verdadero. Todos tenemos deseo de estar cerca de otra persona; pero esa conexión profunda y satisfactoria solo puede lograrse a lo largo del tiempo con franqueza, sinceridad y experiencia en común. En un mundo de relaciones impersonales es fácil que nos engañen con experiencias que tienen el aspecto y el sentimiento de genuina intimidad, pero que son falsas en sí. La falsa intimidad se trata, sobre todo, de gratificación propia, mientras que la verdadera intimidad es cuando nos centramos en la otra persona. Entender la diferencia es la mejor guarda en contra de implicarse con alguien que no puede compartir o no compartirá las partes más profundas de sí mismo.

Guarda tu corazón.

Segunda bandera roja: Falta de crecimiento personal

El Dr. Gordon Livingstone escribe: «La idea romántica de que fundamentalmente podemos cambiar a otra persona con nuestro amor y nuestro apoyo es un sueño que rara vez se cumple [...] La mejor guía que tenemos para la conducta futura es la conducta pasada»[3].

El compromiso con el crecimiento personal es esencial para el éxito en las relaciones. Estoy hablando de *crecimiento* personal, no de supervivencia personal, ni de disfrute personal, ni de logros personales. Crecimiento personal.

Las grandes personas están dedicadas al crecimiento personal y espiritual. El crecimiento personal se produce cuando reconoces una carencia en tu vida y decides cambiarla. Identificas un aspecto en el que te gustaría crecer y comienzas a aprender: lees un libro, asistes a un seminario o tomas una clase.

Las personas que desarrollan su mente son personas interesantes. Holly me ha dicho que esta es una de las cualidades que la atrajeron de mí. Yo siempre he sido una persona que quiere crecer en mi modo de pensar, en mi modo de sentir o en lo que estoy aprendiendo. Es de común conocimiento que los hombres no leen libros sobre relaciones. Yo lo hago. Los hombres no leen libros sobre la educación de los hijos. Yo lo hago. Quiero saber. Quiero crecer. Quiero aprender. No quiero pensar nunca: *Esto es todo lo que sé sobre ser esposo y padre, así que espero que sea lo bastante bueno.*

Dos personas que están dedicadas al crecimiento personal son esenciales para una relación sana. Todo el mundo tiene problemas, y todos debemos trabajar en esos aspectos problemáticos de nuestra vida, ya sean espirituales o emocionales. Entonces, a medida que crecemos como individuos, nos volvemos confiados en quiénes somos y no necesitamos forzar nuestro punto de vista ni nuestra voluntad en los demás. Nos volvemos flexibles y adaptables, dos cualidades que suavizan los puntos ásperos que inevitablemente surgen durante el curso de la vida.

Nuestra cultura loca por las celebridades está consumida con la apariencia. Se gastan miles de millones de dólares cada año en pastillas de dieta, cosméticos, operaciones de cirugía estética, entrenadores personales y las últimas dietas de moda. Debiéramos emplear al menos el mismo esfuerzo en desarrollar nuestro corazón, nuestra alma y nuestras relaciones como el que ponemos en nuestra salud y aspecto físico. La recompensa es aun mayor.

Un entrenador personal me dijo: «Cuando levantas pesas, no puedes hacer solo el mismo ejercicio todo el tiempo, tienes que confundir a tus músculos. Tienes que cambiar el ejercicio, pues si no tus músculos anticipan en cierto modo lo que vas a hacer y encuentran la manera más fácil de lograrlo». Esto es sencillo para mí. Solo entro en un gimnasio y levanto una pesa; mis músculos están bastante confundidos. El punto es que toma tiempo y esfuerzo tener una estrategia de entrenamiento eficaz. Un tipo de entrenamiento puede resultar durante un tiempo, pero entonces necesitamos cambiar un poco las cosas. Una persona que en verdad quiera alcanzar los resultados físicos hará lo que tenga que hacer. Lo mismo es cierto en la esfera del crecimiento personal. Una persona que quiera crecer en verdad continuará esforzándose por mejorar su actitud, su motivación y su carácter.

Cuando estás en una relación, tú eres la única que puede cambiar. Tú estás a cargo de ti misma. No puedes permitirte pensar: *Si mi cónyuge cambia, yo cambiaré.* Por eso es tan importante que veas evidencia clara de que la persona a quien le confías tu corazón sea alguien que tenga un continuo deseo de crecer. El crecimiento siempre será necesario en la vida, y crecer siempre será parte de la solución a los problemas en las relaciones. Si tu cónyuge se niega a crecer mediante las actuales limitaciones circunstanciales, la profundidad de tu relación puede llegar a detenerse. Cuando tu cónyuge se mantiene en sus trece en cualquier tema, a ti solo te queda orar y amar a esa persona tal como es.

Si eres soltera, persigue la confianza y el contentamiento en esta etapa de tu vida. No esperes, pensando que otra persona es la respuesta a tu descontento y tus problemas de autoestima: «Ahora soy infeliz, pero si encuentro a alguien y comienzo una relación, me sentiré mejor y seré mejor». La persona a la que unes tu corazón debería ser una suma increíble a tu vida, ese es el beneficio de una relación, pero debes tomar la iniciativa de crecer, ya sea que estés en una relación o no.

Alguien me dijo una vez: «Philip, ore por mí... Estoy soltera».
Estar soltera no es una enfermedad de la que necesites curarte.
Puedes estar soltera, enfocada y satisfecha.

Espero que pienses: *Me encanta mi vida. Me gusta hacia dónde voy. Estoy contenta en este momento*. Ten cuidado con la insidiosa creencia de que un compañero te aportará lo que te falta. Dos vidas incompletas no pueden formar un todo; debes buscar sanidad, estar completa y crecer en Dios. Entonces, juntos, pueden lograr cosas increíbles.

Un compromiso a crecer en corazón y mente, estés soltera, en un noviazgo o casada, te permitirá vivir con mayor fortaleza, relacionándote con personas y manejando situaciones sin estar paralizada por la necesidad.

Tercera bandera roja: Demasiadas incompatibilidades

Una relación fuerte necesita un fundamento de similitudes y conexión común. Holly y yo nos reímos con frecuencia de lo diferentes que somos (las diferencias comunes entre hombres y mujeres, diferencias de personalidad y diferentes niveles de energía), pero tener demasiadas diferencias puede enterrar una relación. Hemos aprendido a encontrar valor en nuestras diferencias. Ella aporta fortalezas que yo no tengo a nuestro matrimonio. Yo aporto fortalezas que ella no tiene a nuestro matrimonio.

Después de haber dicho todo eso, no subestimamos el poder de nuestras similitudes en las esferas más importantes de nuestra relación. Los valores e intereses comunes permiten que las parejas solucionen sus diferencias, y es lo que tenemos en común lo que nos hace ser tan compatibles. C.E. Rollins, en su libro *Are We Compatible?*, escribe que las parejas compatibles tienen un fuerte fundamento de similitudes en trasfondo, temperamento, objetivos, sueños y valores, y tienen maneras parecidas de manejar sus vidas mentales y físicas[4].

Para ser sincero contigo, Holly y yo tenemos lo que denominaría «diferencias irreconciliables». Yo nunca pienso del modo en que piensa ella. Yo nunca tendré las emociones ni los pensamientos de una mujer. Ella nunca pensará como un hombre. Aun así, hemos aprendido a amarnos y respetarnos el uno al otro y a nuestros enfoques diferentes de la vida. Esas diferencias irreconciliables no van a romper nuestra relación porque también tenemos fuertes valores en común. Compartimos un fuerte sentimiento de visión y estamos de acuerdo con las prioridades en nuestra vida. Esas prioridades nos definen: familia, ministerio, diversión y lo que significa en realidad el contentamiento, y nos permiten capear nuestras diferencias.

No seas descuidada y creas que las diferencias no importan mucho. Un día te darás cuenta que las cosas podrían empeorar y te preguntarás: *¿Qué vamos a hacer ahora? Quizá esté casada con la persona equivocada.* Necesitarás saber y confiar en que sus valores centrales son compatibles, a pesar de sus diferencias.

Los asuntos de compatibilidad que pueden ser cruciales son:

> Compatibilidad emocional
> Compatibilidad física
> Niveles de energía compatibles
> Similitud cultural
> Unidad espiritual
> Disfrute recreativo

Compatibilidad emocional

Se trata de estar sintonizados en las esferas de necesidad, expectativas, objetivos y sueños. Estar sincronizados el uno con el otro en cuanto a lo que aporta un sentimiento de contentamiento en la vida es importante. Esas son las cosas que contribuyen a la alegría y la satisfacción en la vida. Sin compatibilidad emocional, uno puede estar feliz y el otro descontento en el mismo conjunto de circunstancias.

Compatibilidad física

Es importante la atracción física mutua, pero algunas personas se sienten tentadas a pasar por alto este aspecto y espiritualizar en exceso su relación. Creen que debido a que comparten la misma fe, eso será suficiente para sostenerlos. La *fe* es importante, pero la química física también es importante. Sí, las apariencias cambiarán a lo largo de los años, algunas cosas se arrugarán y otras se volverán flácidas, pero ese hecho no disminuye el valor de una atracción básica entre cónyuges.

Niveles de energía compatibles

Un hombre muy mayor que ha estado casado con su esposa durante cincuenta años estaba sentado en el sofá. Su esposa le gritó desde el piso de arriba: «Cariño, ¡sube y hazme el amor!». Su primer pensamiento fue: *No tengo la energía para hacer ambas cosas.*

Holly y yo tenemos temperamentos diferentes. Yo tengo una personalidad más introvertida y un menor nivel de energía, y soy ocho años mayor que ella. Cuando ella quiere hacer más, yo quiero hacer menos. Cuando yo quiero salir, ella quiere quedarse en casa. A veces, cuando salimos a cenar, ella tiene un vaso de vino y yo tengo un café doble, con la esperanza de que eso llevará nuestro nivel de energía a un punto similar; esperamos encontrarnos en algún lugar en el medio. (Eso nunca ha dado resultados).

En tu relación, un cónyuge puede querer unas vacaciones activas y el otro puede preferir un tiempo relajante. Puede que tu esposo vea la aventura como el modo ideal de disfrutar juntos de una noche, mientras que tú deseas una noche más tranquila viendo una película en casa. La energía y las actividades pueden negociarse, pero es importante ser consciente de estas diferencias.

Similitud cultural

Tu «cultura» es la combinación de tu trasfondo, herencia familiar y experiencias de crecimiento. Nosotros tenemos muchas parejas interraciales en nuestra iglesia. Es algo hermoso; nos encanta. Sin embargo, como pastores, tampoco somos tímidos en cuanto a recordarles a las parejas que sus diferencias culturales tal vez necesiten algún trabajo a medida que pasa el tiempo. Algunas personas se emocionan al principio por lo «exótico» de estar con una persona de otra raza. Su pareja se crió en otro país al otro lado del mundo, y es emocionante estar con alguien tan diferente, pero esa emoción no cambia el hecho de que la cultura puede ser un componente influyente de la armonía.

Incluso dos personas que sean blancas o negras pueden provenir de culturas lo bastante diferentes para crear problemas. ¿Abría tu familia los regalos la noche de Navidad o en la mañana? ¿Dividían tus padres las tareas según el género? ¿Tiene tu familia expectativas sobre cuánto tiempo pasarás con ellos? ¿Te sientes más en casa en la ciudad, en las afueras o en una zona rural? Todas esas preguntas tienen que ver con tu trasfondo cultural. Tú y tu pareja quizá tengan que negociar los asuntos en los que difieren.

Unidad espiritual

La fe mutua es importante y no debería ser negociable. Es más, la Biblia nos dice que no deberíamos formar «yunta con los incrédulos» (2 Corintios 6:14). Esto se refiere a nuestra fe, nuestra perspectiva espiritual en la vida. Tiene que haber unidad, similitud y conexión.

Si tú no eres creyente y estás saliendo con alguien que es cristiano, esa persona puede que se interese mucho por ti, lo cual de seguro es evidente porque persigue una relación contigo. Está, de una manera muy real, poniendo en peligro la profundidad de su fe al incluirte a ti en su vida. La realidad es que alguien tendrá que cambiar. Espero que quien tenga menos fe aumente su fe, pero durante más de veinticinco años de ministerio he observado que casi siempre la persona que tiene más fe disminuye su intensidad y su pasión por Dios para acomodarse a la persona que tiene poca fe o ninguna fe.

Si no eres creyente y te sientes atraído hacia alguien que es creyente, o tienes una relación con esa persona, te aliento a que consideres que la fe de la otra persona es lo que te resulta tan atractivo. Te desafío a que pienses en tomar la decisión de llegar a ser un seguidor de Cristo tú mismo. La persona que significa tanto para ti puede que sea otra de las maneras de Dios de llegar a ti.

La fe genuina guía tu vida, por eso los creyentes deberían proteger su fe por encima de todo lo demás. El profeta del Antiguo Testamento, Amós, hizo la penetrante pregunta: «¿Andarán dos juntos, si no estuvieren de acuerdo?» (Amós 3:3, RV-60). Demasiadas personas terminan con un tipo de fe que es políticamente adecuada, pero vacía: «Respeto tu fe; respeta tú la mía». No quieren tener un matrimonio cristiano; quieren un tratado de paz.

He observado una interesante versión de fe en algunas relaciones de noviazgo; yo lo denomino el camino del farsante. Un farsante realiza los actos de la fe a fin de estar cerca de la persona que tiene fe en realidad. No es necesariamente disimulado, pero no es real. Los hombres, en especial, pueden cambiar de manera radical durante un breve período a fin de impresionar a una mujer. ¡Algunos hombres hasta actúan como si les gustara ir de compras durante meses y meses! Otros hombres muestran un interés en Dios en el noviazgo solo para dejar que su búsqueda de la fe regrese a un nivel insignificante después del matrimonio. Hay una importante diferencia entre alguien que está dispuesto a ir a la iglesia y servir a Dios solo porque es importante para su interés en el amor, y alguien que de verdad tiene una fe que guía su vida. (Como nota al margen, esta es otra razón por la que tener un noviazgo al menos de un año es algo muy bueno: te permite ver la profundidad de su fe).

La madre Teresa tenía una misión bastante sencilla. Era amar y consolar a los enfermos y los moribundos en Calcuta. Es lamentable, pero algunas personas han adoptado de forma inconsciente una declaración de misión similar para el noviazgo e incluso para el matrimonio. Ella escoge un compañero que está enfermo y moribundo en lo espiritual o lo emocional, que es incapaz de seguir una relación a largo plazo e íntima porque no puede devolver nada. Una persona es la enfermera y la otra es el paciente, durante el resto de sus vidas.

No pongas excusas para las personas. Ámalas. Respeta su fe o su falta de fe. Sin embargo, reconoce que «el noviazgo de evangelización» es peligroso para el corazón. Piénsalo: Salir con alguien para evangelizarlo es una relación basada en una agenda oculta. «Voy a comportarme como si te quisiera tal como eres, pero espero en secreto que llegues a tener una fe como la mía. Te llevaré a la iglesia y quizá seas salvo, y entonces te amaré plenamente». ¿Te parece eso un poco deshonesto? Hay una presión oculta que coacciona a la otra persona. Es una prueba espiritual. ¿Quieres construir una relación con alguien que tiene una agenda secreta para cambiarte?

Los creyentes y los no creyentes no son los únicos que tienen diferencias; puede haber incompatibilidades espirituales incluso entre cristianos. Los creyentes pueden diferir cuando se trata de creencias, doctrina, preferencias de adoración y tipo de iglesia. Algunos creyentes hacen un importante hincapié en las misiones en países en desarrollo, mientras que otros están centrados en el discipulado local. A algunos les gusta la adoración fuerte y energética mientras que otros prefieren un estilo más reflexivo.

Si descartas estos tipos de diferencias y avanzas en tu relación, puede que te encuentres con falta de armonía. Cuando llegas a un lugar en el que estás orando para que Dios intervenga en tu matrimonio, te das cuenta de que tu fe les está apartando en lugar de uniendo.

La poderosa verdad es que la fe puede transformar por completo una relación, pero debe tener similitudes suficientes. La unidad espiritual te ayudará a tratar las dificultades que aparezcan en tu camino en la vida.

Disfrute recreativo

¿Qué te gusta hacer para divertirte? Cuando estás en el noviazgo, los parámetros para lo que consideras entretenimiento aceptable serán mucho más amplios de lo que serán después de estar casada. La vida se pone difícil y, por esa razón, la recreación y la relajación se convierten en algo crucial para tu salud personal y relacional.

No tienes por qué disfrutar de todo lo que a tu cónyuge le guste hacer para divertirse, pero deben haber algunas cosas que los dos disfruten haciéndolas juntos. Por ejemplo, a mí siempre me ha gustado montar a caballo. Holly y yo hemos tenido diferentes tipos de caballos a lo largo de los años. Holly ha montado conmigo muchas veces en el pasado, pero sencillamente no tiene el mismo impacto para ella que para mí. Por tanto, monto con mis hijos o con mis amigos, o incluso me alejo yo solo por otros caminos.

Muchas parejas a las que he aconsejado se encuentran con este tipo de desconexión, y la relación enseguida se seca. Por eso digo que debes encontrar algunas cosas que a ambos les guste hacer *juntos*. Busca algunas actividades que sean divertidas, interesantes y valiosas para los dos. Entre ellas pueden incluirse pasatiempos, deportes, ejercicio, entretenimiento o una habilidad en particular. Podría ser leer, hacer excursionismo, esquiar sobre hielo, ir a pescar, ir a restaurantes, jugar a las cartas o juegos... y hasta jugar *hockey* sobre hielo. No importa lo que sea, mientras edifique el compañerismo y la recreación.

Cuarta bandera roja: Imprudencia emocional

Las emociones son grandes impostoras. Las emociones son convincentes y pueden hacerte creer que las banderas rojas en la relación no son importantes en tu situación. Las emociones pueden hacerte sentir como si hubieras oído la voz de Dios que te dice algo que nunca apoyaría la Biblia. Una relación impulsada de manera emocional siente primero y piensa después... y se dirige hacia un desastre.

Las emociones te dirán que pases por alto a tu cerebro en asuntos del corazón. Cuando están a cargo, se produce un milagro; se denomina «reubicación cerebral». Tu cerebro deja de funcionar desde el asiento de la razón y se traslada desde tu cabeza a tu «estómago». (Y cuando está implicada la sexualidad, el cerebro emigra aun más abajo. No tomamos las decisiones más sabias cuando estamos excitados sexualmente, porque la pasión sexual se confunde con facilidad con la pasión emocional, lo cual, a su vez, se confunde con el sentido común).

Isaac Hayes solía cantar una canción titulada «(Si amarte es equivocado) Yo no quiero tener razón». Esa es la manera perfecta de enfocar las relaciones. ¡No! Una de las capacidades más importantes que puedes desarrollar para las relaciones es la capacidad de darles las espaldas a tus emociones el tiempo suficiente para tomar la decisión adecuada.

Las personas casi nunca se quedan embarazadas fuera del matrimonio porque lo hayan pensado bien todo; por lo general, se debe a una mala decisión en el calor del momento. Es un acto impulsado por las emociones, impulsado por la sexualidad, que moldea el resto de su vida.

Los valores claros y los límites personales te ayudarán a atravesar situaciones emocionalmente intensas. Es difícil tomar una decisión con la cabeza clara con respecto a tus límites sexuales cuando tu camisa está desabrochada y respiras con dificultad. Decidir tus límites con antelación, cuando tus emociones no nublan tu juicio, te ayudará a estar a la altura de tus valores. (Mantener tu camisa abrochada cuando tienes una cita es un estupendo valor a considerar).

Una persona impulsada por sus valores, en lugar de hacerlo por sus emociones, tiende a tener más confianza ante las muchas circunstancias que le lanza la vida. Por lo general, maneja bien el conflicto, mientras que una persona impulsada por las emociones no lo hace. Las emociones desplazan la paz y aumentan los problemas.

Una persona emocional presiona a otros e intenta manipularles. Un hombre emocional puede que presione a su pareja a tener relaciones sexuales e intente hacerle sentir culpable si se niega, como si le «debiera» algo. La mujer emocional, por otra parte, puede que presione a su novio o a su esposo para que le dé todo lo que quiere sin considerar su ética ni sus límites. Las emociones pueden agotar la relación y robarle la vida.

Queremos estar enamorados y experimentar los maravillosos sentimientos del romance. Deberíamos ser capaces de disfrutar los sentimientos de una relación de amor... pero no podemos ser guiados por esos sentimientos.

Hay dos importantes salvaguardias contra una relación impulsada por las emociones. La primera es tener amigos maduros y casados que tengan la clase de matrimonio que quieres, a quienes puedas acudir en busca de consejo. (El consejo que aceptamos es importante para moldear nuestras relaciones; es un error buscar consejo de amigos solteros o de amigos que viven ellos mismos una vida impulsada por las emociones. Sin embargo, es inteligente obtener sabiduría de un consejero o mentor que pueda ayudarte a interpretar tus sentimientos y las circunstancias que afrontas). El consejo de amigos maduros y casados te ayuda a guardarte contra la imprudencia emocional, porque es probable que les hubieran tentado de maneras parecidas. Pueden decirte: «Creo que deberías tomarlo con calma; tus emociones se están haciendo cargo aquí»; o: «Esto es una bandera roja, no lo estás pensando bien».

La segunda salvaguardia contra la imprudencia emocional es una clara lista de tus valores. Puedes escoger escribirlos o solo pensarlos, pero una vez que esos valores queden establecidos, no te desvíes de ellos. Están escritos en tu corazón. Hablas sobre esos valores y los crees en lo más profundo, y ellos te guían y moldean tu vida.

Quinta bandera roja: Ausencia de servicio

Cuando se trata de ropa, Holly no ve las arrugas. No estoy seguro del porqué.

—Holly, ¿vas a salir así?

—Sí, ¿por qué?

—Tu vestido está arrugado.

—No importa tanto. Nadie puede verlas.

—Confía en mí en esto, sí pueden verlas. Yo soy una persona y puedo verlas.

—No importa.

—Quítatelo y yo te lo plancho —me ofrezco.

—¿De verdad piensas que necesita plancha, o estás intentando quitarme el vestido?

Me he convertido en el planchador oficial en nuestra casa. Puedes llamarme Hombre Plancha.

Jesús dijo: «Porque yo, el Hijo del Hombre, he venido no para ser servido sino para servir a otros, y para dar mi vida como rescate por muchos» (Mateo 20:28, paráfrasis del autor).

Cada uno de nosotros comienza la vida estando «enfocado en mí». Vivimos en nuestro propio «universo». No obstante, las relaciones requieren una actitud de siervo a fin de prosperar. Jesús dijo: «Pero entre ustedes no debe ser así. Al contrario, el que quiera hacerse grande entre ustedes deberá ser su servidor» (Mateo 20:26).

Cuando leemos las instrucciones del apóstol Pablo con respecto al matrimonio en Efesios 5, comienza sus indicaciones con: «Sométanse unos a otros, por reverencia a Cristo» (v. 21). Solo entonces habla sobre los papeles del esposo y de la esposa. El matrimonio requiere un sometimiento mutuo y una intención de servir a la otra persona.

Cuando estamos solteros, tendemos a vivir pensando que la vida se trata de nosotros. No es así. No se trata de lo que nosotros sentimos, de expresarnos a nosotros mismos, ni de cumplir nuestros sueños. Lo que hará que una relación se desarrolle no es que nuestros sueños se hagan realidad tanto como es llegar a ser buenos en servirnos el uno al otro.

Cuando estés buscando un candidato que sea el compañero para toda la vida, hazte esta importante pregunta: ¿Sirve a otras personas en cualquier aspecto?

¿Ayuda en nuestras diligencias o tareas de la casa cuando surge la necesidad?

¿Visita a los enfermos?

¿Está dispuesto a hacer tareas familiares?

¿Se presta de voluntario en la iglesia?

¿Está dispuesto a ser mentor de un joven en desventaja?

¿Se implica en causas de la comunidad local?

¿Está su mente «enfocada en otros»?

Todos tenemos espacio para crecer en este aspecto. A fin de evaluar a la persona con la que estés saliendo, te sugiero que desarrolles tu propia «escala de siervo». En una escala del uno al diez, ¿es un dos o un seis? Sé sincera. Presta atención. Cuando haya pasado algún tiempo, vuelve a evaluar; ¿ha aumentado o disminuido la cifra? Si su «servi-tud» ha aumentado, ¡estupendo! En cambio, si se mantiene firme en un dos o tres, míralo con fijeza a los ojos para ver si no distingues banderas rojas que ondean en la distancia. Si no puede servir a otros, no puede servirte a ti; y el matrimonio se reduce a servirse el uno al otro. Cuando las personas no pueden dar ese giro, la relación se derrumba.

Bob Dylan escribió una canción llamada «Tienes que servir a alguien». Quizá sea a tu cónyuge. Quizá sea a ti mismo. A lo mejor sea a tus propios apetitos. Tal vez sea a los demás. Puede ser al Señor. Tú tienes que escoger, pero vas a tener que servir a alguien.

Si quieres aprender más acerca de las «banderas rojas de la relación» de Holly y mías, puedes ver algunos vídeos cortos y otros recursos en www.godchicks.com.

¡Solo para hombres!

Ella cree que quiere el cuento de hadas.

A ella le tienta el cuento de hadas, ¿pero quién quiere besar de verdad a un sapo? ¿Y qué mujer en sus cabales quiere entrar en coma y que se despierte con un beso de un hombre que va por ahí besando a mujeres que están en coma? Los cuentos de hadas son extraños.

Las mujeres creen en nuestro potencial y están constituidas así para verlo. Dios les dio una capacidad innata de ver lo mejor en alguien; con frecuencia pueden detectar talentos, dones y capacidades en su forma más temprana, y sentir un deseo de desarrollarlos. Esta dinámica puede situar a una mujer en posición de ser una mamá para un hombre, y no una esposa, porque ella quiere ayudarle a desarrollar su potencial.

Sin embargo, debemos amar a nuestra chica de Dios tal como quiso Dios.

Necesitamos amar bien a la mujer que hay en nuestro mundo, y eso significa protegerla. En el momento en que veamos que el potencial de sus valores o su valor personal se ve en un compromiso, debemos hacer sonar la alarma.

Tenemos que ser más inteligentes en cuanto al amor.

Sé inteligente en el amor; sé más inteligente en los asuntos del corazón.

El rey Salomón nos dijo: «Por sobre todas las cosas cuida tu corazón, porque de él mana la vida» (Proverbios 4:23). La persona o las cosas que permitimos que entren en nuestro corazón pueden moldear el resto de nuestra vida. Asegúrate de ser la clase de hombre que moldea la vida de ella para mejor.

No te acerques demasiado enseguida. Y si estás en una relación con una mujer que nunca será tu esposa, se sincero y déjala ir. No es justo que sigas adelante.

Sé un hombre que está dedicado al crecimiento personal.

Escoge estar en una relación con alguien que sea compatible contigo.

Conoce cuáles son tus valores. Mantente firme en ellos y escoge a una mujer que pueda colaborar contigo en esos valores.

No seas imprudente emocionalmente. Toma decisiones sensatas acerca de tu vida y tu propósito.

Sé un estudiante de la vida y un siervo de los demás.

La mujer que hay en tu mundo sabrá qué esperar de otros porque te observa a ti.

Notas

1. Dr. Gordon Livingstone, *How to Love*, De Capo Lifelong Books, Nueva York, 2009, p. xiii.
2. K.C. Baker, «The Kiss We Build Our Dreams On... New Research Shows Our First Smooch Is Our Strongest, Most Sensual Memory», *New York Daily News*, 17 junio de 1999. https://www.nydailynews.com/archives/lifestyle/1999/06/17/1999-06_17_the_kiss_we_build_our_dreams.html; accedido en enero de 2010.
3. Dr. Gordon Livingstone, *How to Love*, p. xxii.
4. C.E. Rollins, *Are We Compatible?*, Thomas Nelson, Inc., Nashville, TN 1995, p. 135.

5

Diferencias irreconciliables

(Holly)

Unidos permanecemos. Divididos caemos.
ESOPO

Lo que yo hago, tú no lo puedes hacer; pero lo que tú haces, no lo puedo hacer yo. Las necesidades son grandes, y ninguno de nosotros, incluyéndome a mí, nunca hacemos grandes cosas. Sin embargo, todos podemos hacer pequeñas cosas, con gran amor, y juntos podemos hacer algo maravilloso.
MADRE TERESA DE CALCUTA

Pero al principio de la creación Dios «los hizo hombre y mujer». «Por eso dejará el hombre a su padre y a su madre, y se unirá a su esposa, y los dos llegarán a ser un solo cuerpo». Así que ya no son dos, sino uno solo. Por tanto, lo que Dios ha unido, que no lo separe el hombre.
MARCOS 10:6-9

No hace mucho tiempo, vi a una joven caer de más de cien metros desde una plataforma de la construcción hasta el duro suelo. Quedó ensangrentada y herida. Su cabeza giró casi ciento ochenta grados desde donde debería estar. Y entonces, en solo momentos, la vi levantarse.

Unos días después, metió la mano en una trituradora de basura. Cuando sacó la mano, podían verse los huesos. Asqueroso. Sin embargo, al cabo de unos minutos, ¡los huesos se repararon a sí mismos y la piel se regeneró! ¡Fue estupendo!

Muy bien. Eso no era la vida real, era un episodio del programa de televisión *Héroes*.

En este programa, hay un grupo de personas con un ADN muy especial, y muy evolucionado, que les hace diferentes. Cada uno tiene capacidades muy especiales. Y debo confesar que hay momentos en que a mí me gustaría tener algunas de sus capacidades especiales. ¿Cuán estupendo sería volar? ¿O viajar en el tiempo?

Sus diferencias constituyen un interesante programa de televisión... pero en la realidad, somos más parecidos que diferentes.

A lo largo de los años 1990 hasta 2003, los genetistas realizaron una investigación que denominaron Proyecto del Genoma Humano. Este proyecto se propuso determinar la estructura completa del material genético humano. Hubo muchos descubrimientos intrigantes, pero el más interesante para mí fue la conclusión de que los seres humanos, en el ámbito genético, son idénticos casi en un noventa y nueve por ciento. Somos mucho más parecidos que diferentes[1].

Es posible que tu aspecto sea diferente al mío. Quizá tu piel sea más oscura o tus ojos sean marrones. Tal vez tú tengas pecas o tu cabello sea rizado. A lo mejor tengas pies planos. Quizá tú seas más alta o tu cuerpo responda de modo diferente a la penicilina. Todas esas diferencias pueden parecer importantes, pero constituyen tan solo un uno por ciento de nuestro ADN. Cada uno de nosotros, cada uno de los que leen esto, es idéntico casi en un noventa y nueve por ciento.

Creo que podríamos avanzar más en la vida y en el cumplimiento del plan de Dios si nos enfocáramos en lo que somos iguales.

A veces somos tan *inflexibles* en que nuestro uno por ciento se reconozca que, en lugar de enfocarnos en lo que estamos intentando lograr juntos, en lo que podemos lograr juntos, permitimos que nuestro uno por ciento cree división.

Dios nos puso a ti y a mí en el planeta en este momento de la historia para cumplir su propósito... y no el nuestro. Él nos hizo tal y como nos hizo para que juntos viéramos cumplido su propósito. Todos debemos estar trabajando juntos, en armonía y unidad.

Una definición de unidad es «actuar como una sola entidad». Unidad *no* es ser igual, sino que todos nosotros, con todas nuestras diferencias, nos dirigimos en la misma dirección... caminando como uno solo. El autor francés Antoine de Saint-Exupery escribió: «La vida nos ha enseñado que el amor no consiste en mirarse el uno al otro, sino en mirar hacia fuera juntos en la misma dirección». No podemos avanzar juntos si estamos obsesionados con tomar nota de nuestras diferencias.

Nuestra unidad es *tan* central para el corazón de Dios, tan crucial para el planeta, que Jesús oró al respecto justo antes de ir a la cruz. En esa ocasión encontramos una invitación a la unidad, no solo con Dios, sino también los unos con los otros.

> *Te pido que todos sean uno, así como tú y yo somos uno, es decir, como tú estás en mí, Padre, y yo estoy en ti. Y que ellos estén en nosotros, para que el mundo crea que tú me enviaste.*
> JUAN 17:21, NTV

Juntos. Unidad. Unión. Esta idea es muy importante para Dios... y lo ha sido desde el principio:

> Y [el SEÑOR] se dijo: «Todos forman *un solo pueblo* y hablan *un solo idioma*; esto es solo el comienzo de sus obras, y *todo lo que se propongan lo podrán lograr*». (Génesis 11:6, énfasis añadido)

En la historia que rodea a estos versículos, el pueblo estaba utilizando el poder de la unidad para crear algo contrario a Dios y a sus planes. Así que Dios tuvo que dividirlos. Sin embargo, el asunto aquí es lo principal del poder de nuestra unidad.

Aún sigo tratando de entender esta promesa. Si tú y yo nos convertimos en un pueblo, no el mismo, sino un pueblo unido, hablando un solo idioma... no el mismo idioma, sino un lenguaje unido, NADA SERÁ IMPOSIBLE PARA NOSOTROS.

Nada. Ni la crisis del SIDA. Ni la terrible situación de los huérfanos. Ni el cáncer. Ni el crimen. Ni la soledad.

Cuando estamos unidos, todo es posible. Podemos alimentar a los pobres. Podemos rescatar a los que sufren. Podemos llegar a las personas perdidas. Podemos desarrollar iglesias que prosperan.

Podemos edificar matrimonios fuertes.

Tú y yo debemos unirnos alrededor del noventa y nueve por ciento, en lugar de permitir que el uno por ciento nos distraiga y nos divida. Nuestras diferencias están ahí para hacer la vida interesante, no para separarnos.

Sí, tú eres distinta a tu cónyuge; tan solo un uno por ciento de diferencia a escala genética, pero puede parecer mucho más. Esas diferencias deben aportar fortaleza, pero lo triste es que, con frecuencia, son causa de división. Tenemos géneros diferentes, tenemos personalidades diferentes, tenemos gustos diferentes, y es probable que provengamos de trasfondos diferentes; hay muchas diferencias que pueden dividirnos a menos que busquemos la unidad.

Cultiva la unidad

Llegar a tener un mismo corazón y una misma mente requerirá más que emoción, más que cantar al respecto o más que escribir poemas. Requerirá más que encender la vela de la unidad durante tu ceremonia de boda.

¿Encendiste la vela de la unidad como parte de tu ceremonia?

Es algo parecido a lo siguiente:

En cierto momento en la ceremonia de boda hay dos velas encendidas, que representan las distintas vidas del novio y de la novia antes del día de su boda. El novio y la novia toman una vela cada uno, y juntos encienden la vela central para simbolizar la unión de sus vidas individuales.

El ministro podría decir algo parecido a esto: «Al igual que esta nueva llama arde sin división, ahora sus vidas son una. De ahora en adelante, sus pensamientos siempre serán del uno para el otro en lugar de ser para sus vidas individuales».

En la mayoría de las ceremonias, el novio y la novia apagan las dos velas que simbolizan sus vidas anteriores porque ahora están unidos para siempre en amor.

Me gusta esa parte de la ceremonia de boda. Sin embargo, después de veinticinco años de matrimonio, sé que la unidad no llega porque encendamos una vela.

En realidad, es más parecido a lo siguiente: Cada uno tiene una caja de pedazos y partes que representan nuestras personalidades, manías y trasfondos. Tenemos la oportunidad de combinar nuestras cajas y construir algo increíble. Quizá deberíamos añadir la caja de pedazos a la ceremonia de boda a fin de aportar precisión, pero aquí está la sorpresa: La construcción de la unidad necesita mucho tiempo.

El establecimiento de la unidad requiere cultivo. El apóstol Pablo lo expresó así: «Les suplico, hermanos, en el nombre de nuestro Señor Jesucristo, que todos vivan en armonía y que no haya divisiones entre ustedes, sino que se mantengan unidos en un mismo pensar y en un mismo propósito» (1 Corintios 1:10).

Veamos algunas definiciones de la palabra «cultivar».

1. Poner los medios necesarios para mantener y estrechar el conocimiento, el trato o la amistad.
2. Desarrollar, ejercitar el talento, el ingenio, etc.
3. Ejercitarse, sembrar[2].

¿Mantengo yo la unidad? Esa definición es sobresaliente para mí. ¿Mantenemos la unidad o mantenemos nuestra propia manera de ser? ¿Queremos tener razón o queremos estar casados? La adopción de un espíritu de unidad en nuestro matrimonio significa preferir a nuestro cónyuge por encima de nosotras mismas, dedicar atención especial, proporcionar cuidado detallado y fomentar un ambiente en el que nuestro cónyuge y nuestra relación puedan desarrollarse.

No estoy hablando de ser un felpudo ni de sufrir a través del abuso. Hablo de entregar día a día nuestras vidas y nuestros egos. Jesús lo expresa mejor: «Nadie tiene un amor mayor que este: que uno dé su vida por sus amigos» (Juan 15:13, *LBLA*). Aunque Jesús sí entregó su vida por nosotros, y bien podría llegar un momento en que tú y yo podríamos necesitar entregar nuestra vida por otra persona, pienso que en verdad ese versículo tiene implicaciones más amplias. Creo que Jesús nos pide que renunciemos a nuestra propia manera de ser, a nuestro ego y a lo que es conveniente.

¿Sabes qué?

A veces creo que soportar en mi cuerpo una bala por Philip podría ser más fácil que entregar mis deseos. Aun así, mantener la unidad significa trabajar juntos para edificar una vida, un legado, un ejemplo vivo del amor de Cristo por su iglesia en la tierra.

Cultiva la unidad.

«Cultivo» parece una palabra de jardinería. Yo no soy jardinera, pero cuando mis hijos eran pequeños, buscaba proyectos que hacer con ellos. Teníamos una extensión grande de tierra en nuestro patio, así que pensé que plantar juntos zanahorias sería una estupenda idea. Era su verdura favorita, así que supuse que a ellos les gustaría también ese proyecto. Compré las semillas y fuimos a plantarlas. Cada uno de nosotros hizo pequeñas filas en la tierra con su dedo. Metimos en ellas las semillas, las tapamos y regamos toda la zona. Al cabo de un tiempo, verdes hojas comenzaron a salir entre la tierra. ¡Sí!

Nos emocionábamos solo con pensar en las hermosas y grandes zanahorias que crecían en la tierra. Cuando las hojas verdes fueron lo bastante grandes, nos dispusimos a sacar las zanahorias. Llevamos un cubo grande porque sabíamos que lo íbamos a llenar. Bien, sacamos nuestras zanahorias, pero estaban raquíticas de gravedad. Tenían unos tres centímetros de longitud y seis centímetros de ancho. ¡Nos quedamos pasmados! ¿Qué les sucedió a nuestras zanahorias?

Debido a que no había cultivado el terreno, las zanahorias no pudieron crecer. La tierra estaba demasiado endurecida. Desastre. (¡Hasta ahí llegaron las zanahorias en la ensalada esa noche!).

El cultivo requiere trabajo y exige de herramientas... herramientas como sabiduría y paciencia. Y una disposición a ensuciarse un poco. No hay cultivo de ninguna clase sin una disposición a quedar un poco manchada. Mis zanahorias no crecieron porque yo no tenía las herramientas adecuadas y no estuve dispuesta a ensuciarme, a meterme en el suelo, ni a remover la tierra. ¡Mi proyecto de zanahorias estaba destinado al fracaso desde el principio!

El propósito final de cultivar el terreno es producir fruto, no solo jugar con la tierra. El enfoque está en el fruto. ¿Podemos enfocarnos en el fruto que nuestra unidad podría producir en lugar de hacerlo en el duro trabajo que demanda el cultivo?

¡Vive la différence!

Hace poco leí un libro de ciencia ficción sobre clones. Muy interesante. A esa muchacha la clonaron y, por tanto, creció con otras tres muchachas que eran iguales que ella. Todas tenían el mismo nombre, la misma personalidad, los mismos movimientos y vivían la misma vida. No había diferencias que creasen conflictos. Juntas, planearon el crimen perfecto: Mientras una de ellas cometía el crimen, otra creaba la coartada perfecta situándose donde hubiera testigos que pudieran verla en el gimnasio. (Esta historia no tiene absolutamente nada que ver con este libro, pero era emocionante y pensé que quizá te gustaría. Ahora regresamos al punto...).

Debido a que tú y tu esposo no son dos clones, tienen diferencias... y esas diferencias crearán conflicto. Cuando se maneja de manera madura, el conflicto es algo muy bueno. El conflicto puede profundizar una relación y definirnos como individuos, haciéndonos más fuertes como pareja.

La capacidad de la pareja para manejar las diferencias es una señal de su madurez. Los niños exigen que otros estén de acuerdo con ellos. Las parejas inmaduras hacen lo mismo. Un esposo inmaduro llama a su esposa «egoísta» y agarra una rabieta cuando su esposa no ve las cosas igual que él. Una esposa inmadura se desalienta cuando las cosas no son perfectas y se aleja con resignación, musitando que «nunca estaremos de acuerdo». Tales cónyuges no pueden vivir con la tensión de que la otra persona no cambie de opinión, y con facilidad se convierten en presas de intrusos que están de acuerdo con ellos. Puede que él comience a pensar: *La mujer en mi trabajo es más parecida a mí*. Ella podría comenzar a preguntarse: *¿Tengo más cosas en común con ese hombre que conocí en las funciones escolares?*

En realidad, las diferencias «molestas» surgen en cualquier relación nueva. La madurez implica solucionar las diferencias en el matrimonio que tienes ahora. Los adultos intentan entender el punto de vista del otro a la vez que se aferran a su propia realidad. Aprecian las opiniones de la otra persona y trabajan hacia un acuerdo negociado basado en el amor, el sacrificio, los valores y los principios. Las diferencias no crean problemas de intrusos; la inmadurez sí[3].

Philip y yo llevamos casados veinticinco años y la mayoría de ese tiempo ha sido estupendo. No obstante, ha habido momentos en los que me he preguntado si conseguiríamos lograrlo un año más. Nuestras diferencias han sido nuestro mayor desafío. A decir verdad, seguimos tratándolas, porque Philip sigue siendo como es y yo sigo siendo como soy. Sin duda, hemos crecido a lo largo de los años, pero nunca hemos sido igual el uno al otro. Yo solo llegaré a ser una mejor versión de mí misma. Nunca seré él.

He hablado con cientos de parejas a lo largo de los años, y cada una de ellas, en algún punto de su relación, dijo: «Simplemente somos demasiado diferentes. Tenemos diferencias irreconciliables».

Bueno, ¡sí! Todos tenemos diferencias.

En realidad, no te verás atraída a alguien que no sea diferente a ti. (Creo que Dios nos observa en el noviazgo y piensa: *¡Esto va a ser divertido!*).

El matrimonio es un proceso de toda la vida de aprender a amar las diferencias. Cuando les pregunto a parejas que han estado casadas menos de quince años lo que cambiarían en su cónyuge, casi siempre tienen una lista. Entonces, cuando les hago la misma pregunta a parejas que han estado casadas más de cuarenta años, a menudo te dicen que no cambiarían nada. ¿Qué sucede durante esos veinticinco años?

Las parejas que aceptan el desafío de entender sus diferencias llegan a amar esas diferencias.

Cuando estamos en el noviazgo, es posible que notemos las diferencias, pero no vemos que puedan ser un desafío... porque estamos «enamorados», ese estado de muerte cerebral en el que la realidad no está al alcance. Ese es el momento en una relación en el que irás a todos los eventos deportivos conocidos para el hombre tan solo porque quieres estar a su lado. Es el momento en que te llevará a ver una película romántica y dirá cosas como: «Yo podría abrazarte para siempre». Él no puede hacer nada equivocado. Todo se ve estupendo; ese sentimiento nublado, enamorado y eufórico. Increíble.

Los expertos dicen que puede llegar a durar hasta dos años.

El amor maduro es lo que haces cuando desaparecen los sentimientos emocionantes y eufóricos. Si queremos cultivar la unidad, debemos pasar al amor maduro, que es mucho más fuerte porque no se apoya en un sentimiento de neblina. Si no pasamos a la madurez, cuando el sentimiento de euforia no está ahí, nos vamos o nos retiramos, quizá nos divorciemos, esperando encontrar otra vez ese sentimiento.

Conocí a una mujer que estaba en medio de un divorcio de su primer esposo. Llevaba casada con él alrededor de un año y tuvieron otro año de noviazgo antes. Los sentimientos emocionantes que producían mariposas en el estómago, sencillamente ya no estaban ahí; y ella quería irse. Quería tener esos sentimientos. No estaba dispuesta a asistir a un seminario, leer libros, hablar con un consejero, ni a conseguir ayuda para edificar un amor real. Cuando la conocí, ya estaba en la siguiente relación. Había encontrado a un hombre nuevo y todos esos sentimientos emocionantes estaban ahí. Lo triste es que se creía que su nueva relación terminaría de modo diferente a la primera. Sin embargo, no sucedió así. Después de más o menos un año, ya no tenía esos sentimientos. Este ciclo podría seguir para siempre hasta que ella esté dispuesta a hacer el viaje del verdadero amor.

Parte de ese viaje es aprender a aceptar las diferencias y permitirles que aporten fortaleza a la relación.

Por tanto, ¿cuáles son algunas de las diferencias que debemos aprender a tratar?

Diferencias de género. Obvio. ¡Vive la différence!

Hay algunos libros estupendos, escritos por personas muy inteligentes, que pueden ayudarte a cultivar un aprecio por esas diferencias. Hablaré solo de unos cuantos aquí, pero deberíamos reconocer que siempre hay excepciones. Es posible que tu esposo no sea el típico varón, y que a lo mejor tú no seas la típica mujer; pero seguirá habiendo diferencias.

En las clases de biología aprendí que hay dos lados en nuestro cerebro. Es probable que tú también lo aprendieras. Está el lado izquierdo y el lado derecho (complicado, ¿no?). Ambos lados están conectados por un grueso conjunto de nervios llamado cuerpo calloso. Este grupo de nervios es más ancho en las mujeres, lo cual permite que haya más «conversación» entre los dos lados del cerebro[4].

Esta diferencia en estructura cerebral significa que hay diferencias entre hombres y mujeres a nivel muy básico. Algunas son interesantes. Algunas podrían volverte loca. ☺

Las mujeres escuchan de igual manera con ambos oídos. Los hombres tienden a girar su oído derecho hacia la persona que está hablando. Este hecho no salvará tu matrimonio; solo me parecía interesante.

Las mujeres son casi siempre mejores para leer las emociones de las personas, ya sea en vivo o incluso en fotografías.

Los hombres parecen ser capaces de rotar objetos tridimensionales en su cabeza, razón por la cual la mayoría de los hombres son a menudo mejores para leer mapas. Por lo general, las mujeres sitúan el mapa en la dirección hacia dónde vamos. (Quizá toda esa conversación entre los lados derecho e izquierdo del cerebro evite que el cerebro haga su trabajo, ¡que es enfocarse en el mapa!).

Así que él puede leer un mapa... ¿pero puede encontrar sus calcetines?

Las mujeres son aproximadamente un setenta por ciento mejores que los hombres para recordar la localización de objetos que se encuentran en un escritorio, razón por la cual casi siempre podemos recordar la situación de objetos desconectados en apariencia[5]. (Por eso podemos encontrar los calcetines que él dejó sobre el escritorio).

Cuando mis hijos necesitan ayuda para encontrar algo, acuden a mí; porque «necesitamos un tipo de mirada de mamá». Philip abre el refrigerador y grita: «¿Dónde está la mostaza?». Desde el otro lado de la casa, le grito: «¡Está en el estante de arriba!». Dejé de sentirme molesta por su ceguera a la mostaza, porque sencillamente es cuestión del cerebro.

Las mujeres tienden a hablar más. Es probable que esto no sea una sorpresa. (En una ocasión se oyó al comediante Jimmy Durante decir: «Mi esposa tiene un ligero impedimento en el habla. De vez en cuando hace una pausa para respirar»).

Por lo general, los hombres hablan para comunicar información.

Nosotras hablamos por muchas razones; la información es solo una. También hablamos para pensar en lo que queremos decir en realidad. Esto solía volver loco a Philip. Yo estaba en mi armario hablando mientras me vestía, y él decía desde el dormitorio: «¿Tengo que estar oyendo esto? Porque no puedo».

Yo le gritaba: «No. Solo estoy pensando en voz alta».

Nosotras también hablamos para crear un sentimiento de intimidad. Por lo general, los hombres quieren el resultado final de la intimidad, y por eso es aquí donde tienen que volverse estupendos para escuchar. Sin embargo, nosotras podemos ayudarles. He aprendido que si le digo a Philip: «¿Podría hablar contigo unos quince minutos?», se sabe que eso es un comienzo y, gracias a Dios, habrá un final. A veces, nosotras sentimos la necesidad de expresar cada detalle de nuestro día y, en realidad, él solo quiere los puntos destacados. Eso está bien. Si necesitas contar cada detalle de tu visita al dentista, llama a una amiga. Ella lo agradecerá.

Nosotras casi siempre lidiamos con el estrés de modo diferente. Todos sentimos estrés, y no todo el estrés es malo, pero es probable que nosotras lo manejemos de diversas maneras. Por lo general, los hombres se aíslan cuando se sienten estresados. John Gray, en su libro *Los hombres son de Marte, las mujeres son de Venus*, escribió que un hombre se mete en su «cueva», algún lugar donde puede cerrar su cerebro. No quiere hablar; no quiere pensar en realidad. Tan solo quiere un televisor y un control remoto, una pelota y una cancha, o zapatillas de deporte y un campo. Yo cometí el error en la primera época de nuestro matrimonio de pensar que Philip era como yo. Cuando las mujeres estamos estresadas, queremos congregarnos. Queremos hablar al respecto. *Todo* al respecto. Queremos explorar cada uno de los aspectos de lo estresadas que estamos. Creo que el primer año volví loco a Philip, porque cuando él estaba estresado, intentaba aislarse y yo le caía detrás haciéndole preguntas, que es lo que yo desearía que él hiciera por mí. Y él seguía buscando su cueva. Al final, él quería hablar sobre lo que le estaba causando estrés, pero la conversación se producía después que hubiera tenido su propio período de procesamiento. Muy diferente a mí.

Las mujeres somos más intuitivas por naturaleza en cuanto a las necesidades de los demás. Si veo a alguien con escalofríos, pienso: «Subiré la calefacción». La mayoría de las veces, no obstante, un hombre no subirá la calefacción a menos que se lo pidan. Piensa que si alguien necesita ayuda, la pedirá. Yo solía frustrarme mucho cuando Philip no podía saber que necesitaba un abrazo. ¡Mi triste carita no era una pista suficiente! Entonces aprendí que si necesitaba un abrazo o pasar tiempo con él, tenía que pedirlo; y a él le encanta hacerlo porque me ama, quiere hacer lo apropiado y quiere un «bien». Los hombres no leen las mentes. No interpretan las pistas, a pesar de lo obvias que sean. Tan solo piden las cosas.

He leído muchos artículos y libros, y he escuchado muchas enseñanzas sobre las diferencias de género, y una cosa que he observado es que, en muchos aspectos, Philip no es el típico varón.

Se detiene para preguntar direcciones. Más de una vez. Yo soy la que prefiere imaginárselo.

Él no es capaz de arreglar nada. Y no quiere intentarlo.

Él no tiene ni idea de qué hacer con una barbacoa de carbón.

Él no toma decisiones rápidas.

Por lo tanto, aunque hay algunas diferencias de género casi siempre comunes, tú y tu esposo puede que no encajen en el molde.

¿No es emocionante el matrimonio?

Colores de trasfondo

Philip y yo provenimos de trasfondos familiares muy diferentes. Es posible que tú y tu cónyuge también. Gran parte del conflicto inicial en el matrimonio existe cuando intentamos reunir nuestros trasfondos diferentes. Quizá la mamá de tu esposo no trabajaba fuera de casa y cocinaba la cena cada noche, y tú eres una maestra o una doctora. La hora de la cena podría tener que funcionar de modo diferente a la que él está acostumbrado. Tal vez tu papá fuera controlador o abusivo, o se aislaba del resto de tu familia. Eso afectará tus expectativas a medida que intentas edificar tu matrimonio. No podemos figurarnos que las suposiciones no reciben la influencia de nuestros trasfondos ni que no aportemos ningún bagaje de nuestra niñez a nuestro matrimonio.

Quizá a ti te criaran en un hogar donde no había mucho afecto físico. Lamento eso, porque el aspecto físico es bueno. A mí me criaron en un hogar donde me abrazaban y me daban besos cada día. Por lo regular, me decían que me querían, y me apoyaban en todos mis esfuerzos. Yo veía afecto entre mis padres, ¡los abrazos y los besos! A Philip, por otro lado, lo criaron en un hogar sin mucho afecto. Sus padres se divorciaron cuando él era adolescente, y antes del divorcio había bastante enojo y peleas.

Cuando Philip y yo nos comprometimos, mis padres llegaron a California para visitarme. Philip y yo fuimos a recogerlos al aeropuerto; ¡eso fue en la época en que podíamos llegar hasta la puerta para darles la bienvenida a las personas! Yo vi a mis padres caminar por el pasillo, y en cuanto mi papá se acercó, salí corriendo, salté a sus brazos y le abracé. Él comenzó a darme vueltas. Mientras me abrazaba con vueltas, capté un destello en la cara de Philip: tenía la boca abierta y su barbilla le llegaba al pecho. Se quedó pasmado ante esa muestra de afecto entre un padre y su hija.

Cuando Philip y yo comenzamos a construir nuestro matrimonio, tuvimos que pensar en cómo capear nuestros diferentes trasfondos. A él le gustaba el afecto y quería que estuviera en nuestra familia, ¡por eso ahora abraza y besa mucho! Sin embargo, yo tuve que ser paciente mientras él llegaba a sentirse cómodo con eso.

Sí, Philip y yo teníamos bastantes diferencias de trasfondo. Él se crió en los Estados Unidos; yo me crié en todo el mundo. Él tenía cuatro hermanos; yo tenía uno.

Quizá a ti te criaran con dinero mientras a él lo criaron cortando cupones de descuentos. Tendrán que mantener algunas conversaciones necesarias para saber cómo quieren construir su familia.

Tal vez a ti te criaran en otro país con un idioma diferente, mientras que a él le criaron con la vieja tarta de manzana estadounidense. Una de las mujeres que hay en mi entorno se crió en una cabaña de adobe en Kenia. Vino a los Estados Unidos y recibió su educación aquí y, al final, se casó con un estadounidense que estudió en una universidad de la Liga Ivy. A fin de poder casarse con ella, creo que tuvo que pagar un precio por la novia de trece camellos o algo así a su padre.

¡Han tenido algunas diferencias de trasfondo en las que trabajar!

Los lenguajes del amor

Otra diferencia que podríamos tener que solucionar es cómo nos sentimos amados. El libro éxito de librería de Gary Chapman, *Los cinco lenguajes del amor*, es una estupenda ayuda en este aspecto[6]. En resumen, dice que mientras que todos queremos y necesitamos sentirnos amados, el modo en que recibimos amor puede ser diferente al de nuestro cónyuge. Cada uno tiene un lenguaje del amor.

Debido a que yo tengo planes de estar casada con Philip durante muchos años, quiero ser muy buena hablando su lenguaje del amor. Aprender ese lenguaje es mi responsabilidad. Si hablo el lenguaje que quiero en lugar del lenguaje que él entiende, no se producirá mucha comunicación eficaz.

> *If I start writing in English, only people who speak English can understand. If I go on writing in English, people who don't understand English will get frustrated, because they want to understand but they can't.*

Si sigo escribiendo el resto de este capítulo en inglés o con símbolos, la mayoría no lo entendería; no se trata de que yo les caiga mal, sino porque no hablan inglés ni con signos. Solo las personas que entiendan inglés o signos podrían comprender lo que estoy escribiendo. Todos los demás desearían entender... pero sencillamente no podrían.

Gary Chapman describe cinco lenguajes del amor. Aunque a todos nos gusta cada una de las expresiones de amor, hay solo una que es nuestro lenguaje «nativo». El primero es *palabras de afirmación*. Elogios verbales. Palabras de apreciación. Palabras alentadoras. Palabras amables. Este es el lenguaje del amor primario de Philip, así que es mejor que yo sea buena para expresar palabras de afirmación.

«Hoy te ves estupendo».

«El mensaje que diste el domingo fue increíble».

A decir verdad, cuando estoy irritada, lo primero que desaparece son las palabras amables. Quiero decirle palabras... lo único es que no son amables.

Otro lenguaje del amor es el *tiempo de calidad*. La persona se siente amada cuando pasa tiempo con su cónyuge. Tiempo sin interrupción, tiempo enfocado. Tiempo a solas. Tiempo en el que se escucha. Tengo una amiga cuyo lenguaje del amor primario es el tiempo de calidad, pero no es el de su esposo. Él está muy feliz de verla, pero no necesita mucho tiempo a su lado para sentirse amado. Él me preguntó cómo podía mejorar a fin de hablar el lenguaje de su esposa. Lo que entendimos fue que si ella pasaba una hora con él al día, se siente amada por completo. Por tanto, eso es lo que hace él.

Quizá tu lenguaje del amor primario sea el de los *regalos*. Ahora bien, a todas nos gustan los regalos, pero puede que te sientas amada cuando tu esposo te regala flores, te escribe una nota, ¡o te regala algo en una caja azul de Tiffany´s!

Para algunos, su lenguaje del amor primario podría ser lo que Gary Chapman denomina *actos de servicio*. Esta persona se siente amada cuando alguien hace algo por ella: la colada, lavar platos, quitar insectos del parabrisas, limpiar el excremento del perro... lo que sea. Y esta persona quizá no se sienta amada si llega a casa y la cocina está sucia, los platos están amontonados en el fregadero y le devuelven su auto con el tanque de gasolina vacío.

El último lenguaje del amor es el *toque físico*. Este es mi lenguaje del amor primario, y por eso Philip tiene que llegar a ser estupendo en esto. Recuerda que no provenía de una familia que hablara ese lenguaje, así que tuvo que aprenderlo. *Es* posible aprender un lenguaje con el que no creciste. Y él lo ha hecho. Es obvio que la relación sexual es parte del toque físico, pero es más. Tomarme de las manos. Darme palmaditas. Poner su brazo sobre mi hombro. Besos. Abrazos.

Debemos aprender a hablar el lenguaje del corazón de nuestro cónyuge. La película *Amor Verdadero* sigue a diferentes personas en su búsqueda del amor. Hay algunas escenas bastante explícitas, y por eso no puedo recomendar la película en sí, pero quiero destacar a una pareja en particular. La mujer solo sabía hablar portugués, y el hombre solo sabía hablar inglés. Él era escritor y a ella la contrataron para limpiar su casa. Debido a que no podían entender las palabras el uno del otro, tuvieron que aprender a comunicarse por otros medios. Al final de la película se habían enamorado y ambos tomaron clases a fin de poder hablar el lenguaje del otro.

Hablar el lenguaje del otro demuestra honor y valor. El amor se trata de dar, y por eso tú y yo necesitamos ser estupendas con respecto a dar. ¿Qué necesita tu cónyuge? No se trata de lo que necesitas tú. También he descubierto que cuando empiezo a dar, casi siempre obtengo todo lo que necesito. A veces dejamos de dar o de intentarlo porque nos irritamos. Nos retraemos. Nos limitamos. Eso no es bueno. El amor maduro implica ir más allá. Aprende a hablar este idioma.

Buenas personalidades

Al principio de nuestro matrimonio, las diferencias de personalidad eran el mayor desafío para Philip y para mí.

Organizaciones en todo el país les realizan perfiles de personalidad a sus empleados a fin de poder situar a las personas en trabajos donde puedan desarrollarse y donde los empleados funcionen mejor juntos. Ha habido muchos perfiles diferentes en años recientes, pero Hipócrates (460-370 a. C.) fue el primero en comenzar la discusión. Hoy en día, continúa con diferentes evaluaciones, como *DiSC Assessment, Keirsey Temperament Sorter, Myers-Briggs Type Indicator* y muchas otras. Creo que son útiles, no para meter a una persona en un molde, sino para ubicar y entender mejor a las personas que hay en mi mundo.

Por lo general, somos una mezcla de varios temperamentos. No hay personalidad adecuada ni inadecuada. Ninguna personalidad es mejor que otra, y cada una tiene fortalezas y debilidades.

Dios nos ha dado nuestra personalidad. Él nos creó para llevar a cabo un propósito en la tierra, y será necesaria nuestra personalidad. Me resulta interesante que dos personas que se casan, casi siempre tienen estilos de personalidad muy diferentes. A menudo, nos sentimos atraídas hacia personas que son diferentes de nosotras. ¡Esto puede ser algo bueno! Nosotras tenemos fortalezas donde los demás tienen debilidades, y viceversa.

Parece bueno, ¿verdad?

Mis debilidades se compensan por sus fortalezas, de modo que juntos somos más fuertes.

Sí, de seguro que parece bueno.

Lo único es que sus debilidades pueden ser muy molestas; estoy segura de que las mías nunca lo son.

Por lo que se refiere a la personalidad, no estoy segura de que Philip y yo pudiéramos ser más diferentes.

Yo soy el tipo de persona que habla deprisa, dinámica, creativa, sin un solo momento de aburrimiento. Me río mucho, veo el vaso medio lleno, busco oportunidades de tener diversión y me gusta estar con personas. Estoy orientada hacia los objetivos y tomo decisiones con rapidez. Me gusta caerle bien a la gente, y siempre me sorprende un poco cuando no es así. Soy una amiga leal. Entablo nuevas amistades con facilidad y he mantenido algunas durante más de veinticinco años.

Esas son las cosas buenas.

En el lado contrario, me pongo impaciente si alguien no se mueve lo bastante rápido, y con frecuencia necesito demasiado la aprobación de otros. Podría terminar las frases por ti; puedo hablar demasiado; puedo hacer mucho ruido y ser un poco insistente.

Molesta, ¿verdad?

Por lo general, Philip es tranquilo. Es compasivo, le gusta la organización, llega a tiempo a los sitios, es muy divertido, es creativo, es leal, es un estupendo pensador y un estudiante perpetuo. Es bueno para planchar (las arrugas son molestas para su necesidad de orden). Observa los detalles, planifica muy bien, piensa antes de hablar. Sabe escuchar.

Es probable que haya más cosas buenas.

En el otro lado, con frecuencia nota lo equivocado antes de notar lo acertado. Puede ser crítico. Le gustan las cosas de cierta manera y, cuando no son así, eso le afecta. Puede ser lento para tomar decisiones.

Y todas esas cosas pueden molestarme.

Un día, durante el primer año de matrimonio, Philip me dijo que deberíamos lavar mi auto. ¡Eso me pareció divertido! Él trajo el cubo lleno de agua jabonosa, algunas esponjas y una manguera. La manguera tenía una boquilla en el extremo que permitía rociar el agua. Yo eché un vistazo a esa manguera, la agarré y apunté con ella a Philip. Sencillamente parecía algo divertido y espontáneo que hacer en ese momento. Yo estaba preparada por completo para que él se metiera en la diversión lanzándome también agua a mí.

Él no lo consideró de esa manera. Es más, no estaba contento.

¿Para qué estaba allí? Para lavar el auto.

Yo estaba allí para jugar. Lavar el auto era secundario.

¿Alguien ve un problema aquí?

Arreglamos esa situación y muchas otras. Hemos aprendido a valorarnos el uno al otro. Y (esto es importante) a reír. No el uno del otro, sino de las formas en que somos diferentes.

Ya sea que estés casada con alguien que sea muy parecido a ti, con muchas de las mismas fortalezas y debilidades (pensamiento aterrador), o con alguien bastante diferente, se necesita un gran esfuerzo para pasar de odiar las diferencias a entenderlas y, por último, valorarlas.

No esperes que tu cónyuge sea como tú. Yo no espero que Philip sea Mr. Sociable. Sé que después de haber estado en una función durante algunas horas, está listo para tener tiempo de tranquilidad. No me resiento por eso con él; solo lo acepto. Al mismo tiempo, él no tiene problema alguno con mi deseo de estar con la gente. No se ve amenazado por mis amistades. En realidad, dice que mi enfoque en las personas le ha ayudado a incluir a más personas en nuestra vida.

Todos tenemos «diferencias irreconciliables».

Todos nosotros.

No son tan evidentes cuando estamos en un estado de muerte cerebral, euforia y nubosidad en el período del noviazgo; o si son obvias, no nos importa. Cuando Philip y yo éramos novios, me encantaba el hecho de que su auto siempre estuviera limpio y que él fuera siempre puntual; al final, sin embargo, denominé de «quisquillosa» su puntualidad y su necesidad de orden.

A él le encantaba mi espontaneidad y mi capacidad para hacer que todo fuera divertido. Al final, consideró esas cosas descuidadas e irresponsables.

Los mismos rasgos de personalidad... pero los veíamos de modo diferente.

El viaje que hemos hecho y seguimos haciendo es para buscar las fortalezas y perdonar las debilidades.

Hace poco, Philip y yo hablamos en una iglesia. Unos días después, el pastor estaba haciendo algunos comentarios sobre nosotros dos, y dijo entre risas: «Vaya, ustedes son muy diferentes en sus niveles de energía y estilos. ¡Me impresiona que hayan permanecido casados!».

No solo hemos permanecido casados, sino que también nos gustamos mucho de verdad el uno al otro.

Y si nosotros podemos hacerlo, ¡tú también puedes!

Hay muchas diferencias que pueden dividir, pero te aliento a que las veas aportando fortaleza al conjunto.

Sí, hay diferencias, pero quizá necesitemos enfocarnos en los puntos en que nos parecemos. Si seguimos haciendo hincapié donde somos diferentes, podemos mostrarnos, o incluso pensar de la otra persona, que está «equivocada». Entonces, ¿por qué no enfocarnos en los puntos donde somos iguales?

Aquí está nuestra lista:

- Los dos amamos a Dios.
- Los dos nos amamos el uno al otro.
- Los dos estamos comprometidos con nuestro matrimonio.
- Los dos amamos a nuestros hijos.
- A los dos nos encanta edificar la iglesia.
- Los dos amamos a nuestros amigos.
- A los dos nos encanta jugar con los niños de otras personas.
- A los dos nos gusta viajar.
- Los dos amamos la playa.
- Los dos amamos la lectura.
- Los dos amamos la risa.
- A los dos nos encanta sentarnos en cafeterías y ver a la gente.
- A los dos nos gusta nadar en el mar cuando está caliente.
- A los dos nos gusta que nos den masajes.
- A los dos nos gusta jugar en la ciudad de Nueva York.
- A los dos nos gusta vivir en Los Ángeles.
- A los dos nos gusta ir a conferencias para aprender.
- A los dos nos gusta enseñar.
- A los dos nos gustan las películas.
- A los dos nos gustan los perros.
- A los dos nos gusta la comida india.
- A los dos nos gusta la comida tailandesa.
- Los dos tomamos *muchas* vitaminas.
- Los dos hacemos ejercicio.
- Los dos amaremos a nuestros nietos.

- Los dos oramos por nuestros hijos y sus futuros cónyuges.
- Los dos estamos comprometidos con nuestros amigos.
- Los dos queremos hacer una contribución a nuestra ciudad y al mundo.
- Los dos estamos comprometidos con ayudar a los huérfanos.
- Los dos odiamos la injusticia contra los niños.
- Los dos estamos decididos a ver a la siguiente generación cumplir su propósito.
- El noventa y nueve por ciento de nuestro ADN es igual.

Podemos llegar a frustrarnos por las diferencias o podemos enfocarnos en lo que nos une.

Haz tu propia lista.

_____

_____

_____

_____

_____

_____

_____

_____

_____

_____

_____

_____

_____

Si estamos unidos, nada es imposible.

El apóstol Pablo lo expresó mejor:

Ahora bien, el cuerpo no consta de un solo miembro sino de muchos. Si el pie dijera: «Como no soy mano, no soy del cuerpo», no por eso dejaría de ser parte del cuerpo. Y si la oreja dijera: «Como no soy ojo, no soy del cuerpo», no por eso dejaría de ser parte del cuerpo. Si todo el cuerpo fuera ojo, ¿qué sería del oído? Si todo el cuerpo fuera oído, ¿qué sería del olfato? En realidad, Dios colocó cada miembro del cuerpo como mejor le pareció. Si todos ellos fueran un solo miembro, ¿qué sería del cuerpo? *Lo cierto es que hay muchos miembros, pero el cuerpo es uno solo.* El ojo no puede decirle a la mano: «No te necesito». Ni puede la cabeza decirles a los pies: «No los necesito». Al contrario, los miembros del cuerpo que parecen más débiles son indispensables, y a los que nos parecen menos honrosos los tratamos con honra especial. Y se les trata con especial modestia a los miembros que nos parecen menos presentables, mientras que los más presentables no requieren trato especial. Así Dios ha dispuesto los miembros de nuestro cuerpo, dando mayor honra a los que menos tenían, a fin de que no haya división en el cuerpo, sino que sus miembros se preocupen por igual unos por otros. Si uno de los miembros sufre, los demás comparten su sufrimiento; y *si uno de ellos recibe honor, los demás se alegran con él* (1 Corintios 12:14-16, énfasis añadido).

Para más ayuda a fin de aprender a capear las diferencias, y también para algunas risas, puedes ver un breve vídeo de Philip y de mí en www.godchicks.com.

¡Solo para hombres!

Las diferencias pueden dividirnos a menos que cultivemos la unidad.

Te casaste con tu esposa porque querías construir una vida a su lado. ¡Espero que estés leyendo esto porque sigues queriendo hacerlo! Las diferencias entre tu esposa y tú se notaban cuando eran novios, pero quizá se convirtieran en una irritación a medida que pasa el tiempo.

Jesús nos pide que vivamos como uno a pesar de nuestras diferencias. Esto no siempre es fácil de hacer, pero bien vale la pena el esfuerzo.

Tu esposa es diferente a ti. Es probable que hable más; lo siente todo. Las diferencias en sus trasfondos podrían causar malentendidos, su personalidad es diferente a la tuya. Ella es la parte extravertida o la parte tranquila y calmada. (En este momento podrías considerarla ruidosa y demandante o demasiado tranquila y crítica).

Por tanto... muchas diferencias.

Entonces, ¿qué pasaría si sus diferencias estuvieran de verdad ahí para hacerles más fuertes? Menos mal que ella puede recordar dónde están las llaves y siempre parece saberlo cuando le sucede algo a su hijo adolescente. O quizá esa parte seas tú. Y, gracias a Dios, tú puedes planear cosas, llegar puntual a los lugares y ayudar a tomar decisiones. O quizá esa parte sea de ella. Sus diferencias deben hacerles más fuertes a los dos, por eso bien vale la pena aprender a capearlas. Ella es un regalo para ti. Sus fortalezas son necesarias. Juntos, pueden aprender y crecer y cambiar para llegar a ser mejores a medida que sus diferencias les perfilan y les fortalecen como individuos y como pareja.

Intenta lo siguiente: Olvida las diferencias y enfócate en las similitudes.

En lugar de enfocarte en las diferencias que parecen irreconciliables (y todos las tenemos), escribe una lista de las similitudes. Durante un rato, enfócate en ellas. A medida que te enfoques en lo que tienen en común, recordarás por qué la escogiste en un principio.

Y descubrirás que son mucho más parecidos que diferentes.

Notas
1. «Proyecto Genoma Humano», Biblioteca de Consulta Microsoft Encarta Online, 2009, http://encarta.msn.com ©1997-2009 Microsoft Corporation.
2. *Diccionario de la lengua española*, vigésima segunda edición, © Real Academia Española, © Espasa Calpe, S.A., 2003, edición electrónica, versión 1.0.
3. Dr. Henry Cloud y John Townsend, *Límites en el matrimonio*, Editorial Vida, Miami, FL, 2009, p. 164 (del original en inglés).
4. Dr. Renato Me. Sabbatini, «Are There Differences Between the Brains of Males and Females», Brain and Mind; http://www.cerebromente.org.br/n11/mente/einstein/cerebro-homens.html; accedido en enero de 2010.
5. Christine Gorman y J. Madeleine Nash, «Sizing Up the Sexes», *Time Magazine*, 20 de enero de 1992; http://www.time.com/time/magazine/article/0,9171,974689,00.html; accedido en diciembre de 2009.
6. Gary Chapman, *Los cincos lenguajes del amor: El secreto del amor que perdura*, Editorial Unilit, Miami, FL, 2011.

6

Ya me tenías con el hola

(Philip)

El amor no es ciego, tan solo ve lo que importa.
ANÓNIMO

Ámense unos a otros con un afecto genuino y deléitense al honrarse mutuamente.
ROMANOS 12:10, NTV

Los sueños de las niñas son frágiles. Los sueños de las mujeres son cruciales.

Y los sueños hacen inspiradora la vida.

Raquel sueña con un hombre guapo que la conquiste.

Carla sueña con ser una princesa.

April tiene la esperanza de tener una familia algún día: momentos de risas, amor y apoyo.

Donna quiere comenzar y dirigir un negocio exitoso.

Sheila sueña con un novio que la quiera.

Simone quiere estar en el ministerio a tiempo completo.

Los sueños son magnéticos y poderosos. Los sueños de una mujer son vitales para su corazón.

Cada mujer sueña con ser querida, amada de verdad, amada por un hombre que la adore; un hombre que se interese más por ella que por su carrera (¿es posible eso?). Puede que desee a un hombre que sea más inteligente, más fuerte y más guapo que ningún otro. Las mujeres que aman a Dios quieren un hombre que tenga fe y sea apasionado por la vida.

Sin embargo, la mayoría de las chicas sueñan con un hombre que las ame, las honre y esté a su lado.

¡Las mujeres quieren a alguien en quien puedan confiar en el nivel más profundo!

En la película *Jerry Maguire*, Tom Cruise representa el papel de un agente deportivo. Jerry batalla en su carrera por establecer su propia agencia. En su intento por lograrlo, está tratando de que su representante firme un gran contrato con la liga de fútbol profesional. Eso le establecerá a él como agente legítimo, validando su agencia y asegurando su carrera como agente independiente.

Su esposa, Dorothy, ayuda a hacer que suceda, pero Jerry se enfoca en su objetivo y pierde de vista su relación con ella. Al final, consigue el contrato, pero entiende que sin el amor de su vida para compartir ese momento, su victoria no significa nada.

Jerry va a buscar a Dorothy a fin de reparar el daño que ha hecho por su negligencia. La encuentra en la sala en una reunión de un grupo de apoyo lleno de mujeres frustradas que no confían ya en los hombres. Él se pone delante de todas esas mujeres para declarar su amor por su esposa. Intenta describir cuánto la valora, cuánto la honra y lo inútil que es su vida sin ella.

A medida que intenta expresar sus disculpas, tartamudea haciendo una descripción de su revelación, comienza a expresar su amor por ella... allí, delante de Dios y de todas.

Recuerdo estremecerme en el cine durante esa escena. Siento vergüenza por las personas cuando ellas mismas están avergonzadas. Estaba preocupado. *¿Adónde lleva esto? ¿Va a hacer que sea peor? ¿Va a decirle ella que se vaya?*

Sin embargo, mi ansiedad era innecesaria, ¡porque él hace un gran trabajo en realidad!

Jerry continúa, diciendo todas las cosas honrosas y amorosas que debería haber dicho hacía mucho tiempo. Entonces, Dorothy interrumpe; ¡ya ha oído lo suficiente!

«Cállate... solo cállate. Ya me tenías con el "hola"».

¿Ya me tenías con el «hola»? ¿Cómo es posible?

Cuando alguien intenta expresar con sinceridad lo mucho que te ama, cuando está expresando desde su corazón el honor que siente por ti, puede sentirse más allá de las palabras que pronuncia. Honrar es poderoso. Esa clase de amor es sanador, es atrayente. ¡Eso es! Esa es la clase de amor que desea toda mujer. La clase de honra amorosa que Dorothy había estado esperando. Toda mujer quiere un hombre que declare su amor en público delante de ella, de la humanidad y hasta de una habitación llena de personas desilusionadas. El corazón de cada mujer en el grupo de apoyo en esa sala se conmueve, porque la falta de honor amoroso es lo que las llevó a cada una de ellas a esa reunión en un principio.

El honor en el corazón da poder a las palabras que salen de la boca. Jerry está allí haciendo lo mejor que puede para honrar a Dorothy expresando la profundidad de su amor por ella. Y su disposición a hacer eso, a honrarla incluso en una situación embarazosa poniendo en riesgo su orgullo, es lo que enternece el corazón de ella. Por eso ya la tiene con el «hola».

Los heridos andantes

«Damas y caballeros, ¡tenemos un ganador!».

Eso es lo que se siente cuando nos honran. La expresión de un honor genuino a alguien es uno de los componentes más poderosos de una estupenda relación. Honrar a las personas que amas es declararles el valor que tienen para ti, es demostrar tu aprecio por ellas y es expresar su importancia para ti de una manera que sea obvia para los demás.

Las mujeres necesitan que se les honren. Es más, todos necesitamos que nos honren. La Escritura nos desafía a dar «al que honra, honra» (Romanos 13:7, RV-60). La manera en que las personas buenas se tratan entre sí es con honor.

Es sano para ti esperar honor en las relaciones y en la vida. Aunque no puedes demandar honor de nadie, puedes pedirlo. Es importante que también honres a otros; da y te será dado.

Mi intención en este libro es honrarte. Lo que quiero comunicarte es que *creo en ti*. También quiero presentar algunas ideas que podrían ayudarte a tener una estupenda relación con el hombre de tu vida.

El mundo necesita que tú brilles. Necesitamos que te desarrolles. Necesitamos tu compasión, tu corazón y tu aporte. Tu familia necesita que te desarrolles. Tus amigos necesitan que te sobrepongas a las batallas que afrontas. Tu iglesia necesita tu ejemplo de fuerza y determinación. Nuestro mundo necesita tu gracia. Sin lo que tú aportas a nuestro mundo, la vida será menos de lo que debe ser... para todos nosotros.

Dios tiene un plan para las mujeres. Tú eres importante para el plan de Dios.

Tú eres importante para los hombres. Tienes un papel insustituible.

Las mujeres son amorosas y son líderes. Son alentadoras y son amigas. Las mujeres pueden convertir lo ordinario en lo increíble. Lo que una mujer puede hacer y lo que es ella pueden sacar lo mejor de Dios en cualquier situación.

Si necesitas un ambiente estupendo, incluye a una mujer piadosa. Si necesitas un equipo estupendo, recluta a una mujer con corazón. Si quieres una vida estupenda, invita a una mujer cuya luz brille.

Sin embargo, hay muchas mujeres increíbles cuyos dones están ocultos al resto de nosotros, ocultos debido a las heridas del corazón.

¿Estás sufriendo por dentro?

¿Te has olvidado de la magia que hay en tu interior?

¿Estás batallando por sobrevivir?

¿Puedes recordar la inspiración que sientes cuando eres amada?

Las mujeres necesitan que las amen y las admiren los hombres que son importantes para ellas, necesitan honra a fin de desarrollarse; pero muy pocas tienen esa experiencia. Algunas están olvidadas, a algunas las desechan y se pasa por encima del valor de muchas. En ausencia de admiración, la singularidad de una mujer con frecuencia se mantiene oculta.

Algunas mujeres sufren maltrato. Cuando esto sucede, no solo no se permite el desarrollo del don de Dios, sino que también se extingue la luz. Lo que Dios quiso que fuese una luz que brille con intensidad se reduce a un rescoldo, un hilo de humo donde debía haber una llama.

Por lo general, cuando se habla con una mujer durante sus dos primeros años de matrimonio, hay sonrisas, historias divertidas y un brillo en sus ojos. En cambio, hoy, sentado en mi oficina, no había nada de eso. Sandy se sentaba en un extraño silencio, intentando reunir las fuerzas para describir su matrimonio a la vez que mantenía la compostura. Sus húmedos ojos revelaban dolor. Parecía que le resultaba difícil respirar.

El silencio con frecuencia habla más fuerte que las palabras.

«¿Dónde comienzo? Estábamos muy enamorados. No sé lo que sucedió. Él parece otro hombre. Todo era estupendo al principio, pero sencillamente nos hemos alejado con mucha rapidez. Siento que me estoy ahogando. Supongo que me casé con la persona equivocada. Me gustaría saber cómo regresar a lo que teníamos».

Esta es una historia conocida que se repite de varias formas; los nombres cambian, pero las situaciones pueden reconocerse.

Ella continuó: «Le quiero, pero no sé cuánto tiempo más podré seguir. Siento como si fuéramos solo compañeros de cuarto que no podemos ponernos de acuerdo en mucho; él nunca me toca, ni me abraza... a menos que quiera relaciones sexuales. Y eso no sucede muchas veces. Le he perdido el respeto y ya no confío en él. ¿Qué podemos hacer?».

¿Conoces a alguien que esté en esa situación? ¿Has estado ahí tu misma? Quizá podamos definir un camino que conduzca a la vida en nuestras relaciones. Echemos un vistazo. Tal vez podamos descubrir un sendero que nos sirva de regreso al amor que nos unió.

Las cinco cualidades de una relación que prospera

¿Qué se necesita para tener una estupenda relación? En estos tiempos y en esta época, ¿eso es posible? Quiero ofrecer algunas sugerencias que creo que pueden ayudar a crear una gran relación.

La relación humana definitiva es el matrimonio. Holly y yo llevamos casados veinticinco años. Puede que hayamos tenido muchas batallas y desafíos, pero hoy en día tenemos una relación estupenda. Yo también he sido mentor de otros en sus matrimonios. He visto a personas cambiar por completo sus matrimonios sin vida o llenos de decepción. Lo que parecían relaciones que se dirigían a una tragedia, se volvieron satisfactorias y maravillosas. He aprendido algunas cosas en los últimos veinticinco años que sé que hacen que un matrimonio sea estupendo.

Si en verdad deseas tener un matrimonio estupendo, permite que te asegure que *es* posible. Si eres soltera y sigues buscando a ese «alguien», por favor, toma muy en serio las siguientes páginas. Si estás casada y quieres reavivar tu pasión y convertirla en un amor duradero, los siguientes pasos prácticos los puedes dar para avanzar. Si quieres disfrutar de una relación basada en el amor con el que siempre soñaste, considera estas cinco cualidades de una relación que prospera. Si tu relación carece de una o más de estas cualidades, no te preocupes, pues también exploraremos la manera de desarrollar cada uno de estos componentes en tu relación.

La primera cualidad de una relación que prospera es:

Honor

Si eres soltera y estás evaluando si alguien será una buena pareja, comienza aquí. ¿Les muestra honor a otros? ¿Le resulta difícil mostrar respeto por los demás? ¿Expresa honor por ti? ¿Honra tus deseos, tus objetivos y tus límites? ¿O descarta con frecuencia lo que es importante para ti? ¿Intenta convencerte para que pases por alto los estándares que establecen tus valores? ¿Te empuja a que cambies tus sueños de modo que se acomoden a sus deseos?

Si eres casada y te preguntas qué falta en tu matrimonio, puede que sea el honor. Si quieres incorporar otra vez algo de vida a una relación estancada, añade un toque de honor genuino a tu receta matrimonial. Demuestra lo importante que es tu cónyuge para ti honrándole: sus fortalezas, sus objetivos y sus sentimientos.

Reconoce sus temores, las circunstancias y las situaciones que le hacen sentirse inseguro y aceptable en lugar de criticarle. Permite que exprese límites y deja espacio para que él crezca y cambie. Acepta sus gustos y lo que no le gusta debido a que le aceptas y le admiras.

Una manera estupenda de expresar honor es comunicar admiración. Verbaliza tu aceptación; expresa cómo y por qué le valoras, y demuestra tu respeto por algo que hay dentro de él: su visión, sus sueños, su increíble ética de trabajo, el modo en que ama a tus hijos. Cuando lo hagas, hay muchas posibilidades de que aportes nueva vida a la relación.

¿A qué persona famosa te gustaría conocer? ¿Quién te resulta impresionante?

Una vez me encontré con Michael Jordan en persona. Tienes que entender que MJ era un héroe para mí. Me encantaba verlo jugar al baloncesto. Me gustaba escuchar sobre su historia en la cancha y fuera de la cancha. Según mi opinión, fue un jugador de baloncesto único en la historia. Era mayor que el equipo; era mayor que el deporte. Los seguidores del deporte siguen comparando a los mejores jugadores en la actualidad con MJ. Creo que siempre lo harán.

Jordan estaba rodando la película *Space Jam* y tenían un gimnasio temporal erigido en una inmensa tienda en un plató exterior en Burbank. Algunos amigos míos tenían acceso a la tienda y me invitaron a acompañarles. Se estaba realizando un partido de baloncesto con algunos universitarios locales y jugadores de la NBA. Entre esos partidos, me presentaron a Jordan; nos estrechamos la mano e intercambiamos un saludo casual.

¿Estás bromeando? ¡Acababa de conocer a Michael Jordan! Intenté parecer muy tranquilo por fuera, ¡pero por dentro estaba todo acelerado! Le hablé a todo el mundo de ese momento; fue un gran honor conocer a mi héroe, yo le admiraba.

Eso sucedió hace varios años, y él no me llama. En realidad, nunca me llamó. Yo nunca le veo. En esencia, no tengo ninguna relación con él. Sin embargo, conocerle me hizo comprender que podía expresar con facilidad más honor por MJ del que a veces expresaba por mi propia esposa. Reconocí que necesitaba poner parte de ese mismo honor entusiasta en mi relación con mi esposa.

¿A quién admiras? ¿A quién te gustaría conocer? Quizá nombrarías a alguna celebridad como Denzel Washington, Will Smith, Taylor Swift o Julia Roberts. ¿Te gustaría conocer a una persona de negocios famosa, como el fundador de MicroSoft Bill Gates, Meg Whitman, el ex presidente de eBay, o Howard Schultz, fundador de las cafeterías Starbucks? A lo mejor te gustaría conocer a un político famoso: el presidente de los Estados Unidos, un ex presidente o un senador famoso. Tal vez podrías escoger a una personalidad del deporte muy conocida, como A-Rod, LeBron James o Venus Williams.

¿Quién es esa persona que podría hacerte expresar palabras de admiración? Parece una respuesta natural reaccionar de esa manera hacia alguien famoso, pero en realidad es mucho más importante que honremos a las personas que amamos, a esa con la que estamos construyendo una vida.

Al comienzo de nuestro matrimonio, Holly se me acercaba y me expresaba sentimientos de dolor o frustración, y yo me enfurecía. Ella me decía: «Siento como si ya no te importase nada».

Estoy bastante seguro de que hay una sola cosa que no debes decir en esa situación. Desde luego, eso es exactamente lo que yo decía: «¿Qué? ¡Eso es una locura! ¡No deberías sentirte así!».

¿Ayudó eso en la situación? No. ¿Nos acercó más? No. Piensa en el Vesubio o en el monte Santa Helena, y tendrás una idea de hacia dónde iba la conversación. Nota para mí: *Si quieres empujar hacia la posibilidad de que se vuelva loca, pasa por alto sus sentimientos.*

Entonces, probé a no decir nada. Aun así, ella se enfurecía.

Le decía a la defensiva: «¿Qué? No he dicho nada».

A lo que me respondía: «Sí... pero es el modo en que no estás diciendo nada».

Amo a mi esposa y sí me importa lo que sienta. No siempre entiendo lo que siente, pero esa *no* es una buena razón para retirarle el honor. Toda nuestra relación cambió cuando aprendí a responder a un comentario como «Siento que te molesto». Aprendí a responder a sus preocupaciones con un interés genuino, a comunicar con sinceridad que me interesaba: «Siento mucho que te sientas así. Debe ser un sentimiento horrible. Lo siento si he hecho algo que te hizo sentir así. Nunca quiero hacer nada para hacer que te sientas de esa manera. ¿Qué crees que puedo hacer, aunque en este momento no estemos de acuerdo, que te haría sentirte amada y apreciada?».

Increíble... ¡los resultados diferentes por completo!

Sugiero que emplees algo de esfuerzo para honrar a la persona que te busca para obtener amor y respeto. Hónrale con parte de la misma pasión que le mostrarías a una celebridad con la que quizá nunca tendrás una relación. No esperes a que tu cónyuge dé el primer paso; da el ejemplo expresando tu admiración. Sin una inyección diaria de honor, toda relación comienza a morir un poco cada día.

La segunda cualidad de una relación que prospera es:

Comunicación

La comunicación es otra llave de oro para una relación estupenda. Una buena comunicación se trata de saber qué decir, cómo decirlo y cuándo decirlo. No es tarea fácil. Requiere trabajo.

Casi todos los hombres se comunican de manera distinta a las mujeres.

Casi todos los hombres necesitan aprender a comunicarse mejor. Aun así, permíteme decir lo siguiente: Sin importar lo bueno que llegue a ser un hombre en la comunicación, es probable que nunca se comunique como una mujer.

Creo que más de una mujer piensa en secreto que si su esposo mejorara en su capacidad de comunicación, se comunicaría más como sus amigas. ¡Eso no va a suceder! Hablaré más sobre estas diferencias más adelante en el capítulo.

¿Estás en un punto muerto en la relación? ¿Estás comunicando? ¿Qué es lo que tu cónyuge cree que estás expresando y que debilita tu relación?

¿Estás pensando en tener una relación con alguien que no es un buen comunicador? Esa es una decisión peligrosa. La persona a la que permitas implicarse en tu corazón necesita *ver la importancia de la comunicación, tener el deseo de comunicarse y estar dispuesto a mejorar en ese aspecto.*

No hay otras opciones buenas.

Una persona que no esté dispuesta a comunicarse ni a aprender a comunicarse, en esencia, está dejando al azar la calidad de la relación.

Hace años, tuve un amigo que se desalentó con respecto a nuestra amistad; pensaba que a mí no me importaba como persona y, de hecho, dijo algo así:

—No creo que te importe mucho.

Le pregunté si recordaba las veces en que le había invitado a ir a sitios, o las veces en que le había preguntado cómo le iba o cómo se sentía.

Me dijo que no pensaba que lo había hecho de verdad.

Le dije:

—Bien —le dije—, ayúdame a entender. Te invité a ir conmigo a tomar café o a ver una película varias veces. ¿Por qué no me dijiste algunas de tus preocupaciones y sentimientos en esos momentos?

—No pensaba que te interesaban —dijo él.

Esto demuestra una importante ruptura de la comunicación. Si no dices algo, ¿cómo puedes esperar que cambie una situación? Si no expresamos nuestros sentimientos o nuestros temores, ¿cómo podemos hacer responsable a una persona de nuestras expectativas?

A veces pensamos que estamos comunicando una cosa, pero no es así.

Comunicamos con palabras y con el tono de voz, comunicamos con nuestras actitudes y nuestra postura corporal. Con frecuencia pensamos que estamos diciendo una cosa, pero estamos comunicando otra en realidad. Decimos una cosa con nuestras palabras y otra con nuestros actos. Creo que no prestamos atención.

Incluso en lo que consideramos canciones de amor, el mensaje no se comunica con claridad. Muchos de nosotros hemos escuchado a Whitney Houston cantar la canción «I Will Always Love You» de la película *El guardaespaldas*.

A decir verdad, es una melodía hermosa cuando repite la línea «Y siempre te amaré...». Suena como algo muy romántico, pero si escuchamos el resto de lo que canta, entendemos que *no es una canción de amor*.

> *Si me quedo, solo me interpondré en tu camino,*
> *así que me iré,*
> *pero sé que pensaré en ti en cada paso del camino...*
> *Recuerdos agridulces, eso es todo lo que me llevo, así que adiós,*
> *no llores, por favor, los dos sabemos que no soy lo que necesitas.*
> *Y yo... siempre te amaré...*[1].

¿Es una hermosa canción de amor? ¡No! Es una canción de «adiós». Si la persona que amas te canta esta canción, tienes problemas.

«Espera, ¿me acaban de dejar tirada?». Sí, ¡como una patata caliente! ¡Te acaban de dejar!

Tal parece que esta canción está comunicando una cosa, pero en sí está diciendo otra muy diferente.

Trabaja en la comunicación clara y eficaz.

Hay algunos puntos esenciales que deben buscarse y expresarse por parte de ambas personas en la relación, si se quiere tener intimidad: *intereses, expectativas, apreciación, aliento* y *compromiso* necesitan comunicarse con claridad y con pasión.

Siéntense y hablen. Escucha primero. Escucha de verdad. Después, relata tu historia.

Comunica tus intereses. Expresa lo que te fascina. Habla sobre lo que te gusta tanto que quieres hacerlo durante el resto de tu vida. ¿Qué te hace sentir viva? ¿Qué te hace sonreír desde el corazón?

¿Qué te aburre? ¿Qué oyes tanto que es probable que nunca te hará cambiar de opinión? ¿Qué cosas no te gustaban en cierto momento de tu vida que más adelante llegaste a disfrutar? ¿Qué no te gusta que pudieras cambiar si es importante para alguien a quien quieres?

Comunica tus expectativas. Se deben expresar las expectativas. A veces, cuando lo hacemos, descubrimos que tenemos expectativas irrealistas sobre las personas, el matrimonio o la vida; podemos ahorrarnos mucha frustración soltando esas expectativas irrealistas.

A veces podemos escribir una expectativa que tenemos y descubrimos que nuestro cónyuge no puede o no está dispuesto a cumplir con esa expectativa. Entonces tenemos importantes decisiones que tomar en cuanto a la relación.

¿Qué esperas del matrimonio?

¿Qué crees que debería hacer o ser un esposo o una esposa?

¿Cómo necesita ser tu vida dentro de cinco años para que seas feliz?

¿Qué esperas de Dios, de ti misma y de la vida?

Comunica tu apreciación. Expresar apreciación les une; causa que las defensas se derrumben. Dile a tu cónyuge que aprecias sus esfuerzos, sus actos, sus intentos y sus fortalezas.

Dile que agradeces cuando dice _____

Y cuando no dice _____

Dile que le agradeces el regalo que te hizo.

Dile las diez cosas de él por las que estás agradecida.

Dile sobre los sacrificios que ha hecho, y lo mucho que significan para ti.

Dile las cualidades de carácter que ves, admiras y agradeces en él.

Pon un mensaje en *Twitter* o *Facebook* sobre lo increíble que es él, ¡y haz que lo sepa todo el mundo!

A la mayoría de las mujeres les gusta estar con un hombre que les haga sentir seguras; la mayoría de los hombres tienden a amar a una mujer debido al modo en que se sienten consigo mismos cuando están con ella. Es un grave error hacer que un hombre se sienta inadecuado o inseguro, que siempre tiene que demostrar algo o que siempre está equivocado. La comunicación de la apreciación le dice a tu cónyuge que le respetas. Cuando tu esposo siente que le respetas de verdad, aumenta la confianza.

Creo que un mal comentario puede borrar veinte actos positivos de bondad. Los malos comentarios se producen; por tanto, asegúrate de dar una dosis extra de apreciación. Expresa respeto por *quién es él* y *lo que siente*. Cuando comunicas apreciación por lo que hace, por sus opiniones y por sus necesidades, confiará en ti.

Comunica tu aliento. Alienta sus intentos de ser un amoroso padre y esposo.

Alienta sus esfuerzos hacia mejorar su salud.

Alienta su dependencia y la provisión que aporta a tu familia.

Alienta su hambre espiritual, su crecimiento personal y sus esfuerzos por fortalecer la relación.

Alienta sus logros o sus éxitos.

El aliento y el reconocimiento son muy importantes para un hombre. No lo olvides. Afirma lo que ha hecho y alienta lo que le gustaría hacer. Esto siempre construirá puentes y derribará muros.

Por último, *comunica tu compromiso*. Uno de los mensajes más poderosos y reconfortantes acerca de Jesús es la promesa bíblica: «Nunca te dejaré; jamás te abandonaré» (Hebreos 13:5). Eso es un compromiso. Sus últimas palabras a sus seguidores, según Mateo, fueron: «Estaré con ustedes siempre, hasta el fin del mundo» (Mateo 28:20). Jesús sabía cómo comunicar compromiso.

El compromiso es poderoso. Por eso la boda es tan importante: Es la promesa que hacemos, nuestro compromiso delante de Dios, de nuestra familia y de nuestros amigos. *En la salud y en la enfermedad, en lo bueno y en lo malo, me comprometo contigo.*

En medio de un debate o una discusión, intenta comunicar compromiso. Incluye una frase de afirmación sobre tu compromiso con la relación; descubrirás que el compromiso calma los temores del alma.

La tercera cualidad de una relación que prospera es:

Paciencia

Las cosas cambian. Las personas cambian. La paciencia es la cualidad que nos permite obtener entendimiento de esos cambios. Nos capacita para permitirnos el uno a otros equivocarnos en ocasiones sin que nos expulsen del partido. Dos de los recursos más valiosos para el matrimonio son la flexibilidad y la adaptabilidad, y ambas se perfeccionan mediante la paciencia.

La paciencia permite que cambien o surjan otras cualidades positivas. La bondad es un fruto del Espíritu; en otras palabras, la bondad es evidencia de que Dios estaba obrando en nuestro corazón. Se necesita paciencia para ser bondadoso, pues debemos estar dispuestos a posponer nuestras reacciones inmediatas, como: «¿En que estabas pensando?».

La paciencia también nos da tiempo para que se ajuste nuestra perspectiva.

Este cambio de perspectiva fue crucial para Holly y para mí. Somos muy distintos en muchos aspectos, y habría sido más fácil en los primeros tiempos tirar la toalla. Nos preguntábamos: *¿Cómo va a funcionar esto?*

Ella es muy alegre y dinámica... *¡todo* el tiempo! Logra que las personas normales se vean deprimidas.

Pregunta: «¿Por qué están tan tristes?».

«No están tristes; es que tú... eres extrañamente feliz. No comprendes... que no es normal».

En ese entonces, su energía y su emoción me resultaban demasiado agotadoras. Sin embargo, a lo largo del tiempo, tengo una nueva perspectiva. El entusiasmo de mi esposa es contagioso; transmite gozo a todos los que le rodean.

Tenemos que cambiar nuestra perspectiva acerca de nuestras diferencias o pueden enterrarnos. Podemos enfocarnos en las diferencias como un problema o podemos verlas como bienes que edifican nuestro equipo. Podemos enfocarnos en las debilidades o en las fortalezas. La paciencia nos da la opción de escoger dónde ponemos nuestro enfoque.

La cuarta cualidad de una relación que prospera es:

Perseverancia

Cuando dependes de alguien que hace lo que dice que hará, es fácil confiar en él. Y cuando confías en tu cónyuge, tu relación puede seguir avanzando aunque se produzcan reveses en tu vida.

La perseverancia es importante para muchas disciplinas deportivas, como el servicio en el tenis, el tiro en el baloncesto o el movimiento coordinado para batear en el béisbol. El entrenador que observa a menudo puede ayudar al jugador a regresar a su fortaleza cuando ve una falta de perseverancia. Con el estilo al golpear de un golfista se obtiene mejores resultados, y un jugador de bolos ve que la bola recupera la zona adecuada cuando se corrige con perseverancia.

La perseverancia en las pequeñas cosas y la perseverancia en las grandes cosas. La confiabilidad es el pegamento de la relación.

Muchas relaciones se debilitan cada vez más porque la confianza se ha erosionado.

«En realidad, ya no puedo confiar en ella».

«Él nunca hace lo que dice que va a hacer».

El matrimonio puede recuperar la confianza perdida con una admisión de que has dejado caer la bola o has defraudado al otro. Una dedicación renovada a la perseverancia da seguridad. Trabajar menos, pasar tiempo con los niños o ser más cuidadoso con el presupuesto son aspectos importantes, pero la cuestión central es la perseverancia... asumir la responsabilidad por tus aportaciones, resultados y errores.

«Son muchos los que proclaman su lealtad, ¿pero quién puede hallar a alguien digno de confianza?» (Proverbios 20:6). Si eres soltera, no esperes que la persona no confiable con la que sales de repente se convierta en Sr. Perseverante dos minutos después de haber dicho: «Sí quiero». Si no se puede depender de él antes de la boda, no cambiará de forma mágica después.

Pablo concluye sus indicaciones para el matrimonio en Efesios resumiéndolo de la siguiente manera: «En todo caso, cada uno de ustedes ame también a su esposa como a sí mismo, y que la esposa respete a su esposo» (Efesios 5:33). Todos necesitamos amor y todos necesitamos respeto, pero hay algo sobre las prioridades del amor para una mujer y el respeto para un hombre. Veo la imagen de pedalear una bicicleta para demostrar el impulso que es posible en esta dinámica. Bajar uno de los pedales hace que el otro suba. Bajar el otro pedal hace que el primero suba. Si sigues ese ritmo, tienes ímpetu. En el matrimonio, el esposo expresa y demuestra amor a su esposa, lo cual inspira en ella respeto. La esposa demuestra respeto hacia su esposo, lo cual le capacita y motiva a él para expresar amor genuino. Si mantienes ese ritmo, tienes ímpetu.

¿Serás alguien que es perseverante? El hombre con quien estás pensando edificar tu vida, ¿es uno que será perseverante?

Debemos continuar, sin importar las circunstancias, mostrando amor y respeto. En todo matrimonio que se estanca, se rompe o pasa por un período difícil, el esposo deja de amar a su esposa como ella lo necesita y después ella deja de respetar a su esposo como él lo necesita. Cada uno deja de perseverar en el importante ingrediente que le añaden a la relación.

A fin de hacer que vuelva a producirse el ímpetu, él debe amarla como si ella fuera la persona más importante del mundo. Ella debe mostrar respeto y admiración por él. Esa es la perseverancia esencial. He visto este sencillo ajuste transformar una relación por completo.

La quinta cualidad de una relación que prospera es:

Humildad

La humildad puede ser la calidad de carácter más difícil de desarrollar, lo cual es un poco divertido, ya que no debería ser muy difícil darnos cuenta de que todos cometemos errores, de que no siempre podemos tener la razón. La humildad es la capacidad de admitir el fracaso.

Las personas humildes demuestran un deseo de crecer. Un cónyuge humilde está dispuesto a aprender a reconocer las necesidades de su pareja. La humildad nos da la capacidad de considerar las necesidades del otro, en lugar de enfocarnos por entero en las nuestras. La humildad también valora las victorias de otros, aunque la victoria esté muy lejos de nosotros. Los humildes perdonan, liberando a otros de ofensas que les roban la vida a nuestras relaciones.

Un hombre humilde se disculpa, perdona y ora por la capacidad de amar a su esposa como Cristo ama a la iglesia. Una mujer humilde expresa respeto por su esposo de manera que edifica confianza en el corazón de él. Está dispuesta a descubrir un interés genuino en cosas que le importan a él.

El Dr. Phil, el escritor de libros de autoayuda y presentador de televisión, dice: «A veces tomas la decisión adecuada, a veces haces la decisión adecuada». Cuando tomamos una mala decisión, se necesita humildad para admitirlo y corregirlo. La humildad exige que hagamos adecuada la situación haciendo lo adecuado.

El orgullo mata las relaciones, y la humildad es el único antídoto para el orgullo. Santiago nos alienta: «Humíllense delante del Señor, y él los exaltará» (Santiago 4:10).

Estas son solo algunas cualidades que edifican estupendas relaciones. Cada una tiene el potencial de restaurar gozo, amor y confianza a la más rota de las relaciones.

Si quieres descubrir más de Holly y de mí sobre las cualidades que edifican estupendas relaciones, mira algunos vídeos cortos en www.godchicks.com.

¡Solo para hombres!

La mujer es el arma secreta de Dios para tu éxito y tu satisfacción en la vida, y el hombre es vital para la salud del alma de la mujer. El mundo necesita que sus mujeres brillen, se desarrollen. Sin lo que aportan al mundo, estamos incompletos; la vida es menos de lo que debía ser. Demasiadas mujeres y lo que tienen que ofrecer están ocultas de nosotros debido a corazones heridos. Las experiencias nos moldean, y casi todas las mujeres, al igual que nosotros, han tenido experiencias muy dolorosas que pueden hacer que se oculten de lo que son en realidad.

Honra a la mujer que hay en tu vida. La honra es poderosa. Ese tipo de amor es sanador; es participativo; y es la clase de amor que desea toda mujer.

Honrarla la libera.

El honor en el corazón capacita a las palabras que salen de tu boca. Expresarle honor a alguien es uno de los componentes más poderosos de una relación estupenda. Sobre eso nota...

Cinco cualidades de una relación que prospera

1. El *honor* es muy importante. Sin una inyección diaria de honor, toda relación comienza a morir.

2. La *comunicación* es la llave de oro para una estupenda relación. Comunica lo esencial (intereses, expectativas, apreciación, aliento, compromiso), con claridad y eficacia.

3. La *paciencia* nos permite escoger dónde pondremos nuestro enfoque: en las debilidades o en las fortalezas.

4. La *perseverancia* aporta fuerza a una relación porque el resultado es confianza. ¿Por qué? La confiabilidad es el pegamento de la relación.

5. La *humildad* es la capacidad de admitir el fracaso. El orgullo mata las relaciones, y la humildad es el único antídoto para el orgullo.

Nota
1. Dolly Parton, «I Will Always Love You», ©1973, interpretada por Whitney Houston en la banda sonora de la película *El guardaespaldas*, ©1992 Arista Music. Usada con permiso.

7

Durmiendo con el enemigo

(Holly)

Si tienes solo una sonrisa en ti, dásela a las personas que amas.
No seas hosca en casa, mientras sales a la calle y les comienzas
a sonreír con «Buenos días» a totales extraños.
MAYA ANGELOU

Y si una familia está dividida contra sí misma,
esa familia no puede mantenerse en pie.
MARCOS 3:25

¿De dónde surgen las guerras y los conflictos entre ustedes? ¿No es
precisamente de las pasiones que luchan dentro de ustedes mismos?
SANTIAGO 4:1

—Esto fue idea tuya.

—No, fue tuya... yo quería ir ayer.

—¿Por qué siempre me culpas a mí?

—¡Nunca me escuchas!

—¡De todas formas nunca haces lo que yo digo!

Entonces, ella se marcha dando un portazo.

Parece infantil, ¿verdad? Sin embargo, es una discusión que escuché entre dos personas adultas.

Casi todas nosotras vamos al matrimonio con estupendas intenciones y pocas capacidades. Por tanto, muchos matrimonios fracasan porque las personas no están dispuestas a desarrollar las capacidades necesarias.

Los conflictos en el matrimonio *se* producirán porque no somos clones que pensamos y actuamos siempre igual. Esos conflictos pueden utilizarse para fortalecer o para destruir. Aprender a manejar el conflicto que surge dentro y fuera del matrimonio es crucial para la salud y la sanidad a largo plazo de la relación.

El conflicto en el matrimonio es distinto al conflicto en el campo de batalla. Tu cónyuge no es tu enemigo... ¡aunque algunas veces lo parezca! Destruir a tu cónyuge, ya sea con palabras odiosas, indiferencia o descuido, te destruirá a ti. Porque los dos son uno.

Una vez tuve una discusión con una mujer que decía que ella y su esposo nunca discutían; nunca había conflicto en su matrimonio. Al pasar tiempo con ellos, observé que eso era básicamente verdad. También observé una falta total de intimidad y sinceridad, y un nivel superficial de comunicación que, al final, conduciría a los problemas o al aburrimiento. Permitir el conflicto y resolverlo mantiene abiertas las líneas de comunicación y da a cada cónyuge una oportunidad de sacar a la luz las diferencias.

El apóstol Santiago nos dice que la mayoría de nuestros conflictos se producen debido al egoísmo. «Yo quiero lo que quiero, y lo quiero ahora, y tú quieres lo que quieres». Cuando compiten esos deseos, tenemos conflicto.

¿No sería más fácil si toda la vida fuera como el aire acondicionado en un auto? El auto que nosotros tenemos tiene controles dobles, por eso puedo poner la temperatura más fría o más cálida en mi lado del auto, y Philip puede tener su lado del auto como más le guste. Yo hasta puedo caldear mi asiento en el auto, y él puede enfriar el suyo. ¡Bastante increíble! A veces me gustaría que la vida estuviera llena de todo lo de él o de ella, pero no es así. La mayoría del tiempo, el conflicto que experimentamos en el matrimonio surge porque no estamos dispuestos a ceder a lo que queremos.

Tengo una amiga que se crió en una familia cuya manera de resolver cualquier conflicto era peleando. Solo peleaban hasta ganar. No necesariamente una pelea física, pero de seguro que algunas peleas verbales eran cada vez más fuertes. Una persona siempre tenía que ganar, y la otra se quedaba sintiendo que estaba equivocada por completo. Había dominio total o sumisión total, ninguna cesión ni acuerdo en medio.

Sin duda, ese no es el mejor método.

También he hablado con personas que se han criado en familias donde uno de los padres siempre se alejaba de cualquier cosa que pareciera un enfrentamiento. Uno o ambos padres cedían para evitar cualquier conflicto. Una de mis amigas, que se crió en este ambiente, dijo que su método de resolver el conflicto mantenía la paz durante un tiempo, pero que a la larga había una explosión inevitable.

Este método tampoco puede ser bueno.

Hay maneras adecuadas e inadecuadas de afrontar y resolver el conflicto.

En mi caso, no soy una fan del boxeo, pero sé que hay reglas en el boxeo. En el kárate hay reglas. En la lucha hay reglas. No estoy segura de la lucha libre (hecha famosa en la película *Súper Nacho*), pero sospecho que, incluso en esos combates, hay cierta clase de reglas.

La primera regla del conflicto en el matrimonio es asegurarse de que estés en paz con Dios de manera personal. Parece muy básico. Nos crearon para tener una relación con Dios, y todas nuestras capacidades para conectar con las personas surgen de nuestra relación con Él. No creo que podamos tener nunca paz con la gente si no hemos hecho la paz con Dios. A veces se produce el conflicto porque esperamos que las personas, en este caso nuestro cónyuge, satisfagan necesidades que solo puede satisfacer Dios. Exploramos esta idea con más profundidad en un capítulo anterior. Por increíble que sea Philip, y lo es, no es mi salvador. No tiene nada con lo cual salvarme. Yo debo hacer la paz con Dios en lugar de esperar que Philip haga que todo esté bien.

Y en nuestra relación con Dios, necesitamos hablar con Él sobre cualquier problema o conflicto que estemos afrontando: los niños, el trabajo, las finanzas, cualquier cosa. Incluso de las cosas más sencillas, pero especialmente de los conflictos que crees que podrían elevarse un poco. Habla con Dios acerca de eso en primer lugar. Ora en primer lugar. Yo no siempre fui buena en esto; o si hablaba con Dios acerca del problema, era más una queja. Algo como: «Tú creaste a este lunático con el que estoy casada... ¡*Tú* tienes que arreglarlo!». Esa no es la conversación con Dios de la que hablo.

Solo pregúntale a Dios qué parte del problema podría ser culpa tuya. Antes de atacar, acusar o culpar, comprueba contigo misma. Jesús dijo que antes de preocuparnos por la pequeña astilla que hay en el ojo de otra persona, deberíamos quitar primero la viga que hay en nuestro propio ojo. Y *todos* tenemos vigas en nuestros ojos algunas veces. Sin embargo, podemos llegar a estar tan concentradas en las debilidades y las faltas del otro que olvidamos que nosotras las tenemos. La realidad es que cualquier parte del conflicto que sea culpa mía es mi culpa al cien por cien. Tengo que asumir la responsabilidad por eso.

Así que, ahora me hago preguntas como: *¿Estoy siendo demasiado sensible? ¿Estoy siendo insensible? ¿Estoy siendo ingrata o demasiado exigente?* Con frecuencia, si soy sincera, la respuesta a estas preguntas es sí. Y soy ciento diez por ciento responsable de mi parte.

Aquí está el lado difícil. Discúlpate primero por tu parte del problema.

Llega a ser muy buena para decir: «Lo siento».

No: «Lo siento, pero...».

Tan solo: «Siento haber sido insensible», o demasiado exigente, o cualquier otra cosa.

Estoy segura de que él también necesita disculparse. Él tiene una viga en su ojo también. Sin embargo, tú solo puedes lidiar contigo misma. Sé cien por cien responsable de tu parte.

Llega a ser muy buena para decir: «Lo siento». Porque quizá, solo quizá, tú estés equivocada en esta ocasión.

Nueva perspectiva

Mis ojos solo pueden mirar en la dirección a la que me dirijo. No puedo ver a mis espaldas a menos que gire mi cabeza. Hay personas detrás de mí que pueden decirme si llevo la camisa desabrochada o si hay un hilo colgando de mi falda, pero mirar en la dirección a la que se dirigen mis ojos es la única perspectiva que tengo.

De igual modo, cada una de nosotras solo puede ver la vida desde nuestra propia perspectiva. Y eso significa que todas tenemos el potencial de estar equivocadas en cualquier situación dada. Quizá en este caso en particular, yo esté equivocada. Podría estarlo; y cuanto más esté dispuesta a decir, o incluso a reconocer esa probabilidad, más preparo el camino hacia el desarrollo de la confianza. Y la confianza es el objetivo.

Incluso en el trabajo o cuando estoy con amigas, he descubierto que si alguien está dispuesto a admitir un fallo o una equivocación, ese es un corazón con el que puedo trabajar. Ese es un corazón con el que puedo colaborar. Demasiadas veces pensamos que decir «Lo siento» o «Estoy equivocada» podría hacer que nos viésemos mal. No, no es así. Nos hace parecer fuertes; es necesaria una persona fuerte para mirarse a sí misma y decir: «Lo siento mucho; fui demasiado sensible en ese momento».

La disculpa no significa que ha terminado el problema; solo significa que ahora hay la atmósfera apropiada para resolver cualquiera que sea el conflicto.

Es importante intentar ver un problema desde la perspectiva de la otra persona. No siempre es fácil porque, una vez más, solo vemos la vida desde nuestra propia perspectiva. Hace varios años, Philip y yo estábamos buscando una casa. Eso fue cuando yo seguía viviendo bajo la ilusión de que todos los hombres sabían cómo arreglar cosas, o al menos sabían cómo ocuparse de las personas que sabían cómo arreglar cosas. Entramos en una casa que estaba a la venta. Era la casa más espectacular que hubiera visto nunca; me encantaba. Tenía un árbol justo en el medio. El propietario anterior comenzó algunas renovaciones, y empezó el trabajo para lo que yo pensaba que sería la casa más increíble.

Mientras recorría la casa, iba diciendo cosas como: «Podríamos poner esto aquí y hacer eso allá. En esta habitación podríamos hacer esto». Entonces, cuando Philip la recorrió, vio todo el trabajo que haría falta hacer: y él no sabía cómo hacer nada de eso. En su mente, vio meses de polvo, martillos y caos.

Cuando me dijo que no había manera en que pudiéramos vivir en esa casa, me frustré. Dije cosas como: «¿Por qué siempre tenemos que hacer las cosas a tu manera? ¿Por qué no podemos tener una casa como esta?».

Recuerdo que salí de allí sola, respiré profundamente varias veces y traté en verdad de verlo desde su perspectiva. Él quería un hogar; un hogar pacífico. Él no tenía idea de cómo crear un hogar pacífico con esa casa a medio terminar. Yo vi el estrés que le causaba con solo pensar en vivir allí.

Por tanto, nos alejamos de esa casa que necesitaba mucho trabajo y, al final, nos mudamos a una hermosa casa que solo necesitaba por nuestra parte que abriéramos nuestras cajas y colgáramos una lámpara. ¡Perfecta! Trabajar duro en intentar ver el asunto desde su punto de vista ayudó a resolver ese conflicto en particular.

Momento y lugar

Escoge un buen momento para resolver el problema. El momento es clave. Hazme caso: Es probable que el camino a la fiesta de cumpleaños de tu esposo *no* sea el mejor momento para decirle que debería adelgazar algunos kilos (¡me gustaría poder decirte que aprendí eso en un libro!). Ahora bien, podría ser un verdadero asunto a sacar a la luz, pero el momento no es bueno.

Quizá acaban de diagnosticar a su mamá la enfermedad de Alzheimer. Ese no es un buen momento para decirle que crees que debería leer un libro sobre la educación de los hijos. Una vez más, podría ser justo sacar a la luz el asunto... pero el momento es el equivocado.

El libro de Ester relata la historia de una chica común y corriente que decidió vivir una vida extraordinaria. Era huérfana, la crió un tío suyo, y siendo una judía en Persia, vivía en una comunidad de personas marginadas. Al final, el rey la eligió para que fuera su reina. ¡Qué cuento de hadas! Ester vivía una vida fácil. Podía haberse relajado y disfrutar de una vida de realeza y ocio; y es probable que lo hiciera durante un tiempo. Entonces, descubrió que la mano derecha de su esposo había tramado un plan para matar a todos los judíos.

¿Qué iba a hacer ella?

Su tío le dijo a Ester que ella tenía la responsabilidad de ir al rey y pedirle que anulara los planes del hombre malvado. Al principio, dudó en hacer eso sabiendo que le costaría la vida, pues cualquiera que acudiera delante del rey sin que le invitaran, se arriesgaba a la muerte. Sin embargo, Ester entendió que quizá rescatar a su pueblo era precisamente la razón por la que se le confió su posición en la realeza. Tal vez ser reina no se trataba de que pudiera disfrutar del lujo. A lo mejor estaba en esa posición para poder ser parte en poner fin a la injusticia. (Solo una idea al margen: Creo que se te ha confiado este momento en la historia y tu posición real para que tú, al igual que Ester, puedas ser parte en poner fin a la injusticia).

Ester tomó la decisión de acudir al rey. Él no la mató. Es más, le preguntó qué podía hacer por ella.

Lo que me resulta interesante es que en lugar de decirle en ese momento que conocía la trama para matar a su pueblo, Ester le pidió a su esposo que asistiera al banquete que le prepararía. ¿Por qué no sacó a la luz el tema? Supongo que había algo en cuanto al momento que no parecía apropiado.

El rey pasó un buen tiempo en el banquete, y una vez más le preguntó a Ester qué podía hacer por ella. Le dijo que sería estupendo si acudía a otro banquete al día siguiente. ¿Qué? ¿Por qué no fue al grano en ese momento? No tengo ni idea. Aun así, creo que debió de haber algo con respecto al momento.

En el banquete a la noche siguiente, Ester le habló al rey, con mucha humildad pero directamente, sobre la trama que su mano derecha había ideado para matarla a ella y a su pueblo. El rey quedó destrozado e hizo todo lo que había en su poder para ocuparse de la protección de ella y su pueblo.

El conflicto quedó resuelto.

Ester fue sensible al momento en cuanto a resolver el conflicto. Hubo ocasiones en que podría haber hecho algo, pero no lo hizo.

No estoy segura de por qué la espera era una mejor opción.

No obstante, su ejemplo me hizo entender que solo porque el problema que estoy manejando esté en primer lugar en mi mente, aun así necesito ser sensible en cuanto a cuál es el mejor momento para sacarlo a la luz. El objetivo es resolver el problema, no crear otro.

El momento es importante en la solución de los conflictos, y también lo es el lugar. Es probable que saliendo por la puerta de camino a otro lugar no sea el mejor sitio para resolver nada. Ninguno de los dos sentirá como que les escuchan y los dos sentiremos como que tenemos que darnos prisa. El lugar para mencionar un problema está lejos del teléfono y de otras distracciones.

Es probable que la cama tampoco sea el lugar para solucionar el problema, porque cualquier hombre que esté en posición horizontal un rato comenzará a roncar. (Esto tampoco lo aprendí en un libro. Cuando Philip se quedó dormido mientras yo le hablaba de un problema, ¡eso creó otro problema que teníamos que tratar!). Y lo cierto es que no quiero que nuestra cama sea un lugar de conflicto. Debería ser un lugar para la intimidad. No quiero comenzar allí una pelea.

No me opongo a que puedas tener un desacuerdo delante de tus hijos mientras no sea intenso, se maneje como es debido y tus hijos vean que resuelves el conflicto de manera madura. Si solo te ven pelear, dar portazos y no querer ceder, ese es el cuadro que tienen del conflicto. En demasiadas ocasiones, los padres tienen un ataque pleno e inadecuado delante de sus hijos; y es comprensible que los hijos se queden helados. Están observando a las personas a las que deben mirar en busca de guía y fortaleza perder los papeles. Y eso es algo que les da mucho miedo a los hijos. Quizá los padres lo resuelvan en privado unas horas después, pero eso no ayuda a los hijos.

Dar un paseo puede ser un lugar estupendo para que Philip y yo resolvamos problemas. O tomando café en una cafetería. Sentados al lado de la playa. O caminando por el bosque. En un buen banco en el parque. Puedes elegir un lugar que te dé resultados a ti.

Reglas de la batalla

Por tanto, hay un momento y un lugar... y hay un *cómo*.

Recuerda que el momento y el lugar que hemos preparado son para resolver el problema, así que prepárate para hacer eso. No es el momento de culpar; no se trata de *sus* problemas ni *mis* problemas. Estamos casados. Es nuestro problema. Estamos en el mismo equipo. A veces, en mitad de un acalorado conflicto, es fácil olvidar eso y comenzar a señalar con el dedo.

Con frecuencia, Philip y yo no estamos de acuerdo. (A estas alturas, es probable que esto no sea una sorpresa para ti). Los dos estamos comprometidos a solucionar juntos el problema. Algunos días es peor que otros.

En las películas, he oído a un soldado preguntarle a su superior cuáles son las reglas de esta batalla. En otras palabras, cómo y con qué armas deberían luchar. En los conflictos matrimoniales debe haber reglas de batalla. Hay algunas reglas muy básicas que quizá aprendieras en el jardín de infancia: No gritar. No empujar. No golpear. No dar patadas. No morder. No dar portazos.

Además de esas reglas básicas, voy a darte algunas otras; puedes sentirte libre para utilizarlas o crear las tuyas propias. Cualquier cosa que decidas, es importante que tú y tu cónyuge estén de acuerdo en ellas, de modo que en el acaloramiento del momento no sigas tus propios sentimientos, sino que te aferres a las reglas que han decidido juntos.

¡Vigila esa boca!

> No empleen un lenguaje grosero ni ofensivo. Que todo lo que digan sea bueno y útil, a fin de que sus palabras resulten de estímulo para quienes las oigan [...].
>
> Líbrense de toda amargura, furia, enojo, palabras ásperas, calumnias y toda clase de mala conducta. Por el contrario, sean amables unos con otros, sean de buen corazón, y perdónense unos a otros, tal como Dios los ha perdonado a ustedes por medio de Cristo. (Efesios 4:29, 31-32, *NTV*)

Piensa en el daño antes de lanzar ese misil verbal. Es triste que a veces mi método sea: *preparados... apunten... fuego*. Eso no es bueno, y puede causar un daño imposible de arreglar. Las palabras no pueden retirarse, solo perdonarse.

Me encantan los chocolates M&M, en especial los que tienen cacahuetes. Antes, cuando solía comer ese tipo de cosas, podía comerme una bolsa en unos treinta y cinco segundos... treinta y cinco segundos para tragarme una bolsa de grasa, azúcar y calorías, y unos treinta minutos de ejercicio para compensar. Por no mencionar las horas que mi cuerpo requería para librarse de esas toxinas.

Eso es como un misil verbal: Podemos lanzar una palabra dañina en cuestión de segundos, pero puede tomar años eliminarla.

> Había una vez un muchachito que tenía muy mal genio. Su padre le dio una bolsa de clavos y le dijo que cada vez que se enojara, debía clavar un clavo en la cerca del fondo.

El primer día, el muchacho clavó treinta y siete clavos en la cerca. En las semanas siguientes, a medida que aprendía a controlar su enojo, el número de clavos que clavaba cada día empezó a descender poco a poco.

Descubrió que era más fácil controlar su genio que clavar esos clavos en la cerca.

Al final, llegó el día en que el muchacho no se enfureció. Le habló a su padre al respecto, y el padre sugirió que el muchacho ahora sacara un clavo cada día que fuera capaz de no enojarse.

Pasaron los días, y el muchacho por fin fue capaz de decirle a su padre que ya no quedaba ningún clavo.

El padre tomó a su hijo de la mano y le condujo hasta la cerca. Le dijo: «Lo has hecho muy bien, hijo mío, pero mira los agujeros que hay en la cerca. La cerca ya nunca será igual. Cuando dices cosas con enojo, dejas una cicatriz igual que esta. Puedes acuchillar a un hombre y sacar el cuchillo. No importa cuántas veces digas que lo sientes, la herida seguirá estando allí». Una herida verbal es tan mala como una herida física[1].

La mayor parte del tiempo somos más amables y más agradables con extraños y conocidos que con nuestro cónyuge. No debería ser de esa manera, pero así lo es a menudo. Los pequeños actos de bondad pueden hacer mucho para disipar el conflicto. Yo nunca tengo ganas de ser amable cuando Philip y yo estamos teniendo un desacuerdo; tengo ganas de criticar, culpar y casi siempre ser cualquier cosa menos amable. Si decido ser amable, el conflicto puede disiparse. Puedo lanzar agua o gasolina al fuego. La decisión es mía.

Hay algunas armas verbales que Philip y yo hemos acordado no lanzar nunca. Hemos decidido que a pesar de cuál sea el tipo de conflicto en que estemos, nunca utilizaremos la palabra «divorcio». Jamás. Si el divorcio no es una opción, arreglar el conflicto es la única solución.

Intentamos frenarnos de utilizar palabras como «nunca» y «siempre», porque en raras ocasiones son ciertas. «¡*Nunca* haces nada de lo que yo quiero hacer!». «¡*Siempre* me pasas por alto!». «¡*Nunca* piensas en mí!». «¡*Nunca* dices que me quieres!».

Nadie hace algo «siempre» o «nunca», así que ten cuidado con el modo en que utilizas esas palabras absolutas.

Es mejor expresar sentimientos utilizando la expresión «siento que...».

«Me siento sola o preocupada cuando no me llamas por teléfono».

«Me siento herida cuando les hablas de mí a otras personas».

«Me siento triste cuando no me tienes en cuenta».

Además, es importante observar que cada uno posee sus propios sentimientos; la otra persona no tiene la responsabilidad. Utilizar la expresión «Siento que...» es mejor que «Me hiciste sentir...», porque nadie puede *hacerte* sentir nada.

Busca un buen consejo

Con frecuencia, en mitad de un desacuerdo o conflicto con nuestro cónyuge, les contamos a otros el asunto. Esto puede ser bueno; depende de la persona con la que estés hablando.

Conocí a una mujer que estaba atravesando algunos graves problemas matrimoniales (a todos nos pasa de vez en cuando). Descubrí que ella pasaba bastante tiempo con un grupo de amigas que, o bien se habían divorciado varias veces, estaban enojadas con los hombres o estaban decididas a no casarse nunca otra vez. ¿Qué consejo podría darle ese grupo en particular de mujeres que fuera útil? Le decían cosas como: «Déjalo. Tú eres más inteligente y más capaz que él». No eran mujeres malas; solo que no podían darle un recurso para atravesar el desafío concreto que estaba experimentando. No podían ayudarla a seguir casada ante el reto que afrontaban ella y su cónyuge.

Busca ayuda cuando la necesites, pero asegúrate de estar obteniendo ayuda de las personas que están más adelante en el camino que tú. Si quieres construir un negocio exitoso, consigue consejo de alguien que lo haya logrado. Si quieres tocar un instrumento, recibe lecciones de alguien que sepa tocarlo. Si quieres edificar un matrimonio, obtén información de personas que lo estén haciendo bien: personas felizmente casadas que tengan la clase de relación que te gustaría tener a ti.

Piensa bien

A veces, en medio de un conflicto, tengo que recordar las buenas cualidades de Philip. Es fácil distraerse por las cosas que molestan; las cosas que molestan son molestas. Muchas veces, las cosas que molestan gritan con más fuerza que las buenas cualidades, así que tenemos que concentrarnos de manera deliberada en lo bueno a conciencia.

Hace poco, estaba *muy* irritada con Philip. Nada importante; tan solo todo lo que hacía o no hacía me molestaba. Tanto que desencadenaba miles de pensamientos, la mayoría sobre sus debilidades. Me encontré pensando en sus debilidades. Eso no es bueno.

Pasé tiempo cada día leyendo la Biblia y orando, y un día sentí que Dios me decía: «Holly, basta ya. Lleva cautivos esos pensamientos, pues no están produciendo ningún bien. Piensa en algunas cosas que sean estupendas de Philip». Bien, necesité algún tiempo. Yo no estaba tan dispuesta a abandonar mi paliza mental a Philip. Sin embargo, lo hice. Necesité un minuto para pensar en una cosa que me gustaba de él. Una cosa. Eso fue todo lo que pude pensar durante un rato. Entonces una más.

Pablo desafió a los Filipenses a buscar lo bueno en los demás, y cuando hacemos eso, Dios obrará en nosotros «todo lo que sea excelente o merezca elogio».

> Por último, hermanos, consideren bien todo lo verdadero, todo lo respetable, todo lo justo, todo lo puro, todo lo amable, todo lo digno de admiración, en fin, *todo lo que sea excelente o merezca elogio*. (Filipenses 4:8, énfasis añadido)

Solución de conflictos.

Nadie dijo que sería fácil.

Además, incontables matrimonios fracasan porque ninguno de los dos quiere aprender a resolver los conflictos. Si dejas tu matrimonio pensando que el problema era solo él, me gustaría sugerirte que también tendrás conflictos en el siguiente matrimonio.

Debido a que dos que se hacen uno no es siempre un proceso fácil, bien podrías aprender algunas de las herramientas ahora. En el mundo empresarial y legal, se paga mucho dinero a las personas para ayudar a resolver los conflictos. No tendrás mucho dinero por resolver conflictos en el matrimonio, pero tendrás la oportunidad de edificar un compañerismo para toda la vida que sea fuerte y duradero.

Capear las tormentas

Hay conflictos que surgen en un matrimonio debido a tormentas externas. Las actitudes dominantes en nuestra cultura son un ejemplo. Creo que la presión que hay sobre nuestros matrimonios es mucho más severa de la que fuera para nuestros padres. Sin duda, los medios de comunicación tampoco ayudan. ¿Cuántas familias de padre y madre felices (¡y no disfuncionales!) ves retratadas en la televisión?

Humanismo

El deseo de situarme *a mí* en primer lugar es un problema dominante en nuestra sociedad actual. No podemos engañarnos y pensar que no nos afectará. Los matrimonios terminan porque una o ambas partes sucumben al patrón de pensamiento humanista de *Yo haré lo que sea bueno para mí, a pesar de lo que mis deseos causen a nuestro matrimonio*. Puede que no lo digamos en voz alta; podría estar por debajo de nuestros actos. Es la mentalidad de hacer lo que se siente bien, y destruirá un matrimonio. El *nosotros* siempre tiene que ser más importante que el *yo* si un matrimonio quiere capear las tormentas de la vida.

Materialismo

La búsqueda de cada vez más cosas es otra presión externa que puede dañar un matrimonio. Nos volvemos tan enfocados en trabajar mucho para poder acumular cosas que terminamos teniendo menos tiempo para pasarlo juntos. Los medios de comunicación, de una manera no tan sutil, nos convencen de que cuantas más cosas tengamos más felices seremos.

«Esta casa no es lo bastante grande; necesitamos otra mayor».

«Este auto no es nuevo; necesitamos uno nuevo».

«Mi ropa es de la última temporada; necesito más».

Ahora bien, no estoy diciendo que no podamos tener una casa, un auto, ni una ropa bonita. Estoy diciendo que miremos el costo.

Si tienes que trabajar en tres empleos o en un empleo que requiere ochenta horas a la semana para poder pagar todas las cosas más nuevas y mejores, conectar el uno con el otro será difícil. Y si puedes apartar tiempo para la conexión después de una semana de trabajo de ochenta horas, es muy probable que tú o tu cónyuge estén demasiado cansados o irritados para disfrutar el uno del otro.

El materialismo dice: «Las cosas son más importantes que las relaciones». Una vez más, la mayoría de nosotros diría que no creemos eso, ¿pero cómo vivimos? Muchas veces, lo que decimos que creemos no está en consonancia con nuestros actos. J. Paul Getty era el hombre más rico del mundo durante su vida. Dijo: «Daría toda mi fortuna por un matrimonio feliz». Si pasas más tiempo manteniendo tu estilo de vida que manteniendo tu matrimonio, la falta de intimidad y de conexión puede que te cueste la relación.

La importancia de la resistencia

Otras tormentas pueden atacar un matrimonio. Son las crisis que llegan a la mayoría de nosotros en uno u otro momento. Nos enfrentaremos a una crisis que no anticipábamos, para la que no nos sentimos preparados. Algunos de nosotros afrontaremos la pérdida de trabajo, la bancarrota, una demanda, un desastre natural, la muerte de un padre, la muerte de un hijo, la pérdida de amistades, una discapacidad, tener una enfermedad que amenaza la vida... y la lista continúa. Cuando sucede lo peor, los matrimonios cuyos fundamentos ya se tambalean y no son seguros con frecuencia se derrumban bajo la presión.

Después de los atentados del 11 de septiembre de 2001, nuestro instinto inicial como nación y como familias fue de acercarnos unos a otros. Sin embargo, cuando cesó la conmoción inicial, algunos matrimonios fueron incapaces de sobrevivir. El trauma pospuesto y los sentimientos de desesperación pueden cambiar nuestro mundo. Fue cierto en especial para los afectados de manera directa por la tragedia o los que estuvieron implicados en las operaciones de rescate. Años después, hemos visto un gran aumento en los divorcios entre bomberos y policías cuyas vidas se vieron para siempre alteradas por la pérdida de colegas, familiares y amigos.

A fin de capear las tormentas que llegan contra un matrimonio necesitamos ser personas resistentes. No podemos ser tan frágiles ni tan rígidas que las tormentas puedan destruirnos.

Las palmeras son tan resistentes que en una tormenta no se quiebran, sino que, en cambio, se inclinan hacia la tierra. Después de la tormenta regresan a su estado anterior y continúan su crecimiento.

Los edificios en el sur de California, donde yo vivo, están construidos para soportar un gran terremoto. Desde las casas nuevas hasta los rascacielos más altos de Los Ángeles, los arquitectos y los constructores han incorporado varios diseños y materiales que ayuden a que los edificios permanezcan fuertes en medio de los terremotos. Las fuerzas externas hacen que sean necesarias oficinas y lugares construidos con resistencia.

Jesús nos dijo que edificásemos nuestras casas... nuestras vidas... sobre la roca, sobre un fundamento firme. Si hacemos eso, cuando lleguen las tormentas de la vida, podremos inclinarnos un poco, pero no nos destruirán.

Algunas personas parecen tener una capacidad especial para el optimismo y la resistencia, mientras que a otras las conducen con facilidad a la desesperación cuando se mueve el equilibrio de sus vidas. Las personas resistentes sobreviven e incluso prosperan ante las batallas. Las parejas resistentes tienen más probabilidades de capear mejor las tormentas grandes y pequeñas de la vida que las parejas que son temerosas e inestables[2].

A fin de mantenerse juntos durante la crisis, recuerda que el *nosotros* es muy importante. Juntos, *nosotros* somos más fuertes. Juntos, *nosotros* podemos atravesar esto.

No te aísles. Se necesitan el uno al otro. No culpes. La culpa separa.

No fue culpa de Philip que yo tuviera cáncer. No fue culpa mía. Solo sucedió. Nuestro matrimonio es diferente en la actualidad porque tuvimos que capear esa crisis. No la manejamos a la perfección; solo la manejamos juntos. Hubo momentos en que realicé tantos cambios en la dieta y la salud que la cabeza de Philip daba vueltas; y él estuvo un poco frustrado. Hubo momentos en que él no era tan consciente de lo que yo sentía como a mí me hubiera gustado. A pesar de eso, lo atravesamos juntos. Hubo algunos momentos horribles, pero en la actualidad somos más fuertes.

(A propósito, llevo cinco años libre de cáncer. ¡SÍ!).

Mantener el sentido del humor es crucial para tratar las crisis que llegan. Después de la destrucción del terremoto de 1994 en Los Ángeles que causó un grave daño a nuestra casa (¡nuestra casa se agrietó en lugar de inclinarse!), recuerdo a Philip mirando los montones de porcelana rota en el piso de nuestra cocina y comentando: «Bueno dijiste que querías platos nuevos. ¡Ahora te creo!». Nos reímos durante un momento y entonces comenzamos el largo proceso de limpieza. Y tampoco nos quedamos todo el día en el proceso de limpieza. Tomamos a nuestros hijos, nos fuimos a un hotel en otro condado (¡uno donde la tierra no se estaba moviendo!) y nos metimos en un jacuzzi. Tomamos algunos momentos en medio de la crisis para tener un poco de diversión. Eso ayudó.

No permitas que la crisis te separe. No permitas que los planes del enemigo causen división. Trabajen juntos durante las crisis.

Más valen dos que uno,
porque obtienen más fruto de su esfuerzo.
Si caen, el uno levanta al otro.
¡Ay del que cae
y no tiene quien lo levante!
Si dos se acuestan juntos, entrarán en calor;
uno solo ¿cómo va a calentarse?
Uno solo puede ser vencido,
pero dos pueden resistir.
¡La cuerda de tres hilos no se rompe fácilmente!
ECLESIASTÉS 4:9-12

Cambio de estaciones

Todo matrimonio pasa por diferentes estaciones. ¡Algunas son más divertidas que otras! Cada estación llega con sus propias recompensas y desafíos.

Al comienzo de un matrimonio, mientras de seguro permanece «la luna de miel», hay un ajuste necesario a medida que los dos aprenden que no pueden hacer lo que quieren hacer cuando quieren hacerlo. Ahora son dos. Otra persona a la que considerar. Ya no es un período de soltería, sino de unión. Una nueva estación.

Muchas de nosotras tenemos o tendremos hijos. Increíble, te cambian el mundo, ¿verdad? Cuando nació nuestro hijo Jordan, por supuesto que estábamos emocionados. Fue querido y bienvenido. Solo que no creo que estuviéramos preparados para el tiempo, la energía y las cosas que implican tener un bebé. ¿Hay alguien que lo esté? Vivir con pocas horas de sueño, y con frecuencia no mucho tiempo juntos, tuvo su efecto en nuestro matrimonio. Tuvimos que trabajar en esa estación. Entonces, unos años después, llegó nuestra hija. Aun más cosas que compaginar. Intentar encontrar tiempo para estar juntos se hizo muy difícil, así que otra vez tuvimos que buscar ese tiempo. Programamos citas. Si queríamos que nuestro matrimonio atravesara las fases de bebé y de infancia, íbamos a tener que encontrar el tiempo para pasarlo juntos, como Holly y Philip, y no solo como papá y mamá.

Después hay estaciones en las que tu trabajo podría requerir gran parte de tu tiempo. Eso es estupendo, mientras los dos se estén comunicando al respecto. Hace unos quince años, comencé a viajar por todo el mundo para hablar en conferencias. Esa fue una nueva estación para nosotros. Al principio, fue un poco confuso. Programaba demasiados viajes sin dejar tiempo suficiente para poder respirar entre uno y otro. Viajar estaba bien, y ambos creíamos que era lo que Dios tenía para mí, pero necesitábamos programarlos para que pudieran encajar con nuestra familia y mis responsabilidades en nuestra iglesia, Oasis. Ningún problema... tan solo una nueva estación que teníamos que atravesar. Se habría convertido en un problema si no hubiéramos estado hablando al respecto y solucionándolo.

Muchas de nosotras hemos tenido, o tendremos, adolescentes en nuestras casas. Es una época emocionante de la vida, ¿verdad? Me encanta que mis hijos se estén convirtiendo en mis amigos. Es muy alentador verlos caminar en sus propias relaciones con Jesús y descubrir eso para lo que Dios los puso en el planeta. Es una estación estupenda que llega con sus propios desafíos. Los adolescentes se acuestan tarde, así que encontrar tiempo para que Philip y yo tengamos nuestro propio tiempo de intimidad se volvió difícil. Tuve que sobreponerme a sentirme avergonzada de que supieran lo que estaba sucediendo detrás de la puerta cerrada; cuando eran pequeños, se iban a la cama antes que nosotros, y eso no fue ningún problema. ¡Tan solo otra estación de la vida! Como adolescentes, recibieron más responsabilidades, incluyendo un auto. Sin duda, esto ayudó con las diligencias... ¡pero al mismo tiempo nos hizo orar más! Capear las emociones de las muchachas adolescentes puede ser engañoso. En realidad, creo que lo manejo con más facilidad que Philip, pero los dos hacemos falta, alentándonos el uno al otro a lo largo del camino a fin de atravesar esa estación. Recuerda, ¡ustedes están en el mismo equipo!

¿Y la estación del nido vacío? Estoy a punto de llegar a ella, y la espero con ilusión. Amo a mis hijos, pero me va a encantar el tiempo que Philip y yo tendremos para estar juntos. ¡Será increíble!

No estoy segura de que Philip y yo nos jubilemos nunca (¡no estoy segura de cómo jubilarnos de edificar el reino de Dios!), pero imagino que cambiará nuestro trabajo diario. Esa será una nueva estación que esperar y que negociar.

¿Y la estación de ser abuelos?

¿Y la estación de ser bisabuelos?

Decidir manejar juntos las estaciones de la vida será determinante a la hora de atravesarlas. Están juntos en esto, ¡para todo el viaje!

Y cuando lo piensas, a pesar de los conflictos, dos son mejor que uno en verdad. De muchas maneras... desde manejar situaciones serias hasta las cosas triviales de cada día.

Al pedir en un restaurante, puedes compartir dos cenas. Tú pides la ensalada y él pide el pollo a la barbacoa. Perfecto. Ahora él puede comer un poco de ensalada y tú puedes comer un pedazo de pollo. Mejores son dos que uno.

Cuando estás en el supermercado, uno de los dos puede ponerse en la larga línea mientras el otro se apresura a buscar los dos últimos artículos. Mejores son dos que uno.

Al entrar en la cabaña después de un largo día de esquiar en la nieve, él puede pedirte una bebida caliente, mientras tú sigues intentando quitarte los esquís. Mejores son dos que uno.

Cuando intentas abrocharte un vestido que podría requerir que te disloques el hombro, él se acerca y lo hace sin ningún esfuerzo. Mejores son dos que uno.

Habla... Escucha... Habla... Escucha

Una comunicación deficiente o rota con frecuencia se enumera como una razón para el divorcio. En realidad, creo que la falta de comunicación es *la* razón número uno de un matrimonio roto. Incluso si una pareja dice que su divorcio se debió a desacuerdos económicos o a diferencias irreconciliables o hasta la infidelidad, creo que cualquier esfera de desafío podría vencerse con una mejor comunicación. Si una pareja tiene problemas con sus finanzas y eso produce estrés, pero son estupendos a la hora de hablar al respecto, la comunicación logrará mucho hacia la solución de ese problema.

La comunicación es la clave.

La palabra «comunicación» proviene de la palabra latina *communis*, que significa «hacer común». En esencia, la comunicación es *hacer comunes* las necesidades, los deseos, los pensamientos y los sentimientos de nuestros corazones, de modo que ambas partes pueden entenderse la una a la otra.

La comunicación es más que verbal. Nuestras expresiones, nuestro lenguaje corporal, la mirada en nuestros ojos y nuestro tono de voz con frecuencia tienen tanto impacto, a veces más, que nuestras palabras. Si dices «Te quiero» mirándole a los ojos de tu cónyuge con un tono amable y un ligero toque, esas palabras son más creíbles que si las dices de forma rencorosa y mirando hacia otro lado.

Las mismas palabras. Distinto lenguaje corporal.

Cuando se trata de comunicación, todo importa.

Decir «Lo siento» es importante en el matrimonio. Decirlo con sinceridad y mirar a tu cónyuge cuando lo haces, comunica las disculpas que quieres. Decirlo a regañadientes con la mirada baja no expresa una disculpa sincera. A menudo, confiamos en la precisión de las conductas no verbales más que en las palabras mismas. De nuevo, el contenido es bueno, pero el contexto en el que se dicen las palabras es igualmente importante.

La comunicación es el intercambio y el flujo de información y de ideas de una persona a otra. Implica que un emisor transmite una idea, un pensamiento o una información a un receptor. La comunicación eficaz *solo* se produce si el receptor entiende la información exacta o la idea que el emisor intenta transmitir. Ahí está el problema. Pensamos que hemos comunicado algo solo porque lo dijimos, pero como dijera una vez Freeman Teague, hijo: «Nada es tan sencillo que no pueda entenderse mal».

Con frecuencia, no comunicamos lo que queremos decir; podríamos pensar que sabemos lo que estamos diciendo, pero lo que pensamos que estamos diciendo no es lo que se comunica.

Philip es un gran fan de los Beatles. Cuando planeábamos nuestra conferencia anual para mujeres *GodChicks*, me mencionó que pensaba que deberíamos buscar una de sus canciones. Le dije: «Estupendo, encontraremos una que encaje».

Me dijo: «Tengo una idea para una». Cuando le pregunté cuál, dijo que era la canción «Something». Escuchamos la canción, y al principio parecía increíble; pero entonces, justo después que el hombre en la canción comunicara su amor y su admiración por la mujer, hizo el comentario de no estar seguro de si su amor iba a crecer o no.

Vaya... eso no es bueno. Al menos, ¡no es bueno si estás intentando comunicar compromiso y un amor para siempre! Decidimos no utilizar esa canción porque no decía lo que nosotros queríamos comunicar.

El apóstol Pablo le escribió a la iglesia en Corinto acerca de otro aspecto difícil de la comunicación: «¡Oh, queridos amigos corintios!, les hemos hablado con toda sinceridad y nuestro corazón está abierto a ustedes. No hay falta de amor de nuestra parte, pero ustedes nos han negado su amor. Les pido que respondan como si fueran mis propios hijos. ¡Ábrannos su corazón!» (2 Corintios 6:11-13, *NTV*). En su carta, Pablo está diciendo que les ha hablado con sinceridad y libertad. Su corazón ha estado abierto y, sin embargo, no le han correspondido. Ha estado dispuesto a comunicar, pero ellos no.

A fin de mejorar en la comunicación en tu matrimonio, necesitas estar dispuesta. Sé alguien que esté dispuesta a franquearse. Sé alguien que intente expresar los pensamientos de su corazón.

Philip nunca me conocerá, y nunca experimentaremos una verdadera intimidad, si no le manifiesto los sentimientos, los pensamientos y las ideas que hay en mi corazón. Lo difícil para mí es ser clara en lo que estoy expresando. ¿Estoy diciendo lo que creo que estoy diciendo?

Por otra parte, ¿estoy creando una atmósfera en la que él se sienta seguro para franquearse conmigo? Su desinhibición no puede forzarse, pero yo puedo hacer mi parte para crear una atmósfera que haga que sea fácil. Pedirle consejo es una manera de hacer que se franquee: «¿Qué piensas de esta situación?». Aunque crea que conozco todas las respuestas (nunca es así), le sigo preguntando lo que piensa. El objetivo es crear una atmósfera sincera, no demostrar que alguien tiene razón o no.

Otra manera que he descubierto para hacer que Philip se franquee es expresar un interés en algo que le interesa.

Philip es un serio seguidor de los Yankees. Tan solo pregúntame cuántas cosas tiene de los Yankees.

Camisetas.

Jerséis.

Abrigos.

Chaquetas.

Gorras.

Relojes.

Fotografías.

Guantes.

Gorros.

No estoy bromeando. Tiene una aplicación en su *iPhone* tan solo para poder mantenerse al día de los partidos de los Yankees. Puede estar en cualquier lugar, encender la aplicación y ver a esos Yankees. Sí. Nos las arreglamos para ir a Nueva York varias veces al año; y es interesante que siempre se produzca durante la temporada de béisbol. Debido a que amo a mi esposo, me he convertido también en una fan de los Yankees (aunque me las estoy arreglando para ser una seguidora sin toda la parafernalia ni la aplicación del *iPhone*).

Si Philip ha tenido un mal día, o está frustrado lidiando con distintos problemas y parece estar un poco cerrado, puedo hacer que se sincere si comienzo a hablar de béisbol. Si empiezo a hacerle preguntas sobre Derek Jeter, A-Rod o sobre cuántos partidos van por delante del equipo Medias Rojas de Boston, a los diez minutos es una persona diferente. Lo único que hice fue mostrar un poco de interés en algo que le interesa a él.

Philip hace lo mismo por mí. Y a veces le cuento la versión larga de lo que estoy pensando, pero principalmente me ciño a la versión corta, para así poder terminar antes de que sus ojos empiecen a verse ausentes.

Los padres de Philip se divorciaron cuando él era bastante joven. No fue un divorcio tranquilo y amigable (no estoy segura de cuántos son así). Sus padres se peleaban, gritaban, se culpaban el uno al otro y hacían tanto ruido que llamaban a la policía. Es más, la policía iba a su casa tantas veces que Philip conocía a los policías por su nombre. Cuando era niño, experimentó la comunicación en su peor forma. Nadie honraba, nadie escuchaba, nadie creaba un lugar seguro para la familia.

La personalidad de Philip, como mencioné antes, es bastante introvertida. Es alguien que procesa las cosas en el interior. Debido a su trasfondo y su personalidad tranquila, tiene todas las excusas para ser un mal comunicador. Aun así, cuando éramos novios, era el que hacía las preguntas. Me preguntaba cosas como: «¿Cuáles crees que son tus fortalezas? ¿Cuáles son tres cosas de las que te gustaría que te hablara? ¿Cuáles crees que son mis fortalezas?».

Estaba creando una atmósfera en la que podían expresarse los sentimientos y los pensamientos. Basándonos en su trasfondo, no parecía que eso llegara de manera natural, pero su deseo era ir en dirección opuesta a aquella de la que provenía. Quería llegar a ser un comunicador eficiente.

Quizá igual de importante como expresar nuestros pensamientos con claridad y crear una atmósfera para una comunicación abierta sea el escuchar.

Oír y *escuchar* no es lo mismo. Oír es el acto de percibir sonido; solo se refiere a la recepción de los estímulos sonoros, la cual es involuntaria.

Escuchar, por otro lado, es una actividad selectiva que implica la recepción y la interpretación de estímulos sonoros. Implica decodificar el sonido y darle significado.

Escuchar se divide en dos categorías principales: *pasiva* y *activa*. Escuchar de manera pasiva es un poco más que oír. Se produce cuando el receptor del mensaje tiene poca motivación para escuchar con atención, como cuando escuchamos música, el relato de una historia, vemos la televisión o cuando somos amables.

Por lo general, la gente habla de cien a ciento setenta y cinco palabras por minuto (según las personas que hay en mi mundo, ¡yo hablo al doble de velocidad!), pero puede escuchar de modo inteligente de seiscientas a ochocientas palabras por minuto. Debido a que solo una parte de nuestra mente tiene que prestarles atención a esas palabras, es fácil pasar a «modo de alejamiento», pensando en otras cosas mientras escuchamos hablar a alguien. La cura para esto es escuchar de manera activa, lo cual implica escuchar con propósito. Requiere que quien escucha atienda a las palabras y a los sentimientos de quien las pronuncia para entender. Se necesita la misma cantidad de energía o más que cuando se habla. Precisa que el receptor oiga los distintos mensajes, entienda el significado y después verifique el significado ofreciendo comentarios[3].

Si queremos ser estupendos en la comunicación en nuestro matrimonio, si queremos ser estupendos en la solución de conflictos, debemos convertirnos en personas que escuchen de manera activa. El apóstol Santiago nos ofrece la receta para ser estupendos en escuchar de forma activa: «Todos deben estar listos para escuchar, y ser lentos para hablar y para enojarse» (Santiago 1:19). Los escuchadores activos pasan más tiempo escuchando que hablando (yo fallo en esto algunas veces). Los escuchadores activos no solo parecen escuchar mientras esperan en realidad que haya un respiro en la conversación para decir lo que quieren decir (yo fallo en esto algunas veces también). Los escuchadores activos mantienen el contacto visual, hacen sonidos alentadores que le informan al que habla que le están escuchando; sonidos como «sí», «vaya»... y, con frecuencia, toman notas.

He aprendido los beneficios de tomar notas. Cuando Philip decide hablar algo, no le gusta que le interrumpan con preguntas. A mí me gusta cuando él me interrumpe con preguntas, porque eso me comunica que está escuchando; ¡pero eso es sencillamente otra manera en que los hombres y las mujeres somos diferentes! A Philip no le gustan las interrupciones porque así no recordará dónde estaba la conversación. Por eso yo escribo mis ideas con mis preguntas y las expreso más adelante.

La comunicación eficaz es una capacidad que se aprende; todas podemos mejorar en la espontaneidad, en hablar y en escuchar de verdad, y debemos hacerlo. Si nuestros matrimonios tienen que sobreponerse a los conflictos que inevitablemente surgen desde dentro y desde fuera, debemos convertirnos en fuertes comunicadoras.

Para recibir más ayuda a la hora de capear el conflicto, mira un vídeo corto de Philip y de mí en www.godchicks.com.

¡Solo para hombres!

Hay maneras adecuadas e inadecuadas de afrontar y resolver los conflictos.

La lucha a muerte con palabras o de manera física no es el método; el dominio total o la completa sumisión no deberían ser nuestras únicas opciones para resolver los conflictos. Tampoco lo es soportar y reprimir la tensión con la frustración hasta que se produzca un golpe masivo a fin de lidiar con nuestros desacuerdos.

Debemos estar dispuestos a jugar limpio, a trabajar hacia el compromiso y a dejar fuera de la mesa el divorcio. Si el divorcio no es una opción, trabajaremos juntos hacia las soluciones.

Edifica un fuerte fundamento.

Piensa en un contratista. Cuando construye un edificio grande, no comienza construyendo sobre el asfalto ni sobre la hierba. Tiene que cavar en el terreno y poner un fundamento sólido. Jesús nos dice que construyamos nuestra casa (nuestra vida) sobre la roca, la cual es Él, de modo que cuando lleguen las tormentas, el viento pueda soplar sobre la casa, pero no pueda derribarla. Si construimos nuestra casa sobre el asfalto, la hierba o la arena, como dice Jesús, no serán necesarias muchas tormentas para destruirla por completo.

Construye bien.

Llegarán las crisis. Recuerda que lo más importante es *nosotros*.

Llega el cáncer. Fallece un familiar. Se produce una pérdida del empleo. Un incendio, un terremoto o un tornado que te deja con casi nada. Ahora es el momento de acercarse más que nunca. Decidan capear juntos esa tormenta. Incluye el humor cuando puedas. Aliéntense y apóyense el uno al otro. Sigan amando incluso cuando sea difícil, haciendo tiempo para conectarse y para forjar la intimidad.

La comunicación es la clave.

La comunicación clara en las tormentas es de sabios y hace falta también. Tres cosas a recordar en la comunicación: *momento*, *lugar* y *cómo*.

Decide dialogar acerca de los problemas difíciles en el momento oportuno de modo que tú y cónyuge tengan la capacidad mental para permanecer lo más equilibrados posible.

Escoger el lugar apropiado a fin de que te escuchen sin frustrar a tu cónyuge.

Piensa en cómo hablas cuando se enfrentan el uno al otro. El tono y el lenguaje corporal son con frecuencia más poderosos que las palabras. Comunica lo que dices con tu tono de voz y con tu cuerpo. La comunicación eficaz no es lo que dices, sino que te escuchen.

Notas
1. Anónimo, «La verdadera historia del clavo en la cerca».
2. Dra. Robin Smith, *Mentiras ante el altar: Cómo construir un matrimonio feliz*, Aguilar, Editorial del Grupo Santillana en Estados Unidos-Puerto Rico, 2007, p. 90 (del original en inglés).
3. Donald Clark, «Communication and Leadership», actualizado mayo 2008; http://www.nwlink.com/Donclark/leader/leadcom.html; accedido en diciembre de 2009.

8

Una esposa con propósito

(Philip)

*Una cosa sé: los únicos entre ustedes que serán felices de verdad
son los que hayan buscado y descubierto cómo servir.*
ALBERT SCHWEITZER

La mujer virtuosa es corona de su marido.
PROVERBIOS 12:4, *RV-60*

«No se trata de ti».

Muy bien, eso se ha utilizado antes. Sin embargo, es cierto
en especial si quieres construir un matrimonio que prospere. El
matrimonio se desarrolla cuando tu enfoque está en servir al cónyuge,
capacitarle para amar la vida y apoyarle para alcanzar los sueños que
le ha dado Dios. En toda relación, tu enfoque debería ser alentar a
los demás a perseguir el destino que Dios les ha dado e inspirarlos a
soportar los reveses de la vida; pero sobre todo en tu relación con tu
cónyuge.

No se trata de ti.

El matrimonio *no* se trata de que yo alcance mis objetivos primero
«porque yo soy el hombre». El matrimonio *se* trata de mí como el
esposo/líder, alentando, inspirando a mi esposa a fin de que cumpla el
propósito de Dios para su vida. Esa es también la actitud que espero
de ella hacia mí. Los dos necesitamos tener el mejor interés del otro
en el corazón.

Si el propósito de Dios para mi esposa es ser una mamá increíble para nuestros hijos, una mujer de negocios exitosa o una líder de la comunidad, lograrlo es un asunto importante para Él y una clave para la satisfacción de ella. Eso significa que su propósito también tiene que ser importante para mí.

Tienes un propósito

Mujeres, ¡tienen un destino! Cada individuo tiene un destino. Es importante que persigas el propósito de Dios para tu vida. Puede ser una estupenda ayuda que otros te inspiren, esos a los que estás mirando a medida que honran a Dios y prosperan en su vida. Aun así, tampoco te compares demasiado con ellos... Dios tiene algo único para ti, un propósito único e insustituible para ti. Creo que Dios desea que todos cumplamos nuestro destino. Mi deseo es alentarte y apoyarte para que llegues a ser todo aquello para lo que te ha llamado Dios.

En un libro escrito por John y Stasi Eldredge titulado *Cautivante*, leí algunas perspectivas importantes en cuanto al alma de una mujer. (El subtítulo del libro es: «Revelemos el misterio del alma de una mujer»). Una de las cosas interesantes que dicen los Eldredge sobre las mujeres es:

> Cada mujer que conozco lo siente y es algo más profundo que sencillamente la sensación de fracasar en lo que se hace. Un sentimiento subyacente e interno de fracaso en lo que ella *es*. *No soy suficiente* y *soy demasiado* al mismo tiempo. No soy lo suficientemente bonita, lo suficientemente delgada, lo suficientemente bondadosa, lo suficientemente amigable, lo suficientemente disciplinada. Pero demasiado emocional, demasiado necesitada, demasiado sensible, demasiado fuerte, demasiado terca, demasiado descuidada[1].

Muchas mujeres se hacen esta pregunta: *¿Quién se supone que soy?* John y Stasi Eldredge nos dicen que las mujeres se preguntan: «¿Es una verdadera mujer la Cenicienta o Juana de Arco? ¿María Magdalena u Oprah?»[2].

¿Cuál es mi papel? ¿Quién estoy intentando ser?

Con frecuencia, el mensaje que les expresan a las mujeres, incluso en la iglesia, las deja sintiéndose como si no fueran las mujeres que debieran ser. No es sorprendente que muchos hombres se alejen de las aguas más profundas del alma de una mujer, inseguros de lo que podrían encontrar y preguntándose si pueden lidiar con eso. No obstante, nuestra tarea es honrar a las mujeres que hay en nuestra vida y, con nuestro apoyo, sobrepasar los mensajes que han aceptado muchas mujeres, un mensaje que las ha dejado sin inspiración y sin valor.

Cuando leo acerca de la «mujer de Proverbios 31», ¡logro entender que puede sentirse que hay prueba bíblica para muchas mujeres de que sencillamente no están a la altura! La mujer de Proverbios 31 es como una súper mujer. Me refiero a que lo hace todo y lo hace de manera estupenda. Esa mujer está *ocupada*. ¿Cómo lo hace? ¿Cuándo tiene tiempo para leer libros, tener un pasatiempo, hacer ejercicio, salir con las amigas o tener relaciones sexuales con su esposo?[3] No hay espacio en el calendario de esta chica. ¡La luz nunca se apaga! Trabaja duro, hace varias tareas, ¡está en la cama a la medianoche y se levanta a las cuatro de la madrugada!

Su ejemplo puede conducir a más preguntas, en lugar de respuestas:

¿Qué es una mujer buena?

¿Cómo me convierto en una mujer fuerte sin ser dura?

¿Cómo expreso vulnerabilidad sin ahogarme en mis emociones?

¿Tiene Dios un propósito para mí que es importante?

Las mujeres ponen mucho valor en las relaciones de su vida, y la voz de un «hombre importante» en la vida de una mujer puede tener una tremenda influencia para proporcionar las respuestas a esas preguntas que se sienten en lo más profundo. Las palabras de los hombres pueden tener un impacto tremendo. Por ese motivo, es importante que una mujer sea cauta a la hora de decidir los hombres que tienen acceso a su corazón.

Dejar que el hombre que hay en tu vida sepa la importancia de sus palabras puede ayudarle a ver el impacto que tiene lo que tú necesitas que haga cuando se trata de hablar «palabras de vida». Veo mujeres en todas partes que están esperando que los hombres importantes en sus vidas les digan de una manera que les da poder:

«Estoy orgulloso de ti».

«Eres importante para mí».

«Creo en ti».

«¿Hay algo que pueda hacer para ayudarte a tener éxito?»

«Tienes algo valioso que ofrecerle a nuestro mundo».

Mi papel

A todo el mundo le encanta una historia de amor.

He visto la película *Algo para recordar* al menos diez veces. He visto *Notting Hill, El presidente y Miss Wade* y *Por siempre jamás* unas ocho veces cada una.

A las chicas en mi vida les encantan esas películas. Así que las vemos.

No tenía ni idea, cuando estaba viendo *La Sirenita* con mi pequeña, de lo mucho que me relacionaría con el papá que intenta proteger a su «sirenita» de sus propias decisiones peligrosas.

Tengo la responsabilidad de ayudar a escribir el futuro de mi hija. También he llegado a entender que, de muchas maneras, también sostengo la pluma del esfuerzo de Dios para escribir una historia increíble en la vida de Holly.

El apóstol Pedro me da algunas instrucciones sobre cómo hacer bien eso: «De igual manera, ustedes esposos, sean comprensivos en su vida conyugal, tratando cada uno a su esposa con respeto, ya que como mujer es más delicada, y ambos son herederos del grato don de la vida. Así nada estorbará las oraciones de ustedes» (1 Pedro 3:7). Debo reconocer a mi esposa como una heredera juntamente conmigo del don de la vida. Quiero que mis oraciones sean eficaces y tengan poder, y pongo en riesgo eso cuando paso por alto el principio de este pasaje de la Escritura. Nadie quiere introducir un elemento de obstáculo en sus oraciones. Si no sobresalgo en honrar a mi esposa y considerarnos como coherederos en el misericordioso don de la vida, puedo obstaculizar nuestra fe; puedo perderme por completo la bendición de Dios.

Mi apoyo, respaldo e implicación tienen un impacto masivo en las vidas de mi esposa y de mi hija. Tanto los mensajes sutiles como los grandes gestos son inmensos, pero olvido con demasiada facilidad lo importante que es mi aporte. Pensemos en Clark Kent, ya sabes, el reportero de buenos modales que tiene superpoderes. Imagina que Clark se despierta una mañana y se olvida de que es Superman. Sigue adelante con su rutina matutina, pero se olvida de refrenarse un poco para que su fuerza no cause ningún daño. Cierra la puerta con demasiada fuerza y se descuelga; pone su taza de café sobre la mesa y rompe el asa; aprieta el interruptor de la tostadora y se rompe en pedazos. Se pregunta: *¿Por qué todo es tan frágil?* Él no es consciente de su propia fuerza y supone que el problema debe estar en los objetos que rompió. Se sorprende ante el impacto que producen sus actos, y deja un rastro de destrucción por toda su casa[4].

Demasiados hombres no conocen su propia fuerza. Dicen cosas insensibles, omiten elogios, expresan críticas y señalan errores en las mujeres a las que aman; dejando un rastro de quebrantamiento tras sí. Y todo el tiempo se preguntan: *¿Por qué ella es tan frágil?*

Un día estaré delante de Dios. Una cosa que no quiero escuchar de Él es: «¿Qué has estado haciendo? Tuve a esta mujer increíble caminando por la vida contigo, tumbada a tu lado en la cama y sentándose cerca de ti en la mesa para comer, pero tú no le permitiste desarrollarse. Tú no la inspiraste. No valoraste el don que había en su interior. Ella era parte de tu tarea, pero siempre te ponías a ti mismo en primer lugar. Ella era la clave de gran parte del éxito que yo había planeado para ti. Sin embargo, debido a tu egoísmo, ella se ha convertido en la clave para tu falta de éxito».

Cuando la Biblia nos dice que los esposos son la «cabeza» del matrimonio, eso no significa que los hombres sean los jefes ni que todo tenga que hacerse a su manera. Significa que nosotros tenemos la responsabilidad de inspirar a nuestra familia y de conducirla de tal manera que todos vivan el plan que Dios tiene para sus vidas. El éxito o el fracaso de una empresa está en el liderazgo del director general. El éxito o el fracaso de una iglesia está en el liderazgo del pastor. Y el éxito o el fracaso de un matrimonio y de ambos cónyuges están en el liderazgo del esposo. Dios me hará responsable de los «techos puestos por el hombre» que yo creé sobre las vidas de las mujeres que hay en mi mundo.

La actitud de algunos hombres es: «Mis objetivos son más importantes. Si logro mis objetivos y nos quedan tiempo y dinero, intentaremos perseguir algunos de los objetivos de ella». No obstante, si solo me enfoco en mí como la prioridad, limito el potencial de otros miembros de la familia y, al final, el mío propio. Mi liderazgo debería crear un ambiente en el que esos a quienes amo se desarrollen.

Jules Ormont dice: «Un gran líder nunca se sitúa a sí mismo por encima de sus seguidores a excepción de llevar las responsabilidades»[5]. Debo preguntarme: *¿Se están robando los sueños que hay en mi esposa debido a que se somete a mi liderazgo o están prosperando?*

Creo que Dios me mirará un día y me hará preguntas:

«¿Ayudaste a revelar mi propósito en la vida de tu esposa?»

«¿Motivaste sus dones y capacidades?»

«¿La preparaste para ganar, o evitaron tus inseguridades y tradiciones que permitieras que ella cumpliese el plan que yo tenía para su vida?»

El autor Keith Ferrazzi escribe: «Las ambiciones humanas son como la carpa japonesa; crecen de manera proporcional al tamaño de su ambiente»[6]. Creo que mi tarea es crear un ambiente en nuestro hogar que sea lo bastante grande para que Holly alcance su propósito.

Me gustaba mucho ver a Phil Jackson entrenar a Michael Jordan y a los *Chicago Bulls*. ¡Qué equipo! Se convirtieron unos a otros en héroes. En sus mejores momentos, no competían los unos contra los otros; trabajaban juntos para lograr lo que nunca podrían hacer por separado. Estoy seguro de que tenían desacuerdos y batallas personales, como las tiene cualquier relación, pero el fundamento sobresaliente de su relación era sacar lo mejor en los demás.

Considero muy parecida la relación entre esposo y esposa. Mi tarea, como esposo, es situar a mi esposa para que tenga éxito. Mi tarea es verla exitosa, verla satisfecha… verla convertirse en una campeona. Trabajamos juntos. Hacemos que haya éxito mutuo.

Yo soy el entrenador Phil. Ella es MJ.

Si ella gana, todos ganamos.

Si yo soy un ganador, ella es una ganadora.

Si el entrenador Phil y MJ hubieran tenido constantes desacuerdos («¡Este es mi equipo!» «¡No, es mi equipo!» «¿Y qué de mí? ¡Yo quiero ser el líder!»), es probable que no hubieran llegado muy lejos. Muchos equipos con un gran potencial se destruyen por los pequeños egoísmos y malentendidos en cuanto a los papeles.

¿Y si una de mis principales tareas como esposo y padre es la de asegurar el éxito de las chicas en mi vida? ¿Es posible que esa sea mi comisión? Toda mujer tiene un llamado en la vida, y ese llamado o propósito es tan importante como el de un hombre. Dios desea que todos cumplamos con nuestro destino, y no que sea uno el que cumpla su destino a expensas del otro.

Jesús nos dijo: «Nadie tiene amor más grande que el dar la vida por sus amigos» (Juan 15:13). ¿No sería estupendo si los esposos y las esposas estuvieran dispuestos a dar sus vidas el uno por el otro?

La pequeña de alguien

Es difícil explicar el corazón de un papá. El sentimiento de responsabilidad no tiene igual. En realidad, no importa la edad que tenga mi hija ni lo exitosa que pueda llegar a ser en nuestro mundo, siempre será «mi pequeña». Tener una hija puede inspirar en un hombre un tremendo sentimiento de querer proteger, amar y, al mismo tiempo, un extraño temor de ser inadecuado por completo para la tarea.

Yo veía el mundo con ojos diferentes cuando tuve una hija. Obtuve una nueva perspectiva del mundo. Y como papá, hay cuatro cosas que impulsan mi corazón cuando pienso en mi hija:

1. Quiero alentarla a que sea todo lo que pueda ser en esta vida.
2. Quiero proporcionarle toda oportunidad para que persiga el deseo de su corazón.
3. Quiero protegerla de todo lo que pudiera hacerle daño.
4. Quiero que sepa que la amo como a ninguna otra persona.

Hace poco vi la película *Venganza*, que trata sobre una adolescente capturada en Europa por un grupo de hombres que intentan venderla en el mercado del sexo. Una semana después de haber visto la película, mi hija, Paris, se preparaba para salir del país. Aunque ha viajado a muchas naciones diferentes, le dije: «Paris, cuando estés viajando, ten cuidado; está alerta y presta atención a lo que suceda a tu alrededor. Yo no soy Liam Neeson. ¡No tengo capacidades especiales! No soy Jason Bourne. Yo soy más como... Clark Kent, pero sin los superpoderes. Soy solo Philip, tu papá. Por favor, protégete cuando yo no esté allí para hacerlo».

El comercio sexual global es una creciente amenaza para las mujeres, pero no es la única. Me resulta inquietante cuando a las mujeres las desprecian o relegan a ser objetos sexuales por parte de nuestra sociedad. Con frecuencia, los cantantes, los escritores de canciones y los publicistas son culpables de esta venta fácil. Aunque muchas personas toleran y hasta celebran esta desagradable «tarea» de convertir a las chicas en objetos de placer en general, yo me enojo. Cuando veo a una mujer maltratada, a una drogadicta o a una mujer sin hogar, pienso: *Es la pequeña de alguien. ¿Cómo actuaría o la trataría yo si fuera mi pequeña?*

Cada raza de personas ha experimentado prejuicio de algún tipo en su historia. A los negros los compraron y vendieron como esclavos durante muchos siglos. A los residentes originales de las Américas los masacraron o expulsaron de sus tierras natales. A los judíos los han perseguido en todo lugar y en toda época en que han vivido. Los pueblos árabes han soportado una injusta sospecha y estereotipos, en especial desde el 11 de septiembre. La lista no tiene fin.

Sin embargo, creo que ningún grupo de personas ha experimentado opresión alguna como las mujeres; una opresión que se ha aceptado y hasta institucionalizado desde el comienzo de la historia registrada. Y continúa en la actualidad. En los últimos cincuenta años han muerto más muchachas solo porque eran muchachas que los hombres que han muerto en todas las guerras del siglo veinte[7]. ¡Esto debe de quebrantar el corazón de Dios!

En años recientes, diversas organizaciones globales han sido conscientes de la necesidad de equipar y capacitar a las mujeres: «Hay un creciente reconocimiento entre todos, desde el Banco Mundial hasta el Estado Mayor Conjunto de las Fuerzas Armadas de los Estados Unidos, de ayudar a organizaciones como CARE de que enfocarse en las mujeres y las niñas es la manera más eficaz de luchar contra la pobreza global y el extremismo. Por eso la ayuda exterior está dirigida cada vez más a las mujeres. El mundo está despertando a una poderosa verdad: Las mujeres y las niñas no son el problema; son la solución»[8].

Cada mujer es la pequeña de alguien.

Puede que yo no sea capaz de hacer mucho por una mujer que está al otro lado del mundo, pero puedo asegurarme que no mueran los sueños que hay en los corazones de mi esposa y de mi hija. En las estadísticas antes mencionadas, es notable que los países en los que las mujeres están más oprimidas, tienen menos educación y son más devaluadas, sean también los países que tienen el mayor índice de pobreza y hambre. ¿Podría ser que estamos manteniendo nuestras vidas personales en cierto tipo de pobreza cuando no amamos lo suficiente a las mujeres que hay en nuestras vidas ni honramos su necesidad de poner en práctica su propósito?

Si mi esposa cree que su principal llamado es estar en casa para educar a nuestros hijos, yo quiero vivir mi vida de tal modo que le dé la libertad para hacer eso. Quiero organizar nuestra vida, hasta donde pueda, de modo que podamos permitirnos eso económicamente. No quiero presionarla para que tenga que salir y lograr algo que no está en su corazón hacer.

Por otro lado, si mi esposa tiene ambiciones en su corazón que creemos que son el propósito de Dios para su vida, ya sea lograrlo en el mundo empresarial, en el ministerio o en otras esferas, yo también quiero vivir mi vida de tal manera que la capacite a ella para perseguir y lograr esas ambiciones. Hace veinticinco años prometí honrar a mi esposa en nuestro matrimonio. En parte, eso significa inspirarla a que saque sus dones y persiga su pasión a la vez que edificamos juntos una familia. Y aunque edificar una familia sana es una de nuestras mayores prioridades, creo que quizá los dos necesitemos hacer sacrificios para conseguir que Holly ponga en práctica su potencial también fuera de nuestra casa.

En el mundo empresarial hemos dado grandes pasos para capacitar a las mujeres. Vale la pena celebrar los éxitos de las mujeres en el mundo laboral, pero es sorprendente que en primer lugar tuvieron que darse «grandes pasos». Y queda aun más por hacer en términos de reconocimiento, apreciación y respeto por las mujeres en el mundo laboral. Necesitamos reconocer su valor, dar a conocer sus capacidades únicas y honrarlas.

A menudo, los hombres han deshonrado y, por lo tanto, han pasado por alto, el mayor regalo en nuestra vida y en nuestro mundo: las mujeres que nos rodean.

Jesús, las mujeres y las tradiciones en el ministerio

Durante años, Holly sirvió en nuestra iglesia haciendo todo lo que fuera necesario. Nunca batalló por una oportunidad para enseñar ni se esforzó por abrir una puerta del ministerio para ella misma. Estaba comprometida por completo a ayudarme a mí para que fuera un mejor líder y edificara la mejor iglesia que pudiéramos.

Yo he atravesado algunos cambios importantes en mis creencias acerca de las mujeres en el ministerio. Creo que Dios me ha mostrado que algunas de mis antiguas ideas eran... erróneas. Mediante ese proceso, Holly vio oportunidades para el ministerio en actividades para mujeres, las cuales le han conducido a tocar las vidas de miles de ellas.

¿Y si yo hubiera intentado evitar que persiguiera el propósito de Dios para su vida? ¿Y si hubiera mantenido un punto de vista que evitara que fuese utilizada para marcar una diferencia en las vidas de otros? Estoy muy contento de haber entendido que me había llegado el momento de liberar a las mujeres de los estereotipos que debilitaban nuestra vida y obstaculizaban mi propio progreso hacia el cumplimiento de mi propósito.

Se calcula que el sesenta y un por ciento de la congregación en la iglesia estadounidense promedio está compuesto por mujeres. Eso deja un treinta y nueve por ciento de hombres[9]. Si hubiera mantenido las ideas que tenía cuando era joven, habría seguido limitando a más de la mitad de los creyentes en nuestra congregación para un liderazgo potencial... un liderazgo en nuestra iglesia local y es probable que un mayor impacto en nuestro mundo.

Holly se ha convertido en una líder perspicaz. Me ha aportado una gran fortaleza en lo personal y a mucha gente en nuestra iglesia.

Su discernimiento y su punto de vista han sido inestimables para alcanzar nuestro actual nivel de ministerio.

Jesús fue radical en la manera en que incluyó a las mujeres en su vida y en el ministerio. Estableció nuevas reglas para las mujeres en su cultura y preparó la escena para una nueva dirección que influye en nosotros hoy en día.

Las mujeres en la Israel de antaño tenían su posición en la sociedad definida por las Escrituras hebreas y por la interpretación de esas Escrituras. La ley y las costumbres judías limitaban en grado sumo sus estatus y sus libertades.

1. Estaban restringidas a papeles de poca o ninguna autoridad.
2. Estaban limitadas a las casas de sus padres o de sus esposos.
3. Las consideraban inferiores a los hombres y estaban bajo la autoridad directa de sus padres antes del matrimonio y de su esposo después.
4. No se les permitía testificar en juicios en los tribunales.
5. No podían aparecer en actividades públicas.
6. No podían hablar con hombres extranjeros.
7. Se les exigía que llevaran doble velo cuando se aventuraban a salir de sus casas.

La manera en que Jesús integró a las mujeres en su ministerio da una evidencia innegable de que Él no apoyaba su trato opresivo, debido a los edictos del viejo contrato. Él anuló muchos siglos de leyes y costumbres judías opresivas.

Jesús hablaba con las mujeres, lo cual no era culturalmente aceptable en esa época. Había mujeres que viajaban y aprendían con Jesús, y hacían el ministerio junto con sus discípulos. Él les dio a las mujeres responsabilidades en sus viajes; ellas se ocupaban del dinero y ayudaban a reunir apoyo para su ministerio (véase Lucas 8:1-3). Por último, Él les confió la responsabilidad de contar el mayor mensaje de la historia del ser humano: «¡Él ha resucitado!».

Jesús trató a las mujeres y a los hombres por igual. Cambió numerosos edictos del Antiguo Testamento que concretaban la desigualdad. Quebrantó con regularidad las reglas concernientes a las mujeres. Su trato de las mujeres no fue nada menos que radical.

Además, después de la muerte, resurrección y ascensión de Jesús, las mujeres siguieron siendo una presencia dinámica en la iglesia primitiva. Mujeres, ¡yo les diría que hay un lugar para ustedes en el ministerio! Hay un propósito dado por Dios que tienen ustedes en la vida.

Creo que la iglesia debería recuperar el ritmo cuando se trata de la igualdad entre géneros, tal como se hizo hace tanto tiempo. La iglesia es el lugar donde se revela el propósito de Dios. Esta revelación debería impactar nuestro mundo. Los líderes de la iglesia deberían alentar a las mujeres a ser todo lo que puedan ser, todo lo que Dios les ha llamado a ser.

Yo no he dado siempre tanto apoyo. Me criaron en una iglesia donde el potencial de las mujeres se minimizaba. Me enseñaron las Escrituras de tal manera que elevaba un estándar muy diferente del que demostró Jesús. A decir verdad, no lo veía.

Sin embargo, comencé a cambiar mi modo de ver a las mujeres debido a dos pasajes concretos de las Escrituras, pasajes que me impulsaron a reevaluar mi entendimiento de todos los demás versículos concernientes a las mujeres. Leí sobre cómo el Espíritu Santo descendió sobre los creyentes en el libro de Hechos, marcando el comienzo de una nueva era en las vidas del pueblo de Dios. El apóstol Pedro declaró:

> En los últimos días —dice Dios—, derramaré mi Espíritu sobre toda la gente. Sus hijos e hijas profetizarán. Sus jóvenes tendrán visiones, y sus ancianos tendrán sueños. En esos días derramaré mi Espíritu sobre mis siervos —hombres y mujeres por igual— y profetizarán. (Hechos 2:17-18, NTV)

Este pasaje deja claro que la intención de Dios es utilizar tanto a hombres como a mujeres en la proclamación de la Palabra de Dios. Pedro dijo: «Sus hijos *e hijas* profetizarán». Me parece casi como si el Espíritu Santo dijera por medio de Pedro: «Por si acaso no lo entendiste la primera vez, hijos *e hijas*, lo diré de nuevo: Incluso mis siervos, *hombres y mujeres por igual*».

¿Cómo podía haber yo pasado por alto eso?

Esto me dio una tremenda confianza para liberar a Holly y respaldar su progreso en las oportunidades que nos ha dado Dios.

Un segundo pasaje que me aclaró la situación es Gálatas 3:26-28:

Todos ustedes son hijos de Dios mediante la fe en Cristo Jesús, porque todos los que han sido bautizados en Cristo se han revestido de Cristo. Ya no hay judío ni griego, esclavo ni libre, hombre ni mujer, sino que todos ustedes son uno solo en Cristo Jesús.

Dios está estableciendo la unidad y una igualdad aquí en tres aspectos concretos: raza, estatus social y género.

No hay judío ni griego = raza.

No hay esclavo ni libre = estatus social.

No hay varón ni mujer = género.

Los griegos no son más importantes que los judíos, ni los hispanos más importantes que los blancos. Los blancos no son más importantes que los asiáticos, ni tampoco los negros son más importantes que los indios. Dios no honra a las personas de raza negra más que a los de raza blanca. No. Todos somos uno en Cristo.

Las personas ricas no son más importantes que las personas pobres; las personas poderosas no son más importantes que las personas marginadas. Las personas famosas no son más importantes que las personas promedio.

Asimismo, los hombres no son más importantes que las mujeres.

Comprendí que mi interpretación tradicional acerca del potencial de las mujeres en el ministerio violaba la intención de Dios, que estaba clara en estos pasajes. ¡Yo podía ser la razón de que mi esposa no cumpliera aquello a lo que Dios la había llamado!

Es probable que haya muchas mujeres a las que no se les permitió lograr sus propósitos en la vida debido a nuestro entendimiento limitado. Debemos respetar y honrar a las mujeres que hay en nuestra vida, en nuestras familias, en nuestras amistades, en nuestra iglesia, en nuestra comunidad y en el mundo empresarial. Creo que cuando bendecimos a las mujeres que hay en nuestro mundo, a medida que alentamos todo su potencial en Dios, no solo se desarrollarán ellas, sino también todos nosotros.

Mujeres, ustedes tienen una responsabilidad de amar a quienes les rodean a la vez que persiguen el propósito de Dios para su vida. A medida que avancen, sean misericordiosas con otros que no tienen sus puntos de vista. No es respetuoso ni útil para la causa mayor intentar forzar puertas abiertas que no se han abierto para ustedes. Aunque no puedo responder cada pregunta que surgirá en este asunto, quiero edificar esperanza en ustedes de que Dios ha llamado a muchas mujeres a varios papeles de liderazgo. Sin embargo, al igual que un hombre puede hacer las cosas más difíciles para sí mismo debido al modo en que enfoca una situación, también una mujer puede hacerse daño a sí misma intentando forzar su camino hacia lo que siente que Dios le ha llamado a hacer. Puede ser innecesariamente divisivo convencer a alguien que no quiere que le convenzan. Tengan cuidado de no aislar a quienes les rodean y que también intentan cumplir el propósito de Dios. Los líderes confiados se ganan el respeto y la confianza de quienes desean liderar. No se pueden forzar el respeto y la confianza.

Los hombres pueden cambiar las vidas de millones de personas en todo el mundo sacando a la luz los dones que Dios ha puesto de forma estratégica en las mujeres a las que conocemos y queremos. Los hombres tienen que hacer lo que solo los hombres pueden hacer, a fin de que se capaciten a las mujeres para hacer lo que solo pueden hacer las mujeres. Esta es una emocionante esperanza.

Pensamientos de Holly

Aunque mi papel dentro de la iglesia ha cambiado y ha crecido a lo largo de los años, siempre he sentido una pasión por la casa de Dios. Philip nunca me puso en un molde de estereotipos. Casi desde el comienzo, entendió que al igual que un hogar con padre y madre es la manera más sana de criar un hijo natural, así una iglesia con padre y madre es una estupenda manera de criar hijos espirituales.

Aun así, *nunca* exigí tener un papel. Eso es importante de entender. He ayudado donde se necesitaba ayuda. He limpiado la iglesia, he saludado en la puerta, he amado a los bebés en la guardería y he enseñando en reuniones de los niños. A veces he enseñando en servicios cuando era necesario. Siempre. Cualquier cosa.

Otra mujer en el ministerio me dijo una vez que yo debería demandar enseñar más, porque era obvio que ese era mi don. *¿Demandar?* ¡Creo que no! Demasiadas veces, mujeres que han sido discriminadas luchan contra la discriminación siendo agresivas y demandantes. Ese no es el camino.

Le doy gracias a Dios porque fui lo bastante sabia para casarme con un hombre que entiende que mi propósito en la tierra de parte de Dios es tan importante como el suyo.

Para escuchar más de Philip y de mí sobre maneras de descubrir y seguir el llamado de Dios en tu vida, puedes ver algunos vídeos cortos en www.godchicks.com.

¡Solo para hombres!

Toda mujer tiene un propósito. Su propósito no es menos importante que el nuestro. Nosotros tenemos la responsabilidad delante de Dios de cómo ayudamos a nuestras esposas e hijas a seguir su propósito. ¿Y si nuestra principal tarea como esposos y padres es la de asegurar el éxito de nuestra esposa y de nuestras hijas?

Entiende el impacto que tienes en las vidas de las mujeres que hay en tu mundo.

¿Y si Clark Kent olvidara que es Superman? ¿Puedes imaginar cuánto daño haría al quedarse sentado en su silla o al dejar sobre la mesa su taza de café y mirar demasiado tiempo con su ardiente visión? Tú eres igual. Tú tienes una fortaleza que, en potencia, puede hacer mucho daño si no reconoces el delicado valor de las mujeres que hay en tu vida. Ofrece palabras de aliento, un toque físico apropiado, el tipo de interés que satisface las necesidades de tus chicas y apoyo que las desafíe a entender todo su potencial.

Los hombres preparan el camino.

Aunque Dios ha llamado a los hombres a liderar en nuestra casa, Él *no* nos ha llamado a liderar a expensas de nuestro cónyuge. Los dones y los talentos que hay dentro de ella deben salir a la luz a través de tu liderazgo. Al igual que el entrenador Phil con Michael Jordan, tú debes entrenarla a ella hacia el éxito. Tú eres el entrenador y ella es la jugadora estrella. Tú puedes conducirla hacia su destino, lo cual significa una mayor satisfacción para todos nosotros.

Libera a las mujeres para impactar nuestro mundo.

A las mujeres las oprimen en todo el planeta. Donde su opresión es peor, la pobreza, el hambre y la enfermedad tienden a correr con desenfreno. Liberar a las mujeres no solo es lo adecuado, sino que también es la clave para eliminar la pobreza, el hambre y la enfermedad. Desde el punto de vista bíblico, no hay manera de llamarnos a nosotros mismos seguidores de Cristo a la vez que nos negamos a liberar a las mujeres a todo lo que las llamaron, incluyendo ser líderes en el ministerio.

Notas

1. John y Stasi Eldredge, *Cautivante: Revelemos el misterio del alma de una mujer*, Editorial Unilit, Miami, FL, 2010, p. 14.
2. *Ibíd.*
3. *Ibíd.*, p. 8.
4. Gary Smalley, «When Clark Kent Forgot His Power», 12 de mayo de 2004; http://gosmalley.com/when-clark-kent-forgot-his-power; accedido en enero de 2010.
5. John C. Maxwell, *Liderazgo, principios de oro: Las lecciones que he aprendido de una vida de liderazgo*, Grupo Nelson, Nashville, TN, 2008.
6. Keith Farazzi y Tahl Raz, *Nunca Comas Solo: Claves del Networking para optimizar tus relaciones personales*, Editorial Amat, Barcelona, España, 2009.
7. Nicholas D. Kristof y Sheryl WuDunn, «Saving the World´s Women», *New York Times Magazine*, 17 de agosto de 2009; http://www.nytimes.com/2009/08/23/magazine/23Woment.html?_r=1&scp=9&sq=women&st=cse; accedido en diciembre de 2009.
8. *Ibíd.*
9. «Calling the Church Back for Men», Church for Men, 2008; http://www.churchformen.com; accedido en enero de 2010.

9

El cambio sucede

(Holly)

No hay relación, comunión, ni compañía más amorosa, amistosa
y adorable que un buen matrimonio.
MARTÍN LUTERO

Honren [consideren digno, preciado, de gran valor y estimado en
especial] el matrimonio y mantengan su pureza.
HEBREOS 13:4, LBD

Hace unos años visitamos Seaside, Florida. Tiene que ser la ciudad con una vista más perfecta que haya visto jamás. Las personas en esta comunidad de plan maestro, tanto visitantes como residentes, van en bicicleta a lo largo de las aceras cuidadas a la perfección hasta la cafetería Starbucks limpia a la perfección, hasta las tiendas decoradas a la perfección, hasta la escuela diseñada a la perfección, hasta la oficina de correos encantadora a la perfección, hasta el establecimiento de helados refrescante a la perfección, hasta la capilla hermosa a la perfección, hasta el supermercado abastecido a la perfección, hasta los restaurantes situados a la perfección, hasta la playa arenosa a la perfección; y después de regreso a sus casas o sus hoteles que se ven perfectos.

Como alguien que proviene de la ciudad de Los Ángeles, la cual está lejos de verse perfecta, eso fue una experiencia nueva para mí. Al ir de un lado a otro en bicicleta en esta ciudad perfecta, sentía como si estuviera en una película. Y de hecho, lo estaba. Seaside, Florida, fue la comunidad utilizada en la filmación de la película *El Show de Truman: Una vida en directo.* Por si no has visto la película, se trata de un hombre que no es consciente de que vive en un ambiente controlado por completo. Toda la perfección que le rodea, por lo bonita que sea, es una fabricación.

Contrario a Truman, nosotros no vivimos en una burbuja.

Nuestros matrimonios no solo deben existir, sino también prosperar en el mundo real, con todas sus distracciones y complicaciones. La mayoría de nosotros no vive el matrimonio en alguna isla desierta y remota donde estamos enfocados del todo el uno en el otro las veinticuatro horas del día. No. Tenemos que hacer funcionar nuestros matrimonios con todos los elementos de la vida que implica estar vivos en el siglo XXI.

¿Cómo hacemos eso sin perder de vista el uno al otro?

Aquí te miran, niños

Antes de casarme, tenía seis teorías acerca de educar a los hijos; ahora tengo seis hijos y ninguna teoría.
JOHN WILMOT, CONDE DE ROCHESTER

Los hijos son una herencia del SEÑOR, los frutos del vientre son una recompensa.
SALMO 127:3

Mis hijos son una bendición. La mayoría del tiempo. Sin duda, ha dado trabajo criarlos, y ha habido momentos a lo largo del camino en los que me pregunté cómo atravesaría esa etapa en particular de la crianza, ¡o si ellos la iban a sobrevivir! El milagro de todo esto es mirar sus caras y ver algo de mí, algo de Philip y, sobre todo, de ellos mismos. Son individuos maravillosamente únicos con su propio propósito en Dios.

Para muchas de nosotras, los hijos son una parte de nuestra vida a medida que vivimos nuestro matrimonio. A veces desearíamos mandarlos a Siberia, pero no lo hacemos. El problema llega cuando nuestros hijos se convierten en el centro de nuestro matrimonio.

Desde el nacimiento hasta los dieciocho años de edad hay seis mil quinientos setenta días. Es obvio que nuestros hijos siguen siendo nuestros hijos para siempre, pero la relación del día a día dura alrededor de seis mil quinientos setenta días. En contraste, si a Philip y a mí nos bendicen con tener un matrimonio que dure sesenta años (¡otros treinta y cinco años más!), habremos estado casados veintiún mil novecientos días.

Seis mil quinientos setenta días.

Veintiún mil novecientos días.

Haz tus cálculos.

El tiempo que nuestros hijos tienen con nosotros es mucho más breve que el período de nuestro matrimonio, y por eso no va en el mejor interés de esa relación hacer de nuestros hijos el centro. Ellos son una parte vital, pero no el centro.

Cometí ese error con mi hijo, Jordan. No me separé de él ni siquiera durante unas horas, por muchos meses. Era el centro de mi mundo. Sus necesidades tomaron prioridad sobre las de Philip. Su clamor era más fuerte y más exigente, así que lo atendía. Mi matrimonio terminó en un segundo plano. No fue una decisión consciente; solo sucedía a medida que procuraba satisfacer las necesidades de Jordan en lugar de las de mi esposo. Al final, comencé a sentirme cada vez más desconectada de Philip.

Tenía algún terreno que cultivar.

Arreglar esa dinámica desequilibrada fue un proceso de dos pasos. En primer lugar, tuve que poner a Jordan en cierto tipo de calendario para que encajara en nuestra familia en lugar de ser él su director. (Hay algunos estupendos recursos sobre la crianza que pueden ayudar con esto). Y, en segundo lugar, necesitaba tener una cita con mi esposo. Necesitábamos pasar juntos algunas horas como pareja. Jordan estaría bien.

A lo largo de los años hemos aprendido que, a pesar de las edades de nuestros hijos, necesitamos tiempo como pareja; tiempo alejados de ellos; tiempo para recordarnos el uno al otro que nos unimos para tener una relación, no solo el trabajo de una familia. Si no tomamos ese tiempo, nuestra «comunicación» parece algo como esto:

«¿Quién hace la cena?»

«¿Quién recoge a los niños?»

«¿Firmaste la hoja del permiso?»

«Se le olvidó su almuerzo; ¿puedes llevárselo a la escuela?».

Es una comunicación necesaria, ¡pero la intimidad requerirá algo más!

Haz la tarea de encontrar a una buena niñera y salgan. Salgan a pasear. Hagan algo que les ayude a conectarse con regularidad.

Nosotros también hemos establecido el hábito de tener no solo unas vacaciones familiares, sino también unas vacaciones de «Philip y Holly». Cuando nuestros hijos eran pequeños, quizá nos íbamos unas cuantas noches y después regresábamos a recogerlos antes de embarcarnos en nuestras vacaciones familiares más largas. Sin embargo, al final, Philip y yo pasábamos juntos una semana en algún lugar, nosotros dos solos, y después Paris y Jordan se unían a nosotros. ¡Pero esa semana a solas con Philip hacía que recordara por qué me casé con él! Necesitábamos ese tiempo alejados, nosotros dos solos.

He hablado con algunas parejas que tienen hijos pequeños y que dicen que les encantaría salir, pero sus hijos lloran cuando ellos se van y eso hace que sea muy difícil. Entiendo eso; recuerdo lo difícil que era en un inicio dejar a nuestros hijos en manos de una niñera, a pesar de lo calificada que estuviera. Aun así, déjame decirte lo que salir con tu esposo les enseña a los niños. Les enseña que la relación entre esposo y esposa es una prioridad muy alta en la familia, les enseña que a mamá y a papá les encanta pasar tiempo juntos. Lo mejor que puedes hacer por tus hijos es que tu cónyuge y tú se amen.

Tenemos que amar a nuestros hijos. Queremos lo mejor para ellos. No obstante, hacerlos el centro del universo de la familia no es su mejor interés. Tampoco sirve para nuestro mundo tener una generación de jóvenes que piensan que el mundo gira en torno a ellos. Sin duda, tampoco servirá para bien a nuestro matrimonio.

También debíamos tener cuidado con respecto a la cantidad de actividades en que participaban Jordan y Paris. Me encantaba verlos a los dos en varios deportes a lo largo de los años, pero intenté limitar su participación a un deporte cada vez. De otro modo, Philip y yo habríamos estado tan ocupados con sus calendarios que hubiera sido engañoso para nosotros, en nuestras vidas ya ocupadas, encontrar tiempo para pasarlo juntos.

Cuando los niños llegan a la adolescencia, la vida puede ponerse emocionante. Tan solo recuerda que tu esposo y tú son uno. Presenten un frente unido. No permitan que sus hijos o sus deseos formen un abismo entre los dos. Si tú y tu esposo no están de acuerdo sobre el modo en que algo debería manejarse con ellos (hora de llegada, pasar la noche fuera, cualquier cosa), no muestren el desacuerdo delante de ellos. Hablen de ese desacuerdo en privado; delante de sus hijos, presenten un frente unido.

En realidad, la crianza de los hijos es el procedimiento de enseñar y preparar a tus hijos a fin de que dejen tu hogar y comiencen sus propias vidas. Podría parecer extraño, pero es cierto. Nuestra tarea es equiparles para vivir bien.

Solo como una confesión: Ya estoy trabajando en mis disculpas para la mujer que se case con mi hijo. Fallé. Aunque es uno de los jóvenes más inteligentes, más compasivos y más amantes de la diversión que conozco (¡esa es la parte que hice bien!), no tienen idea de cómo hacer la colada ni de limpiar nada. ¡Quizá haya algún tipo de curso intensivo al que pueda enviarle!

«Por eso el hombre deja a su padre y a su madre, y se une a su mujer, y los dos se funden en un solo ser» (Génesis 2:24). Los hijos deben irse y los padres deben quedarse. Así, tu matrimonio debería estar lo más alto en la lista de prioridades. La crianza de los hijos es divertida, pero también es trabajosa. No permitas que el trabajo que supone cause que pierdas de vista a tu cónyuge.

Las personas que criamos

El hombre sabio debe recordar que aunque es descendiente
del pasado, es un padre del futuro.
HERBERT SPENCER

La mayoría de nosotros tiene padres y familia política como parte de la vida. Algunos podrían ser de apoyo y liberadores, mientras que otros podrían ser manipuladores y querer controlar tu matrimonio.

He visto matrimonios con graves daños debido a que una pareja no supo cómo desconectarse de unos padres controladores, e incluso de unos padres con buenas intenciones que no respetaron la nueva familia. Mi objetivo es ser la clase de mamá y suegra liberadora. Tengo algunas amigas increíbles que ya han pasado por este camino;

están presentes en las vidas de sus hijos adultos para ofrecer ayuda si se la piden, pero les permiten que vivan sus propias vidas. Las he visto morderse la lengua en lugar de ofrecer consejos no solicitados. ¡Señor, ayúdame a ser igual!

Debemos honrar a nuestros padres. Debemos respetar y apreciar la posición que tienen en nuestras vidas. Aun así, tenemos que dejarlos. Una vez más, veamos esta indicación de nuestro Dios: «Por eso el hombre *deja a su padre y a su madre, y se une a su mujer, y los dos se funden en un solo ser*» (Génesis 2:24, énfasis añadido).

Tus padres no deberían tener más influencia en ti que tu cónyuge. Al principio de mi matrimonio, estaba muy tentada a llamar a mi mamá y quejarme de Philip siempre que no actuaba como pensaba que debería hacerlo. Me alegra *mucho* no haberlo hecho. No estoy segura de por qué no lo hice, pues de seguro cometía muchos otros errores. Supongo que sabía que aunque estaba muy agradecida por la familia que me crió, la había dejado para comenzar mi propia familia. Y hacer eso significaba que no podía correr a mi mamá y mi papá siempre que algo no salía a mi manera. Philip y yo teníamos que solucionarlo.

Tus padres hicieron lo mejor que pudieron para edificar su casa. Ahora te toca a ti. Siéntete libre para obtener sus consejos. Toma lo mejor de lo que hicieron y úsalo en tu propio hogar. Solo recuerda que tú estás edificando tu propia familia, y su aportación no debería crear división en tu matrimonio.

A medida que tus padres se hagan mayores, habrá cambios. ¿Quién se ocupará de ellos? ¿Un hogar para ancianos? ¿Vivirán contigo? Eres libre para escoger cualquier cosa que sientas que es adecuada; solo asegúrate de que haya diálogo al respecto entre tu esposo y tú.

Junto con nuestra familia, aportamos nuestro pasado a nuestro matrimonio. Lo bueno y lo malo. Cada uno de nosotros llega a la edad adulta con un trasfondo diferente. Y ese trasfondo tiene un efecto en nuestro matrimonio; a veces el pasado se siente como una tercera persona que invade nuestro presente,

Mi amiga Priscilla Shirer fue una de las oradoras invitadas en nuestra conferencia de mujeres *GodChicks* en 2008. Nos contó una historia estupenda que me llamó mucho la atención.

Priscilla y su esposo, Jerry, fueron a ministrar a una iglesia local. Cuando llegaron, un poco agotados por las semanas anteriores a esa visita, estaban agradecidos de poder descansar un poco en la habitación de su hotel. Después de instalarse, se despertaron con pánico alrededor de las once de la noche debido al sonido de un tren que pasaba al lado de su habitación, pitando muy fuerte. Después de sufrir casi un ataque al corazón, volvieron a quedarse dormidos... solo para volver a despertarse por el mismo sonido a la una de la madrugada... y otra vez a las cinco y media de la mañana. ¡Hasta ahí su descanso!

Cuando una mujer de la iglesia llegó a la mañana siguiente para llevarlos a la reunión, Priscilla mencionó con amabilidad que el tren más ruidoso de todo el planeta les mantuvo despiertos durante toda la noche. La cara de la mujer se quedó blanca como la leche cuando se dio cuenta de lo que había mantenido despiertos a Priscilla y Jerry. Se disculpó mucho y dijo que las personas, como ella misma, que habían vivido en la ciudad durante años ya no podían oír el sonido del tren.

Me gustaría sugerir que muchas de nosotras somos así. Estamos tan acostumbradas a las voces de nuestro pasado que silban en nuestras mentes que ni siquiera las notamos. Hemos vivido con depresión, inseguridad, celos, odio a nosotras mismas, lujuria y orgullo durante tanto tiempo que ya no reconocemos su impacto diario sobre nuestras vidas.

Sin embargo, como Priscilla y Jerry en esa pequeña ciudad sorda al tren, una nueva persona invitada a nuestro ambiente no obtendrá mucho descanso con todas esas interrupciones. Lo que es un ruido de fondo normal para nosotras puede ser molesto e incluso horrible para nuestra pareja. Los problemas ocultos salen a la luz. En vista de la perspectiva de otra persona, nos vemos obligadas a afrontar nuestros problemas. Nuestro cónyuge no comparte nuestras mismas luchas, y por eso lo que nosotras hemos dominado con éxito y de manera temporal, a él le sonará como un tren muy ruidoso. El pasado se convierte en una tercera persona, invadiendo nuestro matrimonio en el presente.

Quizá tuviéramos padres que nos querían y se amaban el uno al otro, y por eso confiamos en las relaciones. Tal vez haya muchas de nosotras a las que han herido y traicionado, y no estemos tan seguras a la hora de entablar relaciones.

A lo mejor provengas de años de abuso y ahora estés en el viaje de sanidad (y es un viaje), y tu esposo tendrá que ser paciente mientras te sobrepones. Habrá momentos en que tu pasado interferirá en tu presente. Podría ser frustrante, pero los dos tienen que permanecer enfocados en lo que están edificando juntos.

Quizá él provenga de un hogar sin padre y, en realidad, no tenga idea de lo que debería hacer un esposo y padre. Cuando te casas con él, te estás comprometiendo a alentarle en ese viaje y solucionar las frustraciones que le acompañan.

Quizá él espere una comida casera cada noche porque es así como lo hacía su mamá, y tú nunca has estado en una cocina. Es posible que tú esperes que arregle todo lo que se rompa en la casa, y él nunca ha utilizado un martillo. Nuestros pasados, junto con las expectativas que vienen de ellos, entrarán en la realidad de nuestro matrimonio. Por lo tanto, tienes que estar preparada para tratar todo eso juntos.

Con frecuencia, nuestro pasado incluirá una relación o dos. Philip no fue la primera persona que me pidió que me casara con él. Fue solo al que le dije «Sí quiero».

Como la mayoría de nosotras, llegué a mi matrimonio con un pasado. No un pasado sórdido, porque la verdad es que solo salí con chicos estupendos. Nunca pasé tiempo con un hombre que no me tratara con respeto y bondad. ¿Conoces el dicho de que tienes que besar a muchos sapos antes de que uno se convierta en príncipe? No es cierto... yo no desperdicié tiempo con sapos. A decir verdad, solo tengo estupendos recuerdos de los hombres con los que salí antes de conocer a Philip.

Mis recuerdos de anteriores novios son buenos; y eso también puede ser un problema. En los primeros años de nuestro matrimonio, siempre que me enojaba con Philip por algo que hizo (o no hizo), mi cabeza se llenaba de pensamientos de un novio pasado que, en ese momento, solo podía recordar como alguien perfecto. Pensaba: *Debería haberme quedado con _____; él no me estaría tratando de este modo*. No es cierto. Yo le había dicho no a ese chico por un motivo.

Nuestro pasado, con sus expectativas y relaciones, tendrá una influencia en nuestro matrimonio. Es crucial que vigilemos hacia dónde nos conducen nuestros pensamientos. Permanece enfocada en el presente. Permanece comprometida en esta relación que estás edificando.

Para qué son los amigos

Qué raro y maravilloso es ese destello de un momento en el que entendemos que hemos descubierto a un amigo.
WILLIAM ROTSLER

La amistad es siempre una dulce responsabilidad,
nunca una oportunidad.
KHALIL GIBRAN

Los amigos con los que compartimos la vida tendrán un papel crucial que desempeñar en nuestro matrimonio. Pueden ser una ayuda y un aliento o una carga y un detrimento. Las personas a las que incluyes en tu mundo son importantes.

La mayoría de nosotras comienza el matrimonio con una lista de amigos y una lista de amigas.

Eso es bueno. Es de esperar que te casaras con alguien que sabe cómo entablar amistades. Y es de esperar que la mayoría de esos amigos apoyaran tu matrimonio. Los amigos de él y de ella, sin embargo, nunca les habían conocido como una persona casada. Una persona casada tiene a otra persona a la que considerar en cada decisión.

Antes de casarte, podrías haber ido al cine con las amigas sin decírselo a nadie, pero ahora no puedes. Es obvio que puedes ir al cine; tan solo tienes que mantener una conversación con tu esposo. Puede que él quisiera hacer planes también con sus amigos, así que todos felices.

Algunas de nuestras viejas amigas podrían frustrarse porque nosotras tengamos que «pedir permiso». (No estamos pidiendo permiso, por supuesto; pero esa es la impresión para todos los que solo nos han conocido como solteras). La mayoría de las amigas podrá seguir a tu lado en este período; al final, casi todos los amigos que comenzaron como amigos de él o de ella, o se convertirán en nuestros amigos también o quedarán fuera del cuadro.

Si a una de tus amigas no le gusta el hombre con el que te casaste, su papel en tu vida será menor, y debería serlo. Si no le respeta, no será capaz de ayudarte en tu viaje del matrimonio, y tienes que dejarla ir. Esto puede ser muy difícil de hacer, en especial si ella fue una parte importante de tu vida; pero ahora que estas casada, tu esposo es tu prioridad. Aparte de tu relación con Jesús, esta relación es la más importante que tienes en tu vida. Tienes que soltar cualquier relación que suponga una amenaza para tu matrimonio.

«No se dejen engañar: Las malas compañías corrompen las buenas costumbres» (1 Corintios 15:33). He oído decir: «Muéstrame tus amigos y yo te mostraré tu futuro». Si tienes una amiga que no respete su cónyuge, está celosa de tu relación, o no está dispuesta a crecer en su matrimonio, puedes esperar que, con el tiempo, las malas cualidades que posee comenzarán a poseerte también a ti. Si te juntas con personas amargadas, irrespetuosas e infieles, sus hábitos finalmente comienzan a corromper también tu buen carácter. Tenemos que tomar decisiones conscientes, y a veces difíciles, de compartir la vida con personas que honren a Dios y honren a los demás.

Con el paso de los años he visto a amigas de parejas que han tenido un gran efecto en sus matrimonios. Hay dos parejas con las que he hablado en los últimos tiempos cuyos matrimonios se destruyeron debido a la influencia negativa de amigos en su mundo. En ambas situaciones, uno de los cónyuges pasaba horas cada semana con un grupo de personas que estaba más interesado en jugar que en una vida de responsabilidad y compromiso; no son la clase de amigos con los que deberíamos pasar horas si estamos intentando edificar nuestro matrimonio.

Las personas solteras que están en los bares no deberían ser los mejores amigos de tu cónyuge ni los tuyos. Hombres y mujeres que no tienen la más ligera idea de para qué están en el planeta no deberían ser los mejores amigos de tu cónyuge ni los tuyos. Sin un sentimiento de propósito, todos tomamos decisiones bastante tontas. No estoy diciendo que no tengas personas en tu vida que estén en diferentes lugares en el viaje. Tan solo digo que no es la decisión más sabia compartir tu relación más íntima con ellos cada día.

¿Estás rodeando tu matrimonio de personas y otras parejas que estén comprometidas con el matrimonio en general y con *tu* matrimonio en particular? ¿Ayudarán a mantenerte en el sendero cuando comiences a vacilar? ¿Tienes un grupo de amigas que, aunque te escuchen, no permitirán que golpees de palabras a tu esposo de manera indefinida?

Las mujeres tienden a ser más relacionales que los hombres, así que si te das cuenta de que no tienes muchas parejas casadas en tu vida que puedan servirte de apoyo en tu matrimonio, ¿por qué no comienzas tú el proceso? Invita a una pareja a cenar o a tomar café con tu esposo y contigo. Únete a un pequeño grupo en la iglesia para parejas.

Yo tengo un estupendo círculo de amistades. Algunas son solteras y otras son casadas. Algunas son recién casadas y otras han estado felizmente casadas durante más años que yo. A ellas es a las que les abro mi corazón para obtener comentarios y consejos. Lloro sobre sus hombros cuando mi período de la vida parece abrumador, y son las que pueden hacerme ver lo bueno en Philip cuando yo no puedo verlo.

Estoy en comunidad con algunas personas bastante increíbles.

Sin embargo, tengo que decirte que mis amistades no sucedieron al azar. Las he forjado y sigo edificándolas con el curso de los años. Tenemos que *optar* por compartir la vida con personas y siempre avanzar hacia niveles más profundos de amistad y comunidad. Es hermoso tener personas en tu vida para las que no tienes que representar, ni tienes que fingir; todos necesitamos personas que nos den la libertad de ser nosotros mismos, pero que nos amen lo suficiente para alentar a nuestro mejor yo a que avance.

Las verdaderas amistades toman tiempo. Requieren una inversión de tiempo a largo plazo. Con el paso del tiempo, descubrimos la historia de las personas con las que compartimos la vida. Nos enteramos de sus historias, sus luchas, sus trasfondos y sus familias, lo cual conduce a entender el contexto desde el cual viven.

Las verdaderas amistades toman paciencia y perdón. Cuanto más nos acercamos, mayor es el potencial de hacernos daño el uno al otro, sobre todo sin intención, lo cual requiere que les ofrezcamos a nuestros amigos la misma gracia y el mismo perdón que nosotros necesitamos de ellos cuando arruinamos las cosas.

Las verdaderas relaciones con las personas que te aman valen la pena cada momento y cada céntimo empleados.

Hace poco supe de un término llamado «divorcio de colaboración». Es un proceso que hace participar a un equipo de expertos para guiar a las parejas en el proceso del divorcio. Un equipo de divorcio de colaboración podría incluir abogados, terapeutas y expertos financieros. Interesante. Entiendo y valoro el concepto de equipo, pero me pregunto cómo podrían cambiar las cosas si las parejas que optan por el costo y el esfuerzo de un equipo de divorcio de colaboración emplearan esa misma energía y atención en restaurar su matrimonio, quizá con la ayuda de un equipo de matrimonio de colaboración (también llamado «amigos»).

No creo que un matrimonio infeliz esté dirigido al divorcio. Todos los matrimonios, en algún punto, son infelices. Todos los matrimonios atraviesan tiempos difíciles, pero las cosas pueden cambiar, y a menudo cambian. Hay mucha investigación para mostrar que, a excepción de casos en los que uno de los cónyuges y los niños estén sufriendo de abuso físico, un matrimonio infeliz es mejor que un divorcio para todos los implicados.

En uno de esos estudios, se indicaba que el ochenta y seis por ciento de las personas felizmente casadas que seguían adelante descubrieron que cinco años después de sus matrimonios eran más felices; en realidad, casi tres quintas partes de quienes catalogaron su matrimonio como «infeliz» a finales de los años ochenta y siguieron casados, catalogaron su matrimonio de «muy feliz» o «bastante feliz» cuando los entrevistaron a principios de los años noventa.

En el estudio, los matrimonios peores mostraron los cambios más dramáticos. Si lograron esos resultados solo por permanecer, ¡imagina lo que podría suceder si en verdad hicieran un esfuerzo por aprender la manera de resolver sus conflictos, entenderse el uno al otro y mejorar su comunicación![1]

Tus amigas deberían ser parte de tu equipo de matrimonio de colaboración. Permíteles hacer su parte para ver que tu matrimonio tiene éxito.

Trabajar para vivir, no vivir para trabajar

He sacrificado todo lo que en mi vida considero precioso a fin de hacer avanzar la carrera política de mi esposo.
PAT NIXON

No puedo imaginar que eso fuera algo bueno.

Vivimos en el mundo real y, por tanto, nuestros matrimonios deben prosperar a medida que experimentamos los hijos, los padres, nuestro pasado, nuestros amigos y nuestras carreras.

Casi todas nosotras tenemos trabajos. ¡Eso es bueno! El desafío es no permitir que tu trabajo te cueste tu matrimonio. Si trabajas tantas horas a la semana que rara vez llegas a pasar tiempo juntos, esto a la larga conducirá a una falta de intimidad, lo cual hará que te sientas separada de la persona a la que deberías estar más conectada.

Desde luego, hay períodos en los que se requiere más trabajo. Si estás comenzando una nueva empresa, cambiando de puesto, planificando una conferencia o trabajando en un proyecto especial, podrías trabajar más horas de lo normal. Quizá mientras terminas tus estudios, él trabaje por el día y tú trabajes por la noche durante unos meses. Está bien. Solo que eso no puede convertirse en la nueva normalidad.

Dios hizo la obra de la creación durante seis días y tomó uno para descansar. Asegurarnos el descanso y la conexión mutua es especial para mantener fuerte el matrimonio. En nuestro mundo tan rápido, esto no siempre es fácil, pero es esencial. Hay que apartar tiempo solo para ser; tiempo para dejar de ir, ir, ir, y hacer, hacer, hacer.

Por otro lado, hay algunas personas que están tan ocupadas persiguiendo sueños que no consiguen un «trabajo regular». En mi ciudad de Los Ángeles, muchos están esperando su gran oportunidad, ya sea en la industria del entretenimiento o en alguna otra aventura empresarial. Los sueños son importantes, y el tuyo puede que te lo diera Dios, pero si tu falta de trabajo está haciendo daño a la familia, necesita producirse un cambio.

Philip y yo vivimos juntos, trabajamos juntos y soñamos juntos. Podría parecer que pasamos mucho tiempo juntos. Sin embargo, tenemos que ser diligentes con respecto a tener tiempo como pareja.

Nuestra vida juntos está tan mezclada con nuestro llamado de Dios que, si no somos conscientes, nuestras horas juntos se tratarán solo de trabajo.

Cuando estamos pensando sobre algo nuevo en la iglesia, o cuando estamos marcando estrategias sobre cómo lanzar una visión para un proyecto en particular, o cuando yo estoy planeando una conferencia para mujeres *GodChicks*, se requiere más tiempo de trabajo.

Entendemos eso acerca del uno del otro.

No obstante, hay momentos en que debemos detener nuestros pensamientos de trabajo y perseguir la otra parte de nuestro propósito: ser una pareja fuerte. Hay momentos en que estoy en casa y necesito quitarme mi papel de pastora-maestra y adoptar mi papel de esposa-madre.

Es probable que tú también tengas que hacer eso. Hace poco, hablé con una joven que era ejecutiva en su empresa. Le encantaba su trabajo y era muy apasionada al respecto. Todo eso es bueno. El problema era que no sabía cómo relajarse en casa; le resultaba muy difícil desconectarse y dejar el trabajo en el trabajo. No es que no podamos trabajar desde nuestra casa algunas veces, pero ella lo hacía todo el tiempo. Si no estaba en verdad haciendo el trabajo, hablaba al respecto. No podía, o más bien no se quitaba, el papel de súper ejecutiva y adoptaba el papel de esposa. Todo eso causaba daño en su matrimonio.

Tu esposo no quiere que tú seas su jefa; quiere que seas su esposa. Cambia bien de papeles.

Quizá tú seas una madre que no trabaja fuera de casa y ese es tu trabajo, o estés trabajando desde tu casa a fin de poder estar con tus hijos pequeños. ¡Estupendo! Se aplican las mismas reglas. Necesitas quitarte tu papel de trabajadora y de mamá para dar tiempo a que tu esposo y tú se conecten, incluso aunque sea durante unos minutos en medio del caos de un hogar con niños.

Tal vez sea difícil pasar de haber visto una película en casa vestida con ropa deportiva y administrar períodos de siesta, de comidas y de juegos, a ocuparte de tu esposo vestida con pantalones, no de mamá, y ponerte de manifiesto a ti misma con él, de manera que captes su corazón. Sé que eso es difícil. Con todo, debido a que le quieres y él te quiere a ti, tienes que hacerlo. Y aunque él quiere a la mamá en la que te has convertido, también sigue queriendo el espíritu de travesura y la emoción de la mujer con la que se casó.

Aprende a ser muy buena para cambiar de papeles.

Plantada en la casa de Dios

Como palmeras florecen los justos; como cedros del Líbano crecen.
Plantados en la casa del Señor, florecen en los atrios de nuestro Dios.
Aun en su vejez, darán fruto; siempre estarán vigorosos y lozanos.
SALMO 92:12-14

La Biblia es clara: Si queremos que nuestras vidas se desarrollen (y me imagino que la mayoría de nosotras lo quiere), debemos estar plantadas en la casa de Dios. Plantadas. No solo asistiendo, sino plantadas, con raíces que se profundizan, tomando nutrientes y con hojas que brotan, dando oxígeno.

Plantadas. Aprendiendo, creciendo y sirviendo.

Plantadas. No pasando de iglesia en iglesia.

Plantadas. Para que las personas te conozcan.

Plantadas. Para que las personas puedan pedirte responsabilidad en cuanto a vivir la vida de Dios.

Plantadas. Para que cuando la vida sea difícil, las personas sepan cómo orar por ti.

Plantadas. Para que cuando la vida es buena, las personas lo celebren contigo.

La Biblia no dice que prosperaremos si tenemos un estupendo trabajo, una casa grande o un barrio muy bonito. No. Dice que nuestra vida prosperará si estamos plantadas en la casa de Dios. Todas las cosas buenas, incluyendo un matrimonio fuerte, vienen de estar plantadas en la casa de Dios.

Mi vida gira en torno a estar plantada en la casa de Dios. No me limito a entrar y salir y asistir a la iglesia como si fuera una obligación o le estuviera haciendo un gran favor a Dios. No. Estoy comprometida con esas personas en mi mundo. No somos solo «amigos de iglesia». Lo llamamos «compartir la vida juntos». Somos amigos de día a día, en todo tiempo.

La canción principal de la comedia *Cheers* dice que todos queremos ir donde nos conocen y donde hay personas que se alegran de vernos. Eso es lo que sucede cuando estás plantada en la casa de Dios. Te conocen.

Quizá estés experimentando tanto dolor en tu relación en este momento que la soledad te abruma. A ti y a mí nos crearon para tener relaciones, así que cuando hay una desconexión, nos sentimos solas y aisladas. Tengo buenas noticias: «Dios da un hogar a los desamparados» (Salmo 68:6). Él lleva a los solitarios, que a menudo somos tú y yo, a la casa de Dios, ¡para conectar y compartir la vida con su familia! Conectar con una iglesia que da vida es una de las mejores cosas que puedes hacer por tu matrimonio.

Debido a que estoy plantada en la casa de Dios, estoy rodeada de personas comprometidas a distinguirse en el planeta. Estamos decididos a construir matrimonios sanos, porque entendemos que cuando nuestras familias son más fuertes, estamos más equipados para ser determinantes en nuestro mundo.

¡Y para eso estamos aquí! Para llevar luz a lugares oscuros. Nuestras iglesias y nuestros matrimonios deberían ser faros de luz que muestren a quienes están frustrados, heridos, perdidos y confundidos dónde acudir en busca de ayuda y refrigerio. A veces, una de las mejores cosas que puedes hacer por tu matrimonio es conectarte con un pequeño grupo en tu iglesia que esté alcanzando a tu comunidad y al mundo. Apartar los ojos de tu propio dolor durante un momento para enfocarte en ayudar a personas aportará una nueva energía a tu matrimonio.

Es importante recordar que la vida nunca será perfecta. Y en nuestro mundo imperfecto y distraído es fácil perder de vista lo principal en tu matrimonio: ¡tu esposo! Toma la firme decisión de que en cada período de tu vida mantendrás tu relación con tu cónyuge como la más importante. A menudo, tendrás que cambiar el enfoque de forma deliberada y alejarlo de tus hijos, tu familia, tu pasado, tus amigos o tu trabajo, a fin de ponerlo otra vez en tu matrimonio.

Podemos construir matrimonios fuertes e increíbles que influyan en nuestro mundo, si aprendemos a vivir bien nuestra propia y única vida. Y vivir bien la vida significa aprender a andar con cuidado por sus diferentes etapas. Vivir bien el matrimonio significa aprender que, sin importar lo que requiera nuestra atención en este momento, volveremos a poner nuestra atención en lo que hace fuerte nuestro matrimonio. Deben suceder cambios.

Para recibir más información sobre eludir algunas de las distracciones de la vida, mira un vídeo corto de Philip y mío en www.godchicks.com.

¡Solo para hombres!

Hace unos años, estaba intentando ayudar a una joven pareja a atravesar un difícil período en su matrimonio. Él estaba estudiando y trabajando a jornada completa. Ella también trabajaba y tenían un niño pequeño. Era fácil ver por qué estaban afrontando algunos desafíos.

La solución de él a este período tan ocupado era decirnos a ella y a mí que, durante el año siguiente, habría que situar el matrimonio en un segundo plano. Yo le aseguré que entendía lo que era un período ocupado para ellos, y que su esposa de seguro no debería esperar tener citas con él dos veces a la semana; sin embargo, si planeaba poner en un segundo plano el matrimonio durante un año, es probable que no tendría ningún matrimonio al año siguiente. Sugerí algunas otras maneras de manejar sus vidas tan ocupadas y maneras de mejorar su comunicación.

Él no estaba muy dispuesto de verdad a mis sugerencias. Está bien. Todo el mundo tiene derecho a solucionarlo por su cuenta o a encontrar soluciones incluso mejores. ¡Yo no lo sé todo! No obstante, fue triste que su solución, pasar por alto a su esposa durante un año mientras terminaba los estudios, no dio resultados. Los dos estaban divorciados al final de ese año.

Hay muchas circunstancias que surgen en la vida y pueden hacernos cambiar nuestro enfoque y apartarlo de nuestro matrimonio. Muchos de nosotros tenemos que criar hijos, ocuparnos de padres que se hacen mayores, ir a trabajar y entablar amistades, a la vez que trabajamos en nuestro matrimonio. *Es* posible. Tan solo tenemos que ser buenos para recordar lo que es importante a largo plazo.

Los hijos se irán al final, así que no pueden ser más importantes que el matrimonio.

Los padres son importantes y deberían honrarse, pero tu relación con tu esposa tiene prioridad.

El trabajo es importante. Por favor, trabaja y proporciona sostén para tu familia. Aun así, no trabajes tanto que se interponga entre ambos.

Los amigos son cruciales para ayudarnos a transitar por nuestro matrimonio. Escoge amigos que estén comprometidos con el matrimonio en general y con tu matrimonio en particular.

Y, por último, sé parte de una iglesia local dinámica. Estar plantado, y no solo asistiendo, ¡producirá una vida que prospera!

Nota
1. Linda Waite y Maggie Gallagher, *The Case for Marriage*, Doubleday, Nueva York, 2000, p. 148.

10

¡Choca esos cinco!

(Philip)

Los hombres quieren lo mismo de su ropa interior que de las mujeres:
Un poco de sostén y un poco de libertad.
JERRY SEINFELD

El hombre debe cumplir su deber conyugal con su esposa,
e igualmente la mujer con su esposo.
1 CORINTIOS 7:3

Entonces, ¿qué quieren los hombres al fin y al cabo? ¿En qué piensan?

¿Pero *piensan*?

¿Es algo misterioso? ¿Es algo demasiado personal o es algo que han estado esperando decirte?

Las mujeres con frecuencia se sienten tentadas en un momento de silencio a preguntarle a un hombre:

—¿En qué piensas?

—En nada.

Ahora su interés aumenta.

—Vamos, ¿en qué piensas?

—En nada.

—¿Estás pensando en algo que es personal e íntimo, algo que dudas decirme?

No. Es probable que no.

Los hombres y las mujeres son diferentes, como ya hemos dicho varias veces. Las diferencias hacen que no entendamos lo que el otro quiere, espera o lo que le interesa. En este capítulo intentaré ayudar a las mujeres a entender (un poco) la vida a través de los ojos de los hombres que aman.

Hay dos razones principales por las que muchas mujeres batallan con las relaciones con los hombres. Una razón es el sufrimiento y el dolor con que se han encontrado en relaciones pasadas, las cuales parece que no han podido vencer. Hemos pasado tiempo en un capítulo anterior hablando sobre cómo vencer las heridas del pasado, y espero que te ayudará en esta batalla.

La segunda razón por la que las mujeres batallan en las relaciones con los hombres es que no saben cómo relacionarse ni comunicarse con un hombre. Espero que este capítulo ayude en este aspecto.

Soy consciente de que tú tienes necesidades que esperas que se satisfagan en tu matrimonio. Sin embargo, este capítulo se trata de las necesidades de un hombre. Si estuviera escribiendo un libro para hombres, les hablaría sobre tus necesidades (es más, en la sección final «¡Solo para hombres!», me aseguraré de mencionar algunas).

El choque de cinco

Pensé en una estrategia para mejorar las relaciones de manera accidental durante una sesión de consejería con una pareja casada. Esa sesión se complicó tanto y fue tan emotiva que yo estaba confuso. Estaba perdido. No tenía ni idea de cuál era el verdadero problema ni hacia dónde ir.

Cuando me miraron expectantes, esperando mis comentarios sobre cómo avanzar, podría haber dicho: «¿Qué dicen si pedimos una pizza, porque es probable que esto va a tomarnos un buen rato?». Me acerqué mucho. La consejería no es en realidad uno de mis dones. En cambio, obtuve una idea que me ha ayudado con otras parejas, y que incluso nos ha ayudado a Holly y a mí en nuestro matrimonio. Podrías llamarle a esto el método de «ayudarme a mí y ayudarte a ti» (otra referencia a *Jerry Maguire*), pero prefiero denominarlo «Los cinco de nuestro matrimonio».

Le pregunté al esposo, a quien llamaremos Dave, aunque su verdadero nombre es Rick: «Dave, quiero que me digas cinco cosas que necesitas de tu esposa, Janice (su verdadero nombre es Janice), que te harían disfrutar más de tu relación. ¿Qué necesitas para que tu matrimonio se acerque más a lo que esperabas que sería?».

Y después le pregunté lo mismo a Janice.

También les dije que *no* me dijeran cinco cosas que querían que el otro comenzara a hacer o dejar de hacer; tan solo cinco cosas que necesitaban. Por ejemplo, no podían decir:

«Necesito que dejes de ser un tonto».

«Necesito que cierres la boca cuando masticas; me avergüenza delante de nuestros amigos».

«Necesito que dejes de molestarme».

Quería oír confesiones como:

«Necesito saber que me quieres».

«Necesito saber que soy importante para ti».

«Necesito saber que te importan mis sentimientos».

«Necesito sentir que puedo salir con mis amigos para divertirnos y no sentir que tienes celos de mi tiempo».

Dave y Janice necesitaban un poco de guía para reconocer sus cinco necesidades.

Cuando uno de ellos expresaba una necesidad, yo seguía con la siguiente pregunta: «¿Qué puede hacer tu cónyuge para ayudarte a sentir lo que acabas de describir?». Y después le preguntaba a la parte que escuchaba: «¿Estás dispuesto a hacer algunas o todas esas cosas?».

La secuencia era algo parecida a lo siguiente:

—Necesito sentir que te importan las cosas que me gustan –dice Dave.

—¿Qué crees que puede hacer Janice para ayudarte a que satisfagas esa necesidad? —le pregunto.

—Cuando hablo sobre mi trabajo, podrías parecer interesada —continúa él.

Miro a Janice y le pregunto:

—¿Crees que puedes intentar hacer eso durante la próxima semana?

Y como Janice no es tonta, responde:

—Sí, puedo intentarlo.

Al final, le pregunté a Dave si estaba dispuesto a reconocer el esfuerzo de Janice cuando la viera intentando satisfacer su necesidad.

Esas cinco cosas se convierten en sus prioridades para las siguientes semanas... en sus cinco. Y se fueron con una dirección muy clara y útil, que crearon ellos mismos. Cuando volvimos a reunirnos, me enfoqué en que se rindieran cuentas de sus actos y prioridades, mientras les ayudaba a ajustar sus esfuerzos.

Lo que resultó fue un cambio inmediato en la relación de Dave y Janice. Ellos también aprendieron un método al que podían acudir cuando las cosas se pusieran difíciles (y en el matrimonio, ¡tener momentos difíciles es algo seguro!).

El choque de cinco para los hombres

Podrías tener ganas de decir con frustración: «¡Solo dime lo que quieres! Solo dime qué hacer». Yo no puedo responder esa pregunta para todos, pero por los diversos matrimonios que he observado a lo largo de los años, tengo una idea bastante buena. Las siguientes necesidades son las que creo que son las principales para los hombres. No siguen ningún orden de prioridad. (La parte engañosa es que el hombre que hay en tu vida quizá tenga una lista diferente. Es allí donde entras tú. *Pregunta*. Sé una estudiante de él. Una vez dicho esto, confío en que estas necesidades estarán cerca de las diez primeras).

1. Respeto

A un hombre le gusta estar con una mujer que le haga sentirse respetado. Ser el héroe de alguien, en alguna esfera de la vida, es esencial para el alma de un hombre. El respeto nos hace sentir que estamos avanzando hacia el estatus de héroe. No puedes tener a un héroe al que no respetas.

Un hombre prosperará cuando lo respetan. Lo intentará, trabajará y vencerá muchos obstáculos si lo respetan ahora y cree que hay más respeto en el futuro. Como dijera el gran entrenador John Wooden: «Respeta a un hombre, y hará aun más».

Veamos este asunto desde la perspectiva contraria: Si un hombre no se siente respetado, se alejará. Si no se siente respetado, esta brecha debe repararse, aun cuando esté equivocado por completo, sea del todo irracional o insensible, o sea ciego e inconsciente de tus necesidades. ¿Por qué? Porque si un hombre no se siente lo suficiente respetado, puede que se aleje para siempre. Se volverá como la marmota que sale de su madriguera y, al ver su sombra, se retira otra vez a la seguridad de su agujero en la tierra. «No voy a salir de aquí para que no me respeten». También le resulta difícil pedir respeto; para él, la necesidad debería ser obvia.

Si tu hombre se aparta de ti mediante su trabajo o su recreo, o prefiere estar con sus amigos en lugar de estar contigo, echa un serio vistazo a esta idea: *Quizá no se siente respetado por ti.* El respeto es el aceite que hace que el motor de un hombre funcione con suavidad. Nos ayuda a mantener una mente y un corazón dispuestos. Si quieres recuperar el fuego, o mantener el fuego encendido en tu relación, sé lo bastante valiente para hacerle algunas preguntas:

«¿Qué hago o digo para que te sientas respetado?»

Después de preguntarle, entonces escucha. Escucha de verdad. No discutas con su lógica. No digas: «Eso no tiene sentido». En cambio, prueba esto: «Gracias por decirme eso. Sé que quizá no fuera fácil para ti y te agradezco tu sinceridad». Después pregunta:

«¿Hay algo que yo hago que te hace sentir poco respetado?»

Si es sincero y si tú escuchas y después haces cambios en tus actos, eso abrirá tu relación a un nuevo nivel de confianza y de respuesta.

Con relación a esto: A los hombres les gusta ganar. Les gusta competir y tener éxito. La mayoría de los hombres se aparta de una situación en la que no salen ganadores.

Un hombre que no sea emocionalmente maduro puede que exprese su deseo de ganar queriendo tener siempre razón, siendo terco o no admitiendo casi nunca que está equivocado. A un hombre emocionalmente seguro también le gusta ganar y eso está bien, porque ganar es bueno. Sin embargo, un hombre maduro se disculpará y admitirá que ha fallado si puede ver que hacerlo le hará ganar. Si sabe que le perdonarás, admitirá un fracaso o un error, porque fortalecer la relación es ganar. En cambio, si ha aprendido mediante las experiencias del pasado que le harás pagar emocionalmente por haberse disculpado, no admitirá con mucha facilidad el fallo. Siente que eso es muy parecido a una situación en la que no sale ganando.

A algunos hombres se les denomina orgullosos o arrogantes, pero solo es que no quieren estar en una situación en la que les atacarán, criticarán o humillarán. Un hombre quiere estar con una mujer que le haga sentir bien consigo mismo y con la vida. ¿Cómo hablas con él? ¿Qué destacas? Si piensa: *Puede que otros me critiquen, puede que otros ataquen mis esfuerzos, pero tú no; tú me «entiendes»; puedo confiar en ti*, entonces tienes su corazón.

2. Aliento

El aliento es importante para un hombre. Hablé de esto antes, pero es tan importante que vale la pena repetirlo.

Aliéntalo por quién es él: un buen líder, un buen amigo, un buen apoyo para ti. Afirma sus logros. Apoya sus esfuerzos en los aspectos que son importantes para ti, ya sea ser un buen padre, un fiel proveedor o un mejor esposo.

A alguien en algún lugar se le ocurrió la idea de que los hombres deberían saber hacer barbacoas, arreglar las cosas de la casa y montar muebles recién comprados. ¿Cuándo sucedió eso? ¿Cuándo estuvieron repartiendo esas habilidades? Parece que yo estaba ausente ese día. Me identifico con lo que dice el humorista Paul Reiser en su libro *Couplehood*:

En realidad, cuando te mudas a una casa, aprendes con bastante rapidez lo poco que sabes de nada. Primer día, llega el hombre para poner la electricidad. Me hace una pregunta:

«Perdone, ¿dónde está la caja eléctrica principal?».

En ese momento estoy perplejo por completo. Primera pregunta como dueño, y no tenía idea.

«No lo sé. Es probable que esté fuera. ¿Miró usted fuera? Porque creo que la vi allí antes... Muy bien, voy a ser sincero con usted; en verdad no sé cómo es una caja eléctrica principal. ¿Qué es? ¿Es grande? Quizá esté dentro. Sin duda, estará dentro o fuera, eso sí lo sé. Le diré qué haremos: por qué no la busca, y ese será su primer trabajillo... Usted la encuentra, y yo la tendré. Eso es lo que haré. Usted la encuentra y hace ciertas cosas con los cables que yo no entiendo, y entonces yo le daré más dinero del que usted se merece. ¿Le parece justo?»[1].

A lo largo de los años, he aprendido a quién llamar cuando algo va mal. Holly intenta alentarme en este aspecto, aun cuando yo no le doy mucho con lo que trabajar: «Bien, Philip. Es hora de llamar a ese reparador. Eso fue rápido».

Sin embargo, sus capacidades de aliento brillan de verdad en otros asuntos.

El primer domingo que pusimos en marcha nuestra iglesia, Oasis, está en blanco para mí. Fue un día hermoso, hasta el momento en que subí a la plataforma. Entonces, parece que las cosas fueron cuesta abajo. Eso creo. Como he dicho, todo está en blanco.

Ese primer domingo tuvimos unas sesenta personas.

El segundo domingo tuvimos unas treinta y cinco.

El tercer domingo tuvimos algunas más de veinte. Calculé que tendría unas tres semanas más antes de estar dándole a Holly un estudio bíblico personal. (Nadie me advirtió que no me enfocara demasiado en la asistencia del primer día; es común que las personas aparezcan para desearte que te vaya bien sin tener ninguna intención de regresar).

Cuando Holly servía como parte de nuestro equipo de bienvenida, nuestros «saludadores», yo podía imaginar un domingo muy cercano en que me diría: «¡Hola, Philip! Bienvenido a *The Oasis*. Me alegro de que hayas venido. Tú eres el pastor, así que eso tiene cierta importancia. Espero que des hoy un estupendo mensaje, porque vas a necesitarlo... De todos modos, según se ven las cosas, tú vas a ser el único aquí que lo oiga».

Por fortuna, ese día nunca llegó, pero ella nunca dejó de alentarme en mis esfuerzos como pastor, como comunicador y como líder. Establecer Oasis fue un largo proceso, hicieron falta unos diez años para desarrollar cierta fortaleza e ímpetu tras nuestro ministerio. *¡Diez años!*

Holly me alentó durante todo el camino. Alentó mi trabajo y mi inversión en nuestro ministerio.

Sin embargo, no se detuvo en eso.

«Eres un buen papá, Philip».

«¿De verdad?».

Tanto a mi hijo como a mi hija les encanta jugar al baloncesto, y jugaron en varios equipos a lo largo de los años. Entre mi hijo y mi hija, en raras ocasiones me perdía un partido. Me perdí algunas reuniones, rechacé algunas indicaciones para hablar y me fui temprano de la oficina muchos días. Hubo cosas que no hice y que podrían haber avanzado mi ministerio, pero en raras ocasiones me perdí un partido.

Después de un largo día en la oficina, en realidad no tenía la energía de hacerlo, pero salía a jugar al baloncesto con mi hijo, Jordan. Él tenía unos seis años de edad en esa época. Bajaba su cabeza y se dirigía hacia la canasta, chocando con mi ingle. Unos centímetros más arriba y yo estaría escribiendo este libro a una octava de altura. ¿Era eso necesario de verdad? Sí, es parte del papel.

—Eres un buen papá, Philip.

—¿De verdad?

Los niños traen consigo desafíos a tu liderazgo, preguntas que nunca pensaste que te harían, arrebatos de rebeldía, y mucho más. Tienen una manera de hacerte sentir que saben mucho más de lo que está sucediendo que tú. Te llevan hasta tu límite.

—Creo que no sé qué hacer a continuación. Parece como si nada de lo que intento diera resultado.

—Eres un buen papá, Philip. La mayoría de los papás no se preocupan tanto ni lo intentan tanto. Sigue estando a su lado.

—¿De verdad? Muy bien. Si tú lo dices.

El aliento de Holly me ayudó a creer que yo podía ser un buen papá, y me ayudó a convertirme en el papá que quería ser.

3. Compañerismo

¿Te sorprende saber que los hombres quieren a una mujer que no solo pueda ser una amante sino también una amiga? Los hombres quieren compañía para la recreación.

A los hombres les encanta una mujer que pueda llevar a cabo una conversación acerca de negocios, pasatiempos o deportes. En cierto sentido, es como uno de los muchachos, pero también es una señora. Amamos a una mujer que sepa el significado de «formar el espectro audible», «llegar a un gran slam» o «conseguir un doble triple». Los hombres aman a las mujeres que logren hacer algo que puede hacerles parecer como uno de los muchachos: bolos, pesca o jugar un partido de *ping-pong*, diciendo: «Soy una chica; denme un respiro». No tienes que ser capaz de hacer todo eso... solo una parte.

No estoy seguro de que Holly hubiera llegado a ser nunca una fan del béisbol si no estuviera casada conmigo. Aun así, debido a que me ama, ha aprendido bastante sobre el juego. Reconoce a jugadores, sabe lo que es una carrera impulsada y recuerda quién está a punto de batir el récord. Y cuando grita un comentario inteligente al árbitro, sencillamente me llega al corazón. De verdad. Me dice que está conmigo, participando a plenitud en una actividad que es importante para mí.

¿Por qué deporte o pasatiempo siente pasión tu esposo? Intenta aprender algo al respecto.

A los hombres les encanta estar con las mujeres que no se toman demasiado en serio a sí mismas. Alguien que vea el humor en la vida constituye una estupenda compañía. Para estar seguros, queremos una mujer que tenga intereses que tengan sustancia, que sea sincera y genuina. No obstante, un hombre se ve abrumado y alejado por una mujer que necesite un mantenimiento demasiado alto, que haga que cada conversación sea demasiado intensa y pesada. Aunque he dejado claro que las mujeres deberían tratarse como de la realeza, una mujer que necesite ser el centro de atención todo el tiempo se refleja como insegura, necesitada y exigente.

En cambio, una mujer que sea confiada y juguetona es muy atractiva. No hay nada que más aleje a un hombre como sentir que la mujer de sus sueños es dependiente por completo de él para cada necesidad emocional y que no tiene vida propia. Un hombre sabe que una chica con una vida plena, una vida que no gire en torno a él, no estará necesitada ni será posesiva. Es más probable que sea divertida y tenga algo que decir aparte de: «¿En qué estás pensando de verdad?».

Dos entradas para un partido de béisbol = $100
Una noche fuera con los amigos = $50
Salida nocturna de mujeres = $75
Una compañía agradable y confiada = No tiene precio.

Un hombre también quiere una compañía que pueda proporcionar apoyo doméstico. Es posible que seas o no seas una gran cocinera o alguien que mantiene la casa sin una mota de polvo, pero una mujer que puede añadir su toque a un hogar es un tesoro. Una buena compañía aporta su «algo especial» a la casa.

4. Relaciones sexuales

Holly y yo hablamos más sobre el tema de las relaciones sexuales en el capítulo siguiente, pero creo que es importante aquí hablar de la necesidad de que un hombre se sienta atraído hacia su esposa. Ella no tiene que tener una figura perfecta ni vestirse como una supermodelo para resultarle atractiva en el aspecto sexual. Sí necesita tener un sano apetito de sexualidad, una capacidad de expresar pasión y ninguna inhibición en cuanto a dar a conocer sus deseos. La espontaneidad, la variedad y el entusiasmo tienen muchos puntos en el corazón de su esposo.

Una mujer soltera no debería suavizar su afecto por el hombre con el que sale. Aun así, hay un momento adecuado en la relación para comenzar a expresar sentimientos de pasión y una falta de temor con respecto al sexo. Eso le asegurará al hombre que está siguiendo una relación con la mujer adecuada.

La mujer que solo tenga belleza física a su favor, no puede participar en una relación profunda; y un hombre de emociones sanas busca algo más que el atractivo poco profundo. Busca una mujer que sepa expresarse y tenga elegancia, propósito e intelecto...

Y también alguien a la que encuentre físicamente atractiva.

El «atractivo» es un concepto bastante subjetivo; lo que es atractivo para un hombre puede que... no lo sea tanto para otro. Sin embargo, es probable que ser atractiva para tu esposo siempre será un factor en tu relación. Eso no significa que tengas que preocuparte por envejecer y perder tu belleza, ni que las mujeres más jóvenes en todas partes sean una amenaza para tu matrimonio. Solo significa que es importante que te intereses por los gustos de tu esposo. Descubre lo que «le gusta» cuando se trata de tu elección de ropa, tu estilo de peinado y la cantidad de maquillaje que utilizas.

Sí, *eres* más que tu aspecto.

No, un hombre no debería juzgarte solo por tu aspecto.

Puede que sea cierto que los hombres se enamoran por los ojos y las mujeres se enamoran por sus oídos. Tanto como tú deseas oír «Te quiero» y «Tú eres especial para mí», él anhela que te presentes de manera atractiva.

5. Aventura

A la mayoría de los hombres les gusta correr riesgos. Quieren participar en algo que les demande algo que sea un desafío.

El tipo de desafío puede variar mucho y depende del hombre. Puede que esté interesado en excursiones al aire libre, en comenzar un negocio o en aprender sobre el último aparato en tecnología. Cualquiera que sea la forma que adopte, se trata de conquistar una montaña... una montaña que se parece a escribir un libro, comenzar una nueva carrera, lanzar un ministerio, tomar un curso nocturno o viajar a otro país.

El problema es que a veces un hombre podría intentar escalar esa montaña sin considerar a quién pueda hacerle daño, cuáles sean las consecuencias o incluso si es ético. Por eso es importante que esté guiado por fuertes valores, porque *querrá* participar en esa batalla.Y necesita a alguien que apoye su aventura.

A veces, la mujer que quiere se presenta como la enemiga de la aventura de un hombre. No permitas verte así. Quiérelo. Aliéntalo. Desafía su ética y su sabiduría. Muéstrales sólidos mentores. Y apóyalo.

Después de haber leído el choca esos cinco de la mayoría de los hombres, podrías sentirte tentada a pensar: *Los hombres son superficiales. Tan solo quieren a alguien con quien tener relaciones sexuales y jugar, que sea bonita y que les diga lo especiales que son.*

Huy... ¿cómo puedo decir esto?

No vas muy descaminada.

No obstante, si en lugar de enarcar las cejas te niegas a juzgar sus necesidades e intentas satisfacerlas, puede que te sorprenda su respuesta. Si intentas satisfacer sus necesidades, él lo hará todo por ti. No hay nada que no hará por ti, su tesoro redescubierto.

Nuestra historia de Nueva York: Un momento de gloria

A Holly le encanta el romance. Le encanta que le muestren que es valiosa.

No siempre lo entiendo. A veces me siento «románticamente desafiado». Con todo, a veces sí lo entiendo.

Creo que la teoría básica del romance eficaz es que un estilo de vida de pequeños y continuos gestos románticos es mejor que un «gran acontecimiento» de romance una sola vez. Si nunca muestras ningún esfuerzo romántico hasta que llega el aniversario una vez al año, los grandes esfuerzos no tendrán el mismo impacto que «el gran esfuerzo rodeado por muchos esfuerzos menores».

Confiar en los gestos grandiosos es un poco menos importante para una relación a largo plazo. Tienden a caer en la categoría de algo menos que fascinante, como regalar flores después que el esposo haya metido la pata, o un gran regalo para compensar, o la frase «Sé que me olvidé de nuestro aniversario, pero mira el vestido que te he comprado».

Aun así, los grandes acontecimientos románticos pueden ser poderosos. Y también puedo señalar que yo lo entendí esta vez.

A Holly le encantan las historias de amor. Le encanta la película *Algo para recordar*.

Hemos visto esa película muchas veces. Toda la historia gira en torno a la historia de otra película, *Tú y yo*, que es otra historia de amor. Es interminable.

La trama básica de *Tú y yo* tiene que ver con malentendidos o inseguridades en la relación entre los dos personajes principales. Atraviesan los desafíos de cualquier buena historia, hasta que por fin todo se reduce a: «Si me quieres, reúnete conmigo en lo alto del Empire State».

No sé cómo sucedió, pero yo estaba sentado ocupándome de mis propios asuntos cuando comencé a pensar en lo mucho que quería a mi esposa, lo especial que es para mí y cómo debería expresarle ese mismo nivel de pasión y de valor. Así que tuve una idea y decidí que iba a recrear ese mismo nivel de «ser especial» que habíamos visto en su historia favorita. Pasé unos dos meses planeando y organizando ese gran acontecimiento, y así es que resultó.

Un día le dije a Holly que tenía que ir a la oficina muy temprano a la mañana siguiente. Me iría alrededor de las seis de la mañana, así que no estaría allí cuando se despertara. Por lo tanto, alrededor de las ocho, cuando ella salió a la cocina, encontró tres sobres sobre la mesa.

En el primer sobre solo estaba escrito «Holly». Ella abrió el sobre para encontrar una carta que decía: «Si me quieres, reúnete conmigo en lo alto del Empire State». Dentro del sobre había también un billete de avión a la ciudad de Nueva York. Yo me había ido temprano esa mañana porque ya estaba en un vuelo anterior a Nueva York.

Le decía en la nota que ya había organizado el cuidado de nuestros hijos, incluyendo quién iba a ocuparse de ellos, quién se quedaría a dormir, y otras cosas. Había planeado que la llevaran hasta el aeropuerto. Había reservado una habitación de hotel. Escribí que íbamos a pasar un par de días para alejarnos y disfrutar.

El segundo sobre decía: «No te quedes ahí; tienes dos horas para empacar y salir».

El tercer sobre decía: «No lo abras hasta que estés en el avión». En ese sobre (aunque yo no tenía mucha confianza en que esperaría hasta estar en el avión para leerlo), tan solo escribí una nota que le decía lo mucho que la quería y lo mucho que anhelaba pasar algunos días especiales con ella. Y lo firmé. Pensé que eso era importante, porque no quería que ninguna otra persona tuviera el mérito de mi momento de gloria.

Holly dice que cuando se subió al avión, estaba tan emocionada que le contó a todos los que le rodeaban lo que estaba sucediendo. Eso no me sorprende.

Yo lo había organizado para que una limusina la recogiera en el aeropuerto en Nueva York. El conductor de la limusina estaba en el aeropuerto con su nombre en una tarjeta cuando ella se bajó del avión, y puso la banda sonora de *Algo para recordar* en la limusina de camino al hotel. La llevó al hotel para dejar el equipaje y después la llevó al Empire State.

Yo había planeado todo eso suponiendo que ella me amaba y quería reunirse conmigo en lo alto del Empire State; a diferencia de la película, en la que el héroe, según mi opinión, dejó demasiado en manos de la especulación.

Pasamos unos días estupendos. Yo era un héroe. Lancé la bola fuera del campo. Fue una gran victoria. Fue como haber ganado la Serie Mundial.

Incluso planeé cosas para que los dos hiciéramos mientras estábamos en Nueva York. Planeé cosas que sabía que le gustarían, como cenar en un bonito restaurante, ver una obra en Broadway, entradas para el programa de David Letterman y un partido de los Yankees. Planeé *solo* las cosas que sabía que le gustarían a ella.

Ahora bien, por la forma de ser de Holly, cuantas más veces relata una historia, más creativa, emocional y mayor se vuelve. Algunas veces cuenta una historia y pienso: *¿En verdad era yo en esa historia? No lo recuerdo de esa manera en absoluto. ¿Fuiste una segunda vez cuando yo no estaba incluido? Porque no creo que yo fuera el mismo hombre que te acompañó en esa ocasión. Tu versión parece distinta a la mía... a decir verdad, no recuerdo a King Kong colgado del edificio.*

Sin embargo, en esta situación, me dio resultados. Nuestro viaje a Nueva York fue un regalo que sigue perdurando porque a ella le gusta contar la historia una y otra vez, y cuando lo hace, la revive. Aunque han pasado casi quince años desde que hicimos ese viaje, es como si hubiera sucedido una y otra vez hace un mes. Y cuando vuelve a relatar la historia y vuelve a experimentarla, ¡me da la «apariencia» que me dice que está muy contenta de que yo sea el hombre de su vida!

La separación de los hombres de los muchachos

Un fenómeno de nuestra época es la confusión que sienten muchos hombres con respecto a quiénes tienen que ser. ¿Debo ser fuerte y duro, o compasivo y creativo? ¿Cuál de ellos estoy siendo ahora? ¿Soy de verdad un hombre? ¿Necesito cambiar algo en mi modo de manejar las cosas para ser un hombre genuinamente maduro?

El apóstol Pablo escribió: «Cuando yo era niño, hablaba como niño, pensaba como niño, razonaba como niño; cuando llegué a ser adulto, dejé atrás las cosas de niño» (1 Corintios 13:11).

Dejar atrás las cosas de niño. ¿Qué es eso con exactitud?

Pablo menciona la manera en que hablaba y pensaba. Creo que si otros van a ver cambios en nuestros pensamientos y nuestras palabras, tiene que haber un cambio en lo profundo de nuestra alma.

Una de las parábolas más reconocibles que Jesús contó es la historia del hijo pródigo. Esta historia revela algunas cualidades distintivas que creo que pueden ayudar a los hombres a aclarar la confusión que sienten sobre lo que significa ser un hombre.

En su núcleo, la historia trata de nuestro Padre celestial. Jesús utiliza una historia para revelar algo acerca del corazón de Dios, y acerca del tipo de hombre que cada hombre debería proponerse ser.

Los hombres a menudo se desvían hacia uno de dos extremos. Se inclinan hacia ser débiles, egoístas y pasivos o hacia ser duros, mezquinos y difíciles.

El hombre pasivo

Veamos primero al hijo más joven, el pródigo, que es ejemplo del primer extremo. Es el que desperdicia su vida y regresa a casa al final.

Es egoísta. Piensa: *Quiero lo mío ahora. Quiero hacer lo que yo quiera. Quiero ser libre.* Antes de volver en sí, antes de entender que necesita hacer algunos cambios si quiere ser un verdadero hombre, es pasivo. Se ve en su manera de pensar y de hablar. No tiene objetivos. No tiene una dirección. Le gusta ir a fiestas. Quiere andar por ahí con los muchachos. Su vida no va a ninguna parte, y él busca alguien que le permita seguir ese ritmo.

En nuestro mundo, este tipo de hombre es muy común, los vemos todo el tiempo. Es el tipo de hombre en el que no se puede confiar. No está a la altura cuando se le necesita. No defiende lo que es bueno.

Vemos esta situación con Adán y Eva en el jardín del Edén. Cuando la serpiente llegó para tentar a Eva, para robar la primogenitura de la humanidad y llevarse su bendición, no tenemos evidencia alguna de que Adán hiciera algo para evitar el desastre. No se interpuso entre Eva y la serpiente y dijo: «Un momento, esto está mal. Voy a intervenir; déjame defenderte. Voy a defender el jardín, nuestro futuro y nuestra relación con Dios». Su esposa comió del fruto prohibido, y después él comió también.

Adán fue pasivo; renunció a su responsabilidad.

En nuestras iglesias vemos a muchos hombres como Adán y como el hijo pródigo. Son muchachos en cuerpos de hombres. Son jóvenes que tienen veinte o treinta años de edad, e incluso adolescentes que tienen cuarenta. Puede que tengan el aspecto de un hombre de treinta años, pero siguen sin estar seguros de lo que quieren hacer con sus vidas. No pueden mantener un trabajo y, si tienen alguno, trabajan a tiempo parcial.

Entiendo que hay períodos en la vida en los que es necesario formarse y prepararse. Un hombre puede ir a una escuela o podría estudiar interno durante un año o dos; pero para algunos hombres, esto se convierte en su estilo de vida. Van a vivir una década o dos de esa manera.

Es común ver a un grupo de hombres, trece compañeros de piso, que pagan cada unos veintisiete dólares para cubrir el alquiler. De esa manera, uno no tiene que trabajar mucho. Este enfoque les da mucho tiempo para jugar con las videoconsolas Wii y X-Box, expresar el arte y salir a hacer surf el fin de semana. Algunos de esos hombres prefieren quedarse hasta las dos de la madrugada escribiéndole «canciones de amor a Dios» que hacer algo determinante en su vida y en el mundo. ¿Qué te parece ser un proveedor? ¿Y ser un fuerte defensor de alguien que te necesite? ¿Qué te parece establecer un ejemplo de dependencia y confianza para la próxima generación?

¡Estoy convencido de que el *aburrimiento* es la razón por la que algunos hombres llegan a ser adictos a la pornografía! No tienen ninguna otra cosa que esté sucediendo en sus vidas. La pornografía y las relaciones de fantasía son más fáciles que entablar relaciones reales y duraderas.

Es difícil levantarse a las ocho de la mañana a fin de acudir a una reunión de oración para hombres cuando has estado despierto hasta las tres de la madrugada jugando con videojuegos y actualizando tu página de *Facebook*. Se matricula en una clase, pero ni siquiera puede asistir a tres consecutivas porque no puede mantener su vida organizada. Es débil. Es lo que los muchachos hacen con sus vidas. «Solo quiero salir por ahí y ser popular. No me presiones, hombre... me estás estresando».

A veces me pregunto si el deseo secreto de este hombre es casarse con una mujer que tenga una carrera buena de verdad y una bonita casa, porque entonces puede seguir persiguiendo su sueño mientras ella es la que trae a casa el dinero.

Si alguien le desafía a hacer algo más con su vida, sus sentimientos resultan heridos. Es probable que se enfurezca al leer estos comentarios. Sin embargo, una vez más, es probable que sea demasiado pasivo para leer un libro sobre mejora personal.

Ahora bien, no me malentiendas. Este es un hombre agradable. Nos gusta este hombre, a todos nos gusta tenerlo cerca. Aun así, la realidad es que rara vez pasa a un primer plano. No le gusta tomar decisiones difíciles. Tiende a sobresalir en *no* tomar decisiones, porque no quiere caerle mal a nadie. Al final, renuncia a las responsabilidades.

Es como seguir a alguien por la autopista cuyo intermitente derecho parpadea. Ha estado parpadeando durante treinta kilómetros, y tú piensas: *Muy bien, este tipo tiene el potencial de girar a la derecha en algún momento, pero no tengo ni idea si en realidad va a hacer ese giro o no. ¿Debo reducir, debo acelerar, debo adelantar?*

El peligro en esta situación es que algunas de las mujeres que tanto nos importan se han enamorado de esos hombres. Creo que algunas mujeres confunden el amor entre una madre y un hijo con el amor entre una esposa y un esposo.

Algunos de ustedes han dicho: «Philip, vamos... le amo. Lo que pasa es que tú no le entiendes».

Mujeres. Chicas de Dios. Hijas. ¡No pongan excusas para este hombre!

Sí, sí que le entiendo. Él es pasivo. Necesita que le desafíen. No ha tenido un buen ejemplo. Necesita a alguien en su vida que le empuje hacia adelante.

Hazte la pregunta: *¿Quiero que mis hijos sean como el hombre al que amo? ¿Quiero que mis hijas se casen con alguien como él?* Porque él es el ejemplo que seguirán tus hijos.

Cuando los hombres que siguen siendo niños se casan, hay un problema a la espera. Es muy difícil que un niño se convierta en hombre de la noche a la mañana. Con frecuencia le hace daño a su esposa porque no sabe cómo estar a su lado. Es decepcionante cuando el hombre al que amas no sabe en sí cómo ser fuerte.

A veces, a las mujeres agresivas o dotadas les atraen hombres como estos porque pueden decirles qué hacer... y ellos harán lo que les digan. Debo decirte que he visto muchas mujeres como estas en la oficina de consejería que ahora desprecian a sus esposos por las mismas debilidades que las atrajeron en un primer momento.

Los hombres pasivos necesitan volver en sí, tal como hizo el hijo pródigo. Necesitan reconocer lo que ha influido en ellos y qué ejemplo han estado siguiendo. Necesitan conocer a otros hombres que estén haciendo algo con sus vidas.

Al final, necesitan emprender la acción. Crear iniciativa. ¡Crear ímpetu! Asistir a una clase sobre negocios o ministerio, desarrollar una habilidad especial, conocer a otros hombres que se estén moviendo en direcciones parecidas en los negocios, la fe o el ministerio. Es muy importante participar en actividades y actos productivos con otros hombres que sean un ejemplo de fortaleza.

Como su esposa, fomenta y proporciona oportunidades para que él pase tiempo con hombres de fortaleza que estén haciendo algo con sus vidas. Con frecuencia, su influencia es la que le ayudará a convertirse en el hombre para lo que le crearon, en lugar del niño que necesita crecer.

El hombre agresivo

Ahora veamos el otro extremo: el hermano mayor. Es ejemplo de una masculinidad desesperada e insegura.

Es el hombre crítico. Está enojado. Es hostil. Critica a la gente. Es el tipo duro. Piensa que cualquier cosa sensible o compasiva es «cosa de chicas». No se siente cómodo con los abrazos, los besos, ni los llantos.

Si fuera religioso, habría sido el hombre que conoce todas las reglas. Habría sido el hombre que sobresale en seguir la pista a lo que has hecho mal. Es la persona enfocada en las reglas que no tiene el corazón del Padre en absoluto.

Los verdaderos hombres pueden reír, llorar, luchar por algo, ganar y sobreponerse a las decepciones. Podemos hacer TODO eso. No tienes que ser una cosa o la otra, puedes ser ambas; puedes ser fuerte y compasivo.

A este hermano mayor le gusta dar órdenes a todos los que le rodean. No quiere estar *bajo autoridad*; quiere estar *en el poder*. Su liderazgo se apoya en un título o una posición.

Estos hombres son muchachos que no quieren aceptar dirección de nadie. No les gustan las personas con un nombre. Critican a sus líderes: el jefe, el patrón, el pastor y cualquier otra persona que tenga autoridad.

Piensa: *Si yo estuviera a cargo, las cosas serían diferentes aquí.*

Bien, tú no estás a cargo, y eso se debe a que eres un tonto. Nadie confía en ti. La confianza se gana situándose bajo autoridad y demostrando que uno es digno de confianza.

A veces, este es un militar, un policía o un guardia de seguridad. Aunque tengo un gran respeto por las personas que sirven en esas carreras, algunos hombres se sienten atraídos a esos puestos porque hay una apariencia de fortaleza. Sin embargo, a menudo no pueden tomar la fortaleza que aprenden en el trabajo y ponerla en las relaciones en la vida real.

Hace muchos años, un hombre al que llamaremos Darryl acudió a mí. Me preguntó si le daría consejo como su pastor. Me contó su historia y sus preocupaciones. Después de haber pensado al respecto, le hice mis comentarios... los cuales hirieron sus sentimientos.

Alrededor de un año después de eso, era una persona difícil con la cual hablar.

Hacía pucheros. Un hombre adulto.

Pensé: *Vamos, me pediste mi opinión y yo te la di. Se supone que eres fuerte y duro. Emplea tu fortaleza en humillarte y crecer.* Sin embargo, su versión de fortaleza producía separación de amistades y relaciones rotas. Eso no es fortaleza en absoluto.

Era alguien que fingía.

¿Tienes una relación con alguien que finge? Espero que no.

Esos hombres quieren ser fuertes, pero no saben cómo, y por eso se enojan e intimidan a las personas a las que pueden controlar y critican a las personas a las que no entienden. Asustan a sus esposas e intimidan a sus hijos.

¿Qué tipo de hombre amenaza a su familia? ¿Qué tipo de hombre asusta a su esposa y a sus hijos? (Puedes imaginar al hijo pródigo pensar al ver a su padre corriendo hacia él: *Ay, no, aquí viene, todos a esconderse. ¡A ponerse el casco! Aquí viene papá*).

En la historia, puedes ver la falta de verdadera espiritualidad del hermano mayor. Le dice a su padre: «Papá, ¿cómo has podido dar esta fiesta? Este hijo tuyo [¿No es interesante? Él está hablando de su propio hermano, pero le llama "este hijo tuyo"] lo fastidió todo. Se gastó todo tu dinero con prostitutas».

Las personas mezquinas de espíritu juzgan y sacan conclusiones deprisa. Yo no leo en ningún lugar en la historia que el hijo pródigo gastara su dinero con prostitutas. Esta idea solo aparece en las acusaciones del hermano mayor. Eso es lo que hacen los hombres agresivos cuando no se sienten fuertes: atacan a los demás.

Jesús nos enseñó sobre entregar nuestras vidas para servir a los demás. *Eso* es verdadera fortaleza.

El padre de la historia es fuerte. ¡Si al menos el hermano mayor se hubiera aplicado para ser más parecido a su papá! Es triste que el hermano mayor dijera: «He estado aquí todo este tiempo» como si tuviera derecho a algo debido a la permanencia. En realidad, no se parece en nada a su padre y, por tanto, se descalifica a sí mismo. El hermano mayor cree que se merece algo especial, pero no ha vivido como el padre en absoluto.

El padre es fuerte; está a la altura de la necesidad en cada situación.

Apoya y es liberador: «¿Quieres irte? Te dejaré ir». Tiene interés y amor por su hijo, pero debido a su sabiduría deja ir a su hijo.

Es compasivo; cuando su hijo regresa, el padre le abraza. Le da la bienvenida a casa.

Los hombres necesitan ser capaces de expresar a sus seres queridos: «Te amo, ya sea que tengas éxito o fracases». Los hombres también necesitan escuchar estas palabras. Muchos hombres nunca han vivido esta clase de amor y respaldo expresado por sus propios padres.

Hasta Jesús necesitaba escuchar el respaldo de su Padre. Dios habló desde los cielos y declaró: «Este es mi hijo amado, quien me da un gran gozo» (Mateo 3:17, *NTV*). Jesús entonces llevó a cabo su ministerio, con esa declaración plantada con firmeza en su corazón.

Si eres soltera y piensas en algún hombre en particular con el que edificar una relación para toda la vida, te aliento a que consideres estos ejemplos de hombres que he representado para ti. El hombre en el que estás pensando, ¿se inclina hacia lo pasivo o lo agresivo? ¿Es más un hombre o un muchacho?

Si eres casada, te ayudará reconocer con quién estás intentando comunicarte. Al pensar en las cinco necesidades de los hombres, esas necesidades se verán diferentes dependiendo de si el hombre de tu vida se inclina hacia ser pasivo o agresivo. Ya que estamos suponiendo que estás en una relación en la que ambas partes quieren seguir creciendo desde el punto de vista emocional, entonces tener al menos una conversación sobre estos temas, sin hacer que él se sienta atacado o criticado, sería útil.

Para descubrir más de Holly y de mí acerca de las necesidades de los hombres y las mujeres, puedes ver algunos vídeos cortos en www.godchicks.com.

¡Solo para hombres!

He enumerado las cinco necesidades principales de los hombres como *respeto, aliento, compañerismo, relación sexual* y *aventura*. ¿Son esas las tuyas? Infórmaselo a tu esposa.

Las mujeres también tienen necesidades. Las cinco principales podrían ser *toque no sexual, conversación, sinceridad/franqueza, seguridad económica* y *compromiso familiar*. Habla con ella para comprobar si esas son sus necesidades. Y recuerda: Ella no está equivocada por tener necesidades distintas a las tuyas.

Si te comprometes a satisfacer las necesidades de tu esposa, ella te abrirá su corazón, confiará en ti y empleará más esfuerzo para satisfacer tus necesidades.

En la historia del hijo pródigo, aprendimos sobre tres clases de hombres.

El hijo menor es pasivo e irresponsable. Es el hombre que prefiere salir por ahí con sus amigos que contribuir para edificar un hogar. ¿Tú eres así? Si ves algunas de esas cualidades en ti, puedes tomar algunas decisiones que aportarán fortaleza a tu relación. A las mujeres les encanta estar con un hombre en el que se pueda confiar; alguien que tenga dirección en la vida. Es importante para ti y para tu relación que tengas un objetivo, una misión o una dirección en la vida que, una vez alcanzada, será determinante en otras personas que te rodean. Esto ayudará a aportar fortaleza a tu relación.

El hijo mayor es agresivo, crítico, enojado y enfocado en las reglas. Este tipo de hombre intimida y trata de controlar a las mujeres. ¿Utilizas la ira para intimidar a tu esposa y tu familia? Si eres un hombre joven y soltero y sigues intimidando a las muchachas para que vayan más lejos sexualmente de lo que es apropiado o lo que honra a Dios, eres abusivo. Necesitas disculparte. ¡Necesitas arrepentirte del modo en que tratas a las hijas de Dios! Humíllate para poder llegar a ser más parecido al Padre y no como el hermano mayor controlador.

¿Hay un poco de uno de esos dos hermanos en ti? ¿Estás dispuesto a preguntarle a tu esposa?

En caso de que diga sí, no te pongas a la defensiva. En cambio, pídele perdón y después mira al padre en la historia. Sigue su ejemplo. Ya seas pasivo o agresivo, el amor del Padre te sanará.

Comienza el viaje de ser como la versión bíblica del padre, como nuestro Padre celestial. Pídele a Dios que te ayude a ser un hombre que proporciona consuelo, fortaleza y aliento. Él provee para su familia. Él es fuerte y apoya, es compasivo y perdonador.

Nota

1. Paul Reiser, *Couplehood*, Bantam Books, Nueva York, 1994, p. 217.

«S-E-X-O» no es una palabra vulgar

(Philip y Holly)

A ti y a mí durante los últimos años nos han estado embutiendo todo el día buenas y sólidas mentiras en cuanto al sexo.
C.S. LEWIS, *CRISTIANISMO... ¡Y NADA MÁS!* [1]

Aprendí en la iglesia que la relación sexual es lo más horrible y sucio de la tierra y que uno debería guardarla para alguien que ama.
ANÓNIMO

¡Que su amor te cautive todo el tiempo!
PROVERBIOS 5:19

Tenemos buenas noticias para ti: Dios quiere que tengas una increíble vida sexual. La relación sexual es un regalo de Dios para nosotros.

No estamos seguros de dónde conseguiste tu información sobre la intimidad sexual. Quizá la obtuviste en parte de todas esas películas maravillosamente románticas y ahora te das cuenta: *Espera, ¡así no es como sucedió conmigo!* En lugar del movimiento coreografiado a la perfección entre dos personas que saben con exactitud lo que hacen, con acompañamiento musical y una buena fotografía, tu experiencia con el sexo ha sido más bien parecida a lo siguiente: «¡Huy! Cariño, tienes tu codo en mi cabello», y «¡Muévete, me estoy cayendo de la cama!», o «¿Recuerdas lo que hiciste la última vez? No hagas eso», o «Me estás aplastando. No es que peses tanto, pero es una posición extraña». (¿Y has observado que en las películas nunca hay problemas en la relación sexual? En las películas, ¿por qué nadie necesita nunca una toalla? ¿Qué pasa con eso?).

Quizá podamos concluir que las películas no son el mejor lugar para conseguir educación sexual.

Hay mucha información falsa y desalentadora acerca del sexo. Cuando íbamos a consejería prematrimonial, tenía (Philip) treinta años de edad y Holly unos veintidós, y leímos un artículo sobre la satisfacción sexual en el matrimonio. El artículo decía que las mujeres llegaban a su clímax sexual entre los treinta y treinta y cinco años de edad. En el mismo artículo leímos que los hombres alcanzan su clímax sexual entre los dieciocho y veintitrés años de edad. Pensé: *¡Estupendo! Yo ya he llegado y ella ni siquiera ha comenzado.*

Hay muchas ideas por ahí sobre la relación sexual que confunden a la gente.

Muchas parejas con las que hablamos han tenido experiencias horribles con el sexo. Quizá ella fuera víctima de abuso sexual y llegue al matrimonio llevando esas cicatrices, o tal vez el promiscuo fuera él y ahora se cuestiona si puede librar su mente de los recuerdos de otras. Por lo general, oramos con parejas en las que uno de los dos tiene una enfermedad de transmisión sexual que ahora lleva al matrimonio.

Quizá tú fueras una de las pocas personas en el planeta criada por padres increíblemente funcionales, que no solo te querían, sino que también se querían el uno al otro de manera emocional y física. Padres que estuvieran dispuestos a explicar todo lo que necesitabas saber sobre el sexo y a responder todas tus preguntas con franqueza, amor y sin vergüenza. Además de eso, tú y tu cónyuge eran vírgenes cuando se casaron y, así, entraron en el matrimonio sin ningún equipaje ni complejo. En la luna de miel, la relación sexual fue perfecta porque ambos estaban bien preparados y sabían con exactitud cómo agradarse el uno al otro.

Si lo anterior es cierto, puedes saltarte este capítulo.

No obstante, si te reíste con asombro porque yo pudiera imaginar siquiera que hay padres así porque estás bastante segura de que esos padres son un mito... o si obtuviste tu educación sexual de tus amigos, que estaban *muy bien* informados... o si tú, como muchas personas, de seguro tenías un pasado sexual que llevaste a tu matrimonio, este capítulo es para ti.

He aquí una historia de Philip:

Cuando era pequeño, mi papá tuvo su primera charla padre-hijo llamándome a su oficina. Ya sabía que tenía problemas.

Te lo explicaré un poco. Mi papá era un evangelista bautista conservador especializado en predicar cuál era la temperatura exacta del infierno y subrayar la ira de Dios. Nunca habíamos hablado sobre sexo en ningún aspecto en nuestra casa.

Ese día, que *debería* haber sido el comienzo de muchas estupendas conversaciones a fin de prepararme para una de las mejores partes del matrimonio, mi papá me llamó a su oficina.

Tenía escrito en un trozo de papel la palabra con S. Me la enseñó y me preguntó: «¿Sabes lo que significa esto?». Entonces supe que tenía problemas. Le aseguré que no sabía lo que significaba la palabra. Además, nunca lo había hecho y nunca se la había dicho a nadie. Pensé que eso debería bastar para cubrir mi defensa.

Pasó a explicar la actividad, pero su descripción me pareció grosera en realidad. Le dije que nunca haría eso. (Más adelante cambié de opinión).

Como podrás suponer, papá dejó fuera algunos detalles. Supongo que yo era el que debía llenar los espacios en blanco hablando con mis amigos, cuyos padres también les habían dado una mínima cantidad de información.

Unos meses después de nuestro matrimonio, con esa extensa educación sexual a mis espaldas, no debería haber llegado como sorpresa que una noche (después de lo que pensé que fue una apasionada expresión de intimidad sexual) le dije a Holly: «Ha sido bastante bueno, ¿no?», y ella me respondió con media sonrisa.

No era la respuesta que esperaba.

Ella me dio esa media sonrisa que significa: «No estoy intentando ocultar mis verdaderos sentimientos». Y hubo algún silencio muy largo. Sabía que tenía problemas. No tenía idea del porqué, pero de algún modo sabía que estábamos a punto de mantener una conversación muy incómoda. (Te cuento esto, pero guárdatelo, por favor. Es embarazoso).

Cuando Holly soltó la noticia de que no fueron los ocho minutos y medio más excitantes que hubiera tenido nunca, me quedé sorprendido. «¿Cómo? ¿No lo disfrutaste?» Supuse que si yo lo estaba pasando bien, todos en la habitación estarían felices. No. En esencia, la novedad se había esfumado. Era momento de decirlo. *¿Decir qué?*

¿Cómo iba yo a saberlo? Nunca pregunté. Nunca tuve las conversaciones padre-hijo que deberían haber sido continuas y me habrían dado una idea de cómo relacionarme sexualmente con mi esposa.

Fue una conversación dolorosa, pero esa conversación con mi nueva esposa comenzó lo que se ha convertido en un viaje maravilloso, una conversación continua que ha durado más de veinticinco años y ha producido una mejor vida sexual de la que hubiera imaginado jamás. Sin embargo, al principio fue... difícil.

Reaccioné en exceso, me puse a la defensiva y me volví inseguro y, en varias ocasiones, no disfrutaba mucho con las relaciones sexuales; y hasta me preguntaba a qué venía todo aquello. Pensaba: *El sexo no es tan estupendo.*

Antes de meternos en el tema de la relación sexual, queremos decirte que somos muy conscientes de que hay personas (¿personas como tú, quizá?) que han sufrido abuso sexual. Estamos enojados por ti de que algo pensado para ser maravilloso entre un esposo y su esposa pueda causarte dolor o se interponga en el camino de una vida sexual satisfactoria y sana. Lo lamentamos mucho, y nuestras palabras de aliento para ti es que hay un camino para la sanidad. Es importante que consigas ayuda. Hay muchos lugares donde puedes obtener esa ayuda: sabios consejeros, buenos libros e iglesias con programas que pueden conducir a tu libertad. No te quedes atada ni un día más. ¡La vida es demasiado preciosa para eso! ¡La relación sexual es un regalo dado por Dios y es para disfrutarlo!

El prerrequisito sexual

Vamos a decir ahora, para que no haya ningún malentendido, que creemos las instrucciones de la Biblia sobre el sexo. La intimidad y la expresión sexual son para un hombre y una mujer que están casados.

También entendemos que en nuestro mundo actual, muchas personas solo suponen que los solteros que tienen una relación de noviazgo mantienen intimidad sexual. La mayoría cree que la abstinencia es un estándar antiguo y poco natural. Muchas personas creen que la virginidad es un estado que debe remediarse cuanto antes. En lugar de que la virginidad sea una insignia de honor, es una razón para el ridículo.

Sin embargo, creemos que Dios creó la relación sexual y que deberíamos seguir sus instrucciones. Es obvio que estar casados no garantiza una vida sexual estupenda, apasionada y agradable. Hay otros elementos esenciales. Entonces, si quieres tener la bendición de Dios, tienes que comenzar ahí. La relación sexual está pensada para el matrimonio. Esta perspectiva no nos ha obstaculizado ni nos ha hecho daño de ninguna manera. Disfrutamos de la pasión del sexo.

Las personas solteras deberían esperar para disfrutar este nivel de intimidad y guardar esta parte tan importante de su cuerpo y su alma para su futuro cónyuge. El regalo de tu virginidad para tu cónyuge será un regalo poco común, pero atesorado.

Hay poder en la pureza. «Pureza» significa *no contaminado* y *no diluido*. Esto casi siempre significa poder. Hay poder y un gran valor en la dedicación *pura*, en la fortaleza *pura* y en el oro *puro*.

No podemos regresar y cambiar el pasado, pero podemos recorrer el resto de la distancia con la pureza como nuestro estándar. La pureza declara valor, demuestra un autocontrol en el que se puede confiar y protege tus relaciones de la enfermedad física y emocional.

En la mitología griega, el canto de las sirenas es un interesante paralelismo del deseo sexual. Las sirenas son criaturas que tienen la cabeza de una mujer y el cuerpo de un ave. Viven en una isla rocosa y peligrosa y, con el irresistible sonido de su canción, atraen a quienes navegan cerca de ellas a la destrucción en las rocas.

Los argonautas escaparon de las sirenas porque cuando oyeron su canción, Orfeo entendió el peligro en el que estaban. Tomó su lira y cantó una canción tan clara y resonante que ahogó el sonido de aquellas voces amorosas y fatales.

Cuando el barco de Odiseo pasó al lado de las sirenas, ordenó a los marineros que se pusieran cera en los oídos para no poder oír el irresistible poder de la canción. Odiseo, sin embargo, quería oír sus hermosas voces, así que hizo que la tripulación le atara al mástil. Las sirenas cantaron mientras el barco de Odiseo pasaba al lado de su isla. Sus palabras eran incluso más atractivas que sus melodías. Prometían conocimiento, sabiduría y un avivamiento del espíritu a todo hombre que se les acercara. ¡La canción era más hermosa de lo que Odiseo había imaginado! Su corazón se llenó de anhelo por las sirenas, pero las cuerdas le mantuvieron en el mástil y el barco navegó hasta aguas seguras.

La atracción de las experiencias sexuales es seductora y difícil de resistir. Cuando somos sexualmente excitados, la razón con frecuencia se arruina; y a menos que estemos atados por nuestras convicciones, nos podrán destruir. Al igual que Orfeo cantó una canción muy clara, también nosotros debemos tener una canción más fuerte en nuestros corazones a fin de que nos guíe por nuestro viaje sexual. Necesitamos oír una canción que ahogue los cantos que nuestra sociedad canta en la actualidad.

La verdad es que la relación sexual, que debería ser un regalo para nuestra vida, será una maldición si no se trata de la manera apropiada. Aunque quizá muchas personas no respeten la perspectiva bíblica sobre la relación sexual, el enfoque de nuestra sociedad no está dando resultados.

La clamidia y la gonorrea son dos de las enfermedades infecciosas comunes en los Estados Unidos. Las consecuencias a largo plazo de estas enfermedades pueden ser amenazadoras para la vida y, sin duda, destruirla[2]. Más de un millón de personas viven con VIH en los Estados Unidos[3]. Una tercera parte de los embarazos en los Estados Unidos no se planean ni se quieren, y la mitad de ellos terminará en aborto[4]. Es obvio que la manera en que estamos enseñando y hablando sobre las enfermedades de transmisión sexual, el SIDA y el embarazo no es eficaz, y la continua distribución de preservativos gratuitos no está ayudando. Debe de haber una mejor manera.

Hay docenas de revistas en las estanterías de los supermercados que ofrecen artículos de este tipo: «Cómo tener un buen sexo con tu novio». Es triste, pero en su inmensa mayoría los escriben jóvenes que no han edificado matrimonios duraderos.

Vivimos en una sociedad que nos dice que estamos obligados a convertir en sexual cualquier sentimiento que pase por nuestra mente. Las canciones están llenas de pasión sexual, las películas presentan a personas que tratan su sexualidad como si debiera compartirse con cualquier persona con la que estén en el momento. Se promueve la idea de que cualquier limitación que pongamos a nuestra expresión sexual es una indicación de un complejo sexual. Sin embargo, cuanto más libre parece llegar a ser nuestro mundo, más problemas sexuales tenemos. Hay más que nunca adictos al sexo, agresores sexuales y personas con frustraciones sexuales.

El acto sexual estupendo no se trata del número de personas con las que mantengas relaciones sexuales, sino más bien de la intimidad que se produce en un matrimonio cuando dos personas comprometidas unen sus corazones y sus cuerpos: la intimidad que se produce a lo largo de los años. Aunque la relación sexual no es la única parte de un matrimonio, sin duda es una parte importante, por varias razones.

Razones para una relación sexual estupenda

¡Proporciona disfrute!
Pasaremos mucho tiempo en este capítulo hablando del disfrute sexual.

> Como cierva amada y graciosa gacela.
> Sus caricias te satisfagan en todo tiempo,
> Y en su amor recréate siempre. (Proverbios 5:19, RV-60)

La relación sexual debería ser divertida. Deberíamos experimentar placer físico y tocarnos el uno al otro de manera emocional a un nivel profundo. La persona promedio cree que los cristianos son cerrados y están sexualmente reprimidos solo porque tenemos convicciones acerca de las pautas que creemos que deberían guiarnos. ¡Pero los cristianos sanos desde el punto de vista sexual y emocional experimentan una vida sexual apasionada, desinhibida, divertida, increíble y asombrosa!

No puedes tomarte demasiado en serio a ti mismo. Tienes que reírte un poco y jugar un poco. Esta es una parte agradable de la vida. Tienes que aprender. Tienes que practicar una y otra vez. A veces llegas a entenderlo bien y otras veces no tanto... ¡pero lo intentas otra vez mañana!

Promueve la unidad

«Por tanto, *dejará* el hombre a su padre y a su madre, y *se unirá* a su mujer, y serán una sola carne» (Génesis 2:24, RV-60, énfasis añadido). Un hombre tiene que *dejar* a sus padres y *unirse* con... adherirse a... aferrarse a su esposa. A fin de crear en verdad unidad en un matrimonio, debes dejar atrás todas las demás opciones, ya sean emocionales, mentales o físicas. Las necesidades emocionales de la única persona que deberías satisfacer, aparte de las de tus hijos, son las de tu cónyuge. No te agotes intentando satisfacer las de otra persona. Para crear un matrimonio unido, debes dejar atrás el pasado y a todos los demás.

El sexo es un vínculo unificador entre esposo y esposa. Cimienta la unión. Cuando el resto del mundo podría parecer loco, cuando otros te hacen daño o te traicionan, es maravilloso sentirse conectado con tu cónyuge. Con frecuencia, después de un desastre, muchas parejas hacen el amor porque la experiencia reafirma su vida y su unión. En esencia, están diciendo: *Estamos bien; estamos juntos; estamos vivos*. Quizá tengas un día duro de verdad; un compañero de trabajo se lleva el mérito de tu trabajo, alguien te adelanta en medio del tránsito y te señala con el dedo (¡y no estoy hablando del dedo índice!), y te quedas sin gasolina en la autopista. Si puedes llegar a casa y tener relaciones sexuales con tu cónyuge, la importancia de esos contratiempos desaparecerá porque recordarás que alguien está de tu lado.

No estamos diciendo que el sexo resuelva todos los problemas ni que la comunicación no sea crucial; pero sí crea un sentimiento de unidad. La relación sexual se creó para ser un vínculo unificador, y nunca debería utilizarse como un arma o como un castigo.

Produce hijos

Dios ordenó a Adán y Eva que fructificaran, se multiplicaran y llenaran la tierra (¡es probable que ese sea el único mandato que los seres humanos no han tenido nunca problema en cumplir!). Por tanto, sí, la relación sexual puede dar como resultado, y con frecuencia lo hace, hijos. Y queremos eso... pero para demasiadas parejas, ese es el principal propósito del sexo. El hecho de que tengan hijos demuestra que han estado sexualmente activos, pero no hay unidad, armonía, ni placer en ello. En cambio, hay enojo, dolor, frustración y malentendidos. Esas no son las cualidades de una relación sexual estupenda.

Cualidades de una relación sexual estupenda

Buena comunicación

En primer lugar, tenemos que estar dispuestos a hablar de nuestros pensamientos, temores y sentimientos. Tenemos que estar dispuestos a hablar sobre lo que nos gusta y lo que no nos gusta. Y tenemos que estar dispuestos a escuchar sin ser inseguros y sin rechazar los deseos y las preocupaciones de nuestra pareja.

Conocemos a una pareja que dirige seminarios para matrimonios. Ellos hablan sobre el número de mujeres que se les quejan de estar frustradas sexualmente. Muchas mujeres dicen que nunca o rara vez han experimentado orgasmo, pero tienen temor de hablarlo con sus esposos. Tienen miedo, porque siempre que han intentado hablar al respecto en el pasado, las han humillado con acusaciones de sus inseguros esposos, quienes las culpan de los problemas.

No es seguro hablar con sus esposos. Las esposas se alejan de la conversación sintiendo que «algo va mal en mí». Algunas mujeres fingen su disfrute solo para no tener que soportar un difícil encuentro con sus esposos; pero en lo profundo de su ser, están frustradas.

La relación sexual es algo más que saber dónde van las partes. La relación sexual estupenda necesita un diálogo abierto y sincero acerca de lo que quieres y te hace falta. Y es necesario que se hagan a un lado el yo y el orgullo; algo más fácil de decir que de hacer. Si en verdad quieres que tu relación sexual mejore cada vez más, necesitas crear una atmósfera en la que ambos estén libres para expresar sentimientos y necesidades sin sentirse avergonzados. Ponerse a la defensiva no ayudará. Cuando tu cónyuge esté hablando de una necesidad o una preocupación con respecto a su relación sexual, escucha. Los dos están diseñados para satisfacer las necesidades mutuas… ninguna otra persona puede hacerlo.

Hay una historia que escuchamos acerca de un hombre a quien le resultaba difícil hablar de la relación sexual. En realidad, le resultaba difícil hablar de muchas cosas. Decidió acudir a los maestros de ceremonias para mejorar su confianza y sus capacidades de comunicación.

En un ejercicio en las reuniones de maestros de ceremonias, cada persona tenía la oportunidad de hablar durante cinco minutos sobre un tema que escogían al azar sacando una tarjeta. Una noche, cuando llegó el turno de él, sacó una tarjeta que tenía una sola palabra escrita: sexo. Su tarea era la de hablar a la pequeña audiencia de maestros de ceremonias sobre sexo… durante cinco minutos. Lo intentó lo mejor que pudo.

Cuando llegó a su casa esa noche, su esposa le preguntó: «¿Cuál fue tu tema esta noche con los maestros de ceremonias?».

Por temor a que si se lo decía eso conduciría a más preguntas y una conversación más incómoda, tartamudeó: «Hablé de… navegar. Sí, mi tema fue la navegación». Dio un suspiro de alivio, sabiendo que había evitado una difícil conversación.

Al día siguiente, el hombre y su esposa fueron al centro comercial. Ella entró a una tienda de ropa mientras él esperaba fuera. En la tienda, su esposa se encontró con una de las señoras que los dos sabían que también asistía a las reuniones de maestros de ceremonias.

La señora dijo: «Oí a su esposo hablar anoche en los maestros de ceremonias». Sonrió ligeramente y continuó: «Parece como si conociera el tema *de verdad*».

Su esposa lo pensó durante un momento y respondió: «No sabe mucho de eso. Solo lo ha experimentado dos veces. La primera vez, sintió tantas náuseas que vomitó. La segunda vez, las cosas se desbocaron tanto que su sombrero salió volando y nunca lo encontró».

Una comunicación directa y sincera sobre la relación sexual o sobre cualquier otro tema te ayudará a evitar malentendidos. Comuníquense el uno al otro lo que les gusta, lo que no les gusta y cuáles son sus expectativas. Mantener abiertas las líneas de comunicación es crucial para hacer que la parte sexual de tu vida sea estupenda. Tan solo comuníquense.

Sinceridad

La sinceridad es otra cualidad de la relación sexual estupenda. Haz preguntas como: «¿Qué he hecho que te gusta?», y «¿Qué he hecho que no te gusta?», o «¿Qué te incomoda?». Preguntas como esas, y respuestas sinceras, recorren un largo camino hacia la edificación del entendimiento y la unidad.

Muchas parejas están frustradas con su vida sexual porque no son sinceras con su cónyuge acerca de sus sentimientos, sus deseos y sus expectativas.

Nuestra cultura batalla con nuestras opiniones y respuestas a los homosexuales que «han salido del armario», pero las personas casadas necesitan ser sinceras (¡salir del armario!). Dile a tu cónyuge lo que deseas. Sé sincera con tus tentaciones, orgasmos y lo que te gusta o no te gusta. Muchos tienen temor a que si le dicen a su cónyuge lo que les gusta, se enojará o pensará que son extraños.

Para un hombre, el placer sexual está bastante claro. No tanto para las mujeres. Y ese es el diseño de Dios. Debido a que la relación sexual es, sin duda, divertida y agradable, está diseñada para crear intimidad... y la intimidad no siempre está clara. Dios no hizo a las mujeres como los hombres; de seguro que podría haberlo hecho, pero no lo hizo. Hizo las necesidades y los deseos sexuales de las mujeres un poco más complicados. Cualquier varón puede salir y pasar una noche con múltiples parejas; es necesario un hombre para hacer el trabajo de crear intimidad.

Puede que sea tentador para una mujer fingir sus reacciones o sus respuestas. Es posible que se diga que con esto está evitando hacerle daño al ego de su esposo, pero con más frecuencia lo hace porque no está siendo sincera acerca de lo que necesita. No finjas. No estás ayudándole a saber cómo hacer que sea estupendo para ti si finges. Tienen años para mejorar juntos, así que asegúrate de ser sincera. Él quiere ganar en este aspecto, así que, con amor y paciencia, sé franca y sincera en cuanto a lo que te gusta y lo que no. Es injusto para él y para ti amontonar resentimiento hacia tu esposo debido a frustraciones sexuales que nunca has expresado.

Aunque una esposa puede que no sea sincera en cuanto a su satisfacción sexual y su disfrute de tener un orgasmo, los esposos pueden ser falsos en cuanto a la importancia de la atracción física. «No, no me importa que hayas subido veinte kilos. Solo hay más de ti que amar». Un hombre que dice eso, ama mucho a su esposa de verdad; está intentando hacer que ella se sienta bien consigo misma... pero casi siempre es a expensas de su propio disfrute sexual.

Una mujer se mete en la cama con su cabello lleno de rulos, pijama de franela y una mirada que expresa que se va a quedar dormida en un minuto, y después se pregunta por qué él no muestra más pasión en cuanto a su vida sexual. Piensa: *Tú me quieres por lo que soy en el interior, ¿verdad?* Bien, desde luego que sí; pero es mucho más fácil expresar ese amor cuando ella se presenta de manera que sea atractiva para él.

En general, los hombres son criaturas visuales. Dios los hizo de esa manera. No es que las mujeres no aprecien a un hombre guapo... solo que no tienden a motivarse en lo sexual todo el tiempo por lo que ven, mientras que los hombres lo son por lo regular.

Algunos pensamientos de Holly:

Cuando Philip y yo estamos fuera caminando, a menudo observamos a las parejas. A veces vemos a una mujer hermosa con un hombre que no lo es tanto, y Philip pregunta: «¿Cómo pudo conseguirla?». Siempre, mi respuesta es la misma: «Philip, aunque a nosotras nos importa el aspecto, lo más importante es cómo nos tratan. Por lo tanto, ese hombre no muy dotado debe ser estupendo al amarla, ¡y así es que la consiguió!».

¡Esta es una estupenda noticia para millones de hombres!

Las mujeres son diferentes en ese sentido. Los hombres se estimulan por lo que ven, y por eso yo hago todo lo que puedo con lo que tengo para estar atractiva. ¡Quiero que Philip se sienta atraído a mí incluso cuando tenga ochenta y dos años! Soy la única mujer con la que mi esposo va a tener relaciones sexuales, así que quiero hacer que sea fácil. Sería egoísta por mi parte abandonarme. No voy a ponerme neurótica al respecto, pero haré lo mejor que pueda con lo que tengo.

Si has subido una cantidad importante de peso desde el día de tu boda, te sugiero con amabilidad que trabajes en un plan para librarte de él. *Claro* que él te quiere; y debido a que tú le quieres, trabajarás para llegar a estar lo más sana posible. No se trata de que te veas como una supermodelo; se trata de que seas lo mejor que puedes ser.

Y si aún te sigues poniendo ese pijama de franela que tenías en la secundaria, es probable que debas librarte de él. A menos que él piense que es atractivo. Tal vez no lo crea, pero pregunta. Pregunta porque él se motiva por lo que ve. Llévale contigo a la tienda de lencería y comprueba lo que a él le parece sexy. Podrías sorprenderte. ¿Por qué no ponerte lo que le gusta? Es obvio que no tienes que llevar esa prenda que pica todo el tiempo, ¡pero ponte algo que él considere sexy y observa lo que sucede!

Con esas ideas en mente, recordemos que debido a que estamos comprometidos a edificar este matrimonio, tenemos años para trabajar en él. Paciencia, además de sinceridad, es una buena cualidad para una relación sexual estupenda. Si un encuentro sexual en particular con tu cónyuge dejó mucho que desear, ¡hablen al respecto y esperen la siguiente «sesión de práctica»! Es probable que la relación sexual no sea perfecta cada vez. Deja a un lado la presión relajándote y entendiendo que tienen años para solucionarlo.

Disposición a aprender, cambiar y crecer

Es necesario trabajar para tener una vida sexual estupenda... pero quizá en lugar de verla como trabajo, ¡deberíamos verla como una inversión en nuestro matrimonio! Si quieres tener una mejor vida sexual de la que tienes ahora, tendrás que cambiar. Hay más que aprender sobre la relación sexual... sí, incluso para ti. A veces actuamos como si supiéramos lo que hacemos, ¿pero cómo lo sabemos si nunca hemos hablado de esos temas íntimos con nuestro cónyuge?

Parece muy sencillo... pero si lo fuera, la gente ya habría mejorado su vida sexual. Es muy triste que muchas personas prefieran seguir frustradas, culpar al otro o mirar hacia otra parte a fin de buscar satisfacción, lo cual solo conduce a todo un nuevo nivel de dolor. Comienzan aventuras amorosas y se destruyen los matrimonios. Esta es la ironía: Las aventuras amorosas requieren mucha energía y creatividad. Si invirtiéramos esa misma energía y creatividad en nuestro matrimonio, eso sería determinante. Philip ha dicho: «Puedes llegar a meterte en una aventura amorosa, pero no puedes llegar a meterte en una estupenda relación sexual».

El egoísmo está en la raíz de la mayoría de los desafíos matrimoniales. Demasiado a menudo, no miramos *cómo* podríamos necesitar mejorar, o ni siquiera buscamos oportunidades donde poder cambiar, y en cambio estamos frustrados por la conducta de nuestro cónyuge. Estar dispuesto a cambiar y crecer es esencial para cada aspecto de un matrimonio, y la relación sexual en especial. A medida que atravesamos diferentes épocas, nuestras necesidades podrían cambiar. Lo que nos gusta podría cambiar. Lo que queremos podría cambiar. Necesitamos estar dispuestos a cambiar el uno con el otro.

Leí (Holly) un artículo una vez que describía las diez cosas principales que los hombres quieren de sus esposas sexualmente. En lugar de solo poner en práctica lo que leí, le pregunté a Philip si a él le gustaba cada una de las cosas que había en la lista. Él estaba emocionado de que yo estuviera leyendo un artículo como ese, e incluso más emocionado de que le preguntara si la lista era verdadera para él. Resulta que solo la mitad de la lista era cierta para él.

Y es interesante que su lista haya cambiado con los años desde entonces.

Precisamente cuando llegas a entenderlo todo, ¡se necesita un cambio! No permitas que eso sea frustrante; considéralo una aventura. Al igual que en nuestra relación con Dios, la intimidad es el objetivo y es algo más que una técnica; es conocer el corazón.

Recursos para una relación sexual estupenda

Sentido del humor
La mejor manera de romper la tensión es la risa. No reírse el uno del otro o de los intentos de la otra persona de agradarte, sino de las situaciones cómicas que pueden producirse. Relájate. El retozo es parte de una estupenda vida sexual.

Creatividad e imaginación
Cenar lo mismo cada noche sería aburrido enseguida, aunque tenga buen sabor. De la misma manera, nuestra vida sexual podría llegar a ser un poco monótona si no le aplicamos la creatividad que nos ha dado Dios.

En nuestra cultura actual, se alienta a las parejas a llevar al dormitorio pornografía mediante películas o la Internet. Este no es el tipo de creatividad al que nos referimos. Llevar a otra persona más a tu cama, aunque solo sea en una película, será un obstáculo para que los dos lleguen a ser uno.

Sin embargo, hay muchas otras maneras de ser creativo. Poner música y bailar en el dormitorio. Ponerte un vestido atractivo para captar su atención. En realidad, las ideas son interminables. No vamos a decirte *cómo* ser creativa, tan solo que necesitas serlo. Y cualquier idea que se te ocurra debería ser algo que a los dos les guste y con lo que se sientan cómodos.

En su libro, *El amor que no se apaga*, Ed Wheat escribe:

Estoy sugiriendo que tanto el esposo como su esposa tienen que utilizar la imaginación para enamorarse, para renovar el amor romántico, o para mantener vivo el amor *erótico* de que ahora disfrutan. Recuerden que el amor tiene que crecer, de lo contrario muere. La imaginación es tal vez la facultad natural más fuerte que poseemos. Impulsa las emociones en la misma forma en que las ilustraciones amplían el impacto de un libro. Es como si tuviéramos pantallas de cine en nuestra mente, y nuestra propia capacidad para proyectar películas en la pantalla, cualquier clase de película que escojamos. Podemos representarnos mentalmente situaciones conmovedoras y bellas con nuestro cónyuge en el momento en que lo queramos.

Haga la prueba. Seleccione un momento de sentimiento romántico con su cónyuge, perteneciente al pasado, al presente, o a lo que espera para el futuro. Cuando comience a pensar en ese sentimiento, su imaginación comienza a funcionar con cuadros visuales. La imaginación alimenta sus pensamientos, y los fortalece inmensurablemente; luego, los pensamientos intensifican sus sentimientos. Así es como se realiza el proceso. La imaginación es un don del Creador que debe usar para bien, para que le ayude a cumplir la voluntad de él en un centenar de modos diferentes. Así que, edifique el amor romántico por su lado de la unión matrimonial, pensando en su cónyuge, concentrándose en las experiencias y los placeres positivos del pasado, y luego soñando despierto, en espera del futuro placer que ha de tener con él. La frecuencia y la intensidad de estos pensamientos positivos, cálidos, eróticos y tiernos acerca de su cónyuge, fortalecidos por el factor de la imaginación, gobernarán su éxito en el enamoramiento.

Por supuesto, esto significa que usted puede tener que abandonar las ataduras externas y las fantasías con respecto a alguna otra persona, en caso de que haya sustituido a su cónyuge por otra persona como objeto de sus afectos. Muchos individuos que no están enamorados de su cónyuge comienzan a soñar con alguna otra persona con el objeto de llenar el vacío emocional. Aunque esto solo se halle en la etapa de la fantasía, usted necesita desecharlo y concentrar sus pensamientos en la persona con la que cual se casó[5].

¿Conoces esa mirada que ponen las mujeres cuando
quieren relación sexual? Yo tampoco.
DREW CAREY

La atmósfera adecuada

Quizá tanto hombres como mujeres subestiman la importancia de la atmósfera, debido a que la atmósfera significa algo diferente para los dos. En general, los hombres quieren relación sexual, mientras que las mujeres piensan en besos, toques, abrazos y oír «Te quiero». El libro de Cantar de cantares (a veces llamado Cantares de Salomón) debería ser lectura obligatoria para todas las parejas casadas. Empieza con la siguiente frase:

Bésame, una y otra vez, porque tu amor es más dulce que el vino. (Cantares 1:2, *NTV*)

¡Es un buen libro! Cada capítulo está lleno de ideas para crear una atmósfera de amor y afecto.

Para la mayoría de los hombres, la relación sexual podría producirse en cualquier lugar y sería estupendo; pero para la mayoría de las mujeres, el lugar es importante. La atmósfera no es solo el lugar, aunque el lugar y el momento son importantes. La intimidad importa. ¿Está cerrada la puerta? ¿Cómo es la intensidad de la luz? ¿Te cepillaste los dientes? ¿Dónde están los niños?

La atmósfera es también el clima emocional, y aunque la atmósfera emocional tiende a ser más importante para las mujeres, los hombres también se afectan por ella. En Cantar de cantares, tanto el hombre como la mujer son estupendos para crear una atmósfera que conduce al amor. Las palabras son una gran parte en cuanto a crear esta atmósfera. La pareja en Cantar de cantares se hace cumplidos y crea un ambiente seguro de modo que cada uno exprese necesidades y deseos.

Hemos oído decir que el preámbulo es solo reflexión previa; el noventa y cinco por ciento de una relación sexual estupenda se trata en el cuello. Si un hombre se mete en la cama, bombea el combustible, pero nunca mueve la llave, su esposa se queda ahí con un motor apagado, y es probable que pensando: *¿Qué pasa conmigo?* o *Esto no es para mí. ¿Por qué se le da tanta importancia a la relación sexual?*

La llave es el preámbulo, y eso significa pensar primero en ella. Si una mujer entra en la relación sexual sabiendo que el objetivo de su esposo es ayudarla a tener un orgasmo, estará muy interesada en lugar de perder el interés. Hombres: Concéntrense en darle a su esposa, y recibirán lo que quieren: una compañera interesada y apasionada. Es más fácil enfocarse en lo que ustedes quieren y lo que necesitan, y aunque es importante comunicar sus necesidades, una relación sexual estupenda se produce cuando cambiamos nuestro enfoque de nosotros mismos a satisfacer las necesidades de nuestra esposa.

> Den, y se les dará: se les echará en el regazo una medida llena, apretada, sacudida y desbordante. Porque con la medida que midan a otros, se les medirá a ustedes. (Lucas 6:38)

¿Qué palabras estás utilizando para crear una atmósfera de intimidad? ¿Le estás haciendo cumplidos a tu cónyuge? ¿Estás utilizando palabras amorosas? Puedes comenzar a crear la atmósfera adecuada mucho antes de entrar siquiera al dormitorio. En Cantar de cantares, el hombre le hace cumplidos a su mujer y la ama con sus palabras mucho antes de tocarla.

En el capítulo 4, comienza hablando de sus ojos y entonces compara su cabello con un rebaño de cabras. (¡Estoy suponiendo que esto es algo bueno!). Después habla sobre sus dientes, que están lavados y no falta ninguno. (Muy bien que no falte ninguno, ¡pero no hay que entrar en todos esos detalles! ☺). A continuación, menciona sus hermosos labios, sus mejillas y su cuello; también comenta que su nariz es como «la torre del Líbano» (estoy seguro de que este fue un elogio increíble, pero no sé si las mujeres de hoy, en general, quieren que se hable de sus narices como torres). Después en el libro mira su cintura y dice que es como «un monte de trigo rodeado de azucenas» (una vez más, estoy seguro de que esta es una amorosa comparación para la mujer de la que habla, pero imagino que una mujer de hoy no estaría contenta con tener su cintura y un «monte de trigo» en la misma frase). Dice que sus pechos son como «dos crías mellizas de gacela», refiriéndose a su tierna y delicada belleza. ¿Estás captando la idea? Todas esas palabras se dijeron antes de tocarla. Y estoy seguro que después de oír todas esas palabras, ella estaba bien preparada para ser amada.

A veces un hombre podría decir: «En realidad, no soy bueno hablando». Esa quizá fuera una buena excusa cuando tenías trece años de edad, pero siendo un hombre, necesitas mejorar con respecto a crear una atmósfera de amor con tus palabras. No tienes por qué referirte a rebaños de cabras ni a crías mellizas de gacela, pero necesitas llegar a ser bueno en hacer cumplidos.

Los toques tiernos y no sexuales también avanzan mucho con las mujeres. ¿Estás tocándola durante el día? ¿Le das besos? ¿O estás buscando relación sexual cada vez que la tocas?

En una atmósfera de amor, la crítica siempre estropea el momento. Ese no es el momento para agarrar sus curvas de la felicidad y apretarlas, ni para comentar que ella podría perder unos kilos.

No todos los encuentros sexuales entre los dos implicarán horas de tiempo, música y luz de velas. A veces será rápido. «Rápido» con frecuencia significa que él tiene un orgasmo y ella no, porque es bastante extraño que una mujer tenga un orgasmo en treinta segundos. Ella no está diseñada así. La rapidez está bien en ocasiones, pero no debería ser la única manera de tener relaciones sexuales. Es necesario que haya variedad. Hay que mezclar un poco.

Relación sexual sin sentir vergüenza

Uno de los ingredientes más importantes en una estupenda relación sexual es una actitud franca.

> El hombre y la mujer estaban desnudos, pero ninguno de los dos sentía vergüenza. (Génesis 2:25)

Nuestro deseo es que los dos disfruten del lado sexual de su relación sin sentir vergüenza. ¡Esperamos que las conversaciones comenzadas por este capítulo avancen mucho hacia la creación de un vínculo aun más fuerte en su matrimonio! Sean sinceros y pacientes el uno con el otro. Relájense. Diviértanse. Sean creativos. ¡Y disfruten del viaje!

Para hablar más sobre disfrutar del sexo con tu cónyuge, mira el vídeo en www.godchicks.com.

¡Solo para hombres!

El capítulo entero habla de la relación sexual. ¡Léanlo!

Notas

1. C.S. Lewis, *Cristianismo... ¡y nada más!*, Editorial Caribe, Miami, FL, 1977, p. 102.

2. «Trends in Reportable Sexually Transmitted Diseases in the United States, 2007», U.S. Department of Health and Human Services, 30 enero de 2008; http://www.cdc.gov/std/stars07/trends.htm.

3. «United States Statistics Summary», de Avert.org. http://www.avert.org/usa-statistics.htm; accedido en diciembre de 2009.

4. Armen Hareyan, «One-Third of Pregnancies in America Are Unwanted», EMaxHealth, 10 mayo de 2007. http://www.emaxhealth.com/89/11909.html; accedido en diciembre de 2009.

5. Dr. Ed Wheat, *El amor que no se apaga*, Editorial Caribe, Miami, FL, 1984, pp. 83-84.

Guía de estudio

Capítulo 1: Espejito, espejito (Holly)

¿De quién es la tarea de hacerte feliz? ¿Por qué?

Lee el Salmo 139. Enfócate en la frase «Te alabo porque soy una creación admirable». ¿Por qué es importante amarnos a nosotras mismas?

Nos crearon para la interdependencia, «dependencia mutua» el uno del otro. ¿Por qué crees que Dios nos hizo de esa manera?

Una relación sana es cuando dos personas completas se unen como una. ¿Qué sucede cuando procuramos que alguien nos complete, en lugar de estar completas en Dios?

La necesidad *demanda*. Tener necesidades *pide*. ¿Demandas o pides? ¿Cómo puedes avanzar hacia la expresión de tus necesidades de manera que produzca verdadera intimidad?

Tenemos que asumir la responsabilidad por nosotras mismas; no la posesión de la falta, sino la responsabilidad para crecer, sanar y cambiar a fin de llegar a ser una persona arraigada en el amor de Dios. ¿Hay algo de lo que necesitas responsabilizarte para que tu pasado no siga dictando tu futuro?

Lee otra vez la lista de «Yo soy». ¿Cuál sobresale más para ti? ¿Por qué? Sé tenaz para hacer de ese «yo soy» una verdad en tu corazón que te faculte en la manera que vives tu vida.

¿Qué significa «virtuosa»? Dios escogió el *ahora* como tu momento para impactar el planeta. ¿Qué te está llamando Él a que hagas con tu vida, en tu familia, en tu trabajo, como esposa?

Alguien que puede reírse de sí misma está cómoda en su propia piel. ¿Cuándo fue la última vez que te reíste de ti misma? (Yo me caí de una plataforma, ¿recuerdas?). Acuérdate de no tomarte todo *taaan* en serio.

Capítulo 2: Secretos Victoriosos (Philip)

¿Cómo piensas que Bethany Hamilton fue capaz de comenzar otra vez a hacer surf después de haber perdido su brazo? ¿Por qué crees que ni siquiera lo desearía?

«A veces, lo más difícil de la vida es recuperarse de las tragedias, las tormentas y el sufrimiento. Lo más difícil es aprender a cómo *ponerte de pie y posicionarte*». ¿Es eso cierto para ti?

¿Cuáles eran algunos de los sueños que había en tu corazón mientras crecías? ¿Cómo te sientes en cuanto a los sueños que no se cumplieron o incluso se hicieron añicos?

¿Has experimentado abandono? ¿Qué preguntas hay en tu corazón sin responder después de esa experiencia?

El abuso es demasiado frecuente en nuestro mundo. ¿Es posible elevarse por encima de tal horror? ¿Cómo? (Juan 4 puede ayudar con esa respuesta).

Jesús nos ofrece una relación con Él *ahora*, lo cual puede dar miedo a la luz de nuestras experiencias. ¿Cómo puedes hacer participar tu fe para buscar una relación con Dios que da vida en el presente? ¿Puedes dejar el pasado, no preocuparte por el futuro y creer en Él... ahora?

¿Crees que el amor de Dios es incondicional? ¿Crees que Dios te ama tal como eres? Sí o no, ¿por qué? ¿Has experimentado que el «amor» de otras personas hizo más o menos difícil creer en el amor de Dios?

Dios nos llama a impactar nuestro mundo mediante el servicio radical, a pesar de todo lo que nos hayan herido. ¿Crees que puedes encontrar sanidad sirviendo a otra persona que también esté sufriendo?

Dios puede hacer más de lo que te atrevas a pedir. Él puede hacer más de lo que puedes imaginar (lee Efesios 3:20-21). ¿Crees eso? Memoriza ese pasaje esta semana, a fin de que puedas recordar el poder que obra en tu interior para dar nacimiento al sueño que Él siempre ha tenido para ti.

Hay una danza de victoria que te liberará a lo más elevado de Dios para tu vida. ¿Cómo puedes encontrar gozo y «danza» incluso en tu batalla para vencer eso a lo que te estás enfrentando?

Capítulo 3: Me gustaría, si pudiera... tener un gran matrimonio para la medianoche (Holly)

¿Qué sucede con nosotras y con el cuento de hadas? (Cenicienta mintió, ¿recuerdas?). ¿Cuándo te diste cuenta de que el cuento de hadas no era la realidad?

Lee Proverbios 24:3. ¿Cómo se construye y se establece una casa (una vida, un hogar, una familia)? ¿Qué crees que es necesario para construir un matrimonio estupendo y duradero?

¿Estás esperando a que ocurra un acontecimiento milagroso para que cambie tu matrimonio? ¿Qué pequeño gesto puedes hacer que exprese amor (¡aunque sea ordenar todas las cosas que hay en la cocina!) hacia tu cónyuge?

Las estadísticas sobre el matrimonio no son muy alentadoras; quizá tengamos algunas cosas que aprender. ¿Eres una estudiante en tu matrimonio? Sí o no, ¿por qué?

Piensa en las características de tu cónyuge. ¿Eres precisamente lo contrario en alguna de ellas? ¿Hay una parte de ti que espera en secreto a que cambie y sea más parecido a ti?

Las preguntas nos ayudan a seguir siendo una estudiante; son el lenguaje natural dentro de una relación. ¿Cuándo fue la última vez que le hiciste algunas preguntas a tu cónyuge? ¿Por qué no intentas hacer algunas esta semana? ¿A qué le teme él? ¿Está trabajando en la profesión que ha elegido? Toma tiempo para preguntar.

La sabiduría edifica un hogar, una vida, una familia... y la sabiduría tiene un costo. ¿Qué precio has tenido que pagar por tu sabiduría?

Capítulo 4: La precaria práctica de besar sapos (Philip)

¡Los cuentos de hadas son extraños! ¿Cómo piensas que toda una vida de oír cuentos de hadas ha afectado tu perspectiva sobre el amor?

¡Apunta más alto! No permitas que cualquiera tenga acceso a tu corazón. ¿Cedes cuando se trata del amor? ¿Por qué?

¿Recuerdas la primera historia? ¿Pasas por alto las banderas rojas de las relaciones de riesgo? ¿Confías en Dios lo suficiente como para abandonar relaciones que podrían dañar tu corazón y destruir tu futuro? Sí o no, ¿por qué?

¿Te has acercado alguna vez demasiado y demasiado pronto? Lee Proverbios 4:23. ¿Por qué crees que el rey Salomón nos dice que guardemos nuestro corazón sobre todas las cosas?

«Con el tiempo, serás capaz de distinguir el cebo de la falsa intimidad de lo verdadero». ¿Has comenzado una relación y te has dado cuenta más adelante de que la persona no era la que pensabas que era? ¿Estuvo él dispuesto a crecer y cambiar, o tuvo que terminar esa relación?

Las similitudes en una relación son muy importantes. ¿Cuáles son algunas de tus creencias centrales y valores que quieres que tu pareja tenga también?

Regresa a la sección sobre las banderas rojas. ¿Qué bandera roja te encuentras con frecuencia pasando por alto? ¿Cómo te han enseñado tu historial y tu experiencia en la vida a aceptar menos de lo que te mereces?

Todos tenemos que aprender a servirnos los unos a los otros. ¿A quién sirves tú: a tus apetitos, a ti misma, a otros, a Dios? En cuanto a tu cónyuge o tu potencial pareja... ¿a quién sirve o a qué le ves que sirve?

Capítulo 5: Diferencias irreconciliables (Holly)

¿Qué piensas cuando escuchas o ves el término «diferencias irreconciliables»?

¿Tiene toda relación diferencias irreconciliables? ¿Qué te hace pensar eso?

Nuestras diferencias se pensaron a fin de hacernos más fuertes, no para dividirnos; pero las diferencias pueden dividirnos a menos que busquemos la unidad. ¿En qué es distinto tu esposo de ti? ¿En qué eres distinta de él? ¿Cómo, a la luz de lo que leíste, les hacen más fuertes esas diferencias juntos?

Jesús oró en Juan 17 que todos fuéramos uno, como Él y su Padre son uno. ¿Qué quiso decir con eso?

¿De qué manera pueden, como pareja, trabajar hacia la unidad? ¿Qué podrían hacer si comenzaran a enfocarse en lo que son similares en lugar de enfocarse en lo que son diferentes?

¿Recuerdas la historia sobre el proyecto del genoma humano? ¿Qué comprensión comenzó a surgir en tu corazón mientras la leías?

Haz una lista de las maneras en que tu esposo y tú son diferentes. Ahora, confecciona una lista de las maneras en que son similares. ¡Mantén esta lista cerca de ti todo el tiempo! Cuando surjan diferencias, enfócate en la lista de «similitudes».

Capítulo 6: Ya me tenías con el hola (Philip)

¿Por qué crees que los sueños son tan cruciales para las mujeres? ¿Cuáles son algunos de los sueños de tu corazón?

Toda mujer sueña con que le conozcan, amen y honren de verdad por ser quien es. ¿Qué tiene que ver el honor con el amor?

«El honor en el corazón da poder a las palabras que salen de la boca». ¿Cómo puedes honrar y expresar admiración a los que están más cerca de ti (recuerda la historia sobre Michael Jordan)?

La comunicación es uno de los recursos más importantes en una relación. ¿Por qué tu tono de voz es tan importante como tus palabras?

¿Es el silencio una forma eficaz de comunicación? ¿Qué sentimientos y temores has comunicado de manera franca y sincera?

¿Cómo puedes comunicar uno de los siguientes puntos esta semana: *interés, expectación, apreciación, aliento* o *compromiso*?

¿Por qué crees que la paciencia es necesaria en el viaje de tu relación?

«La confiabilidad es el pegamento de la relación». ¿Eres la clase de persona en la que otros pueden confiar? ¿Y en las pequeñas cosas como el respeto, la apreciación y el apoyo?

¿Ha matado alguna vez el orgullo una relación en tu vida? ¿Dónde ves el orgullo operando en tus relaciones en casa, en el trabajo o en la iglesia?

¿Qué piensas de la cita del Dr. Phil: «A veces tomas la decisión adecuada, a veces haces la decisión adecuada»?

Capítulo 7: Durmiendo con el enemigo (Holly)

Los conflictos en el matrimonio surgirán (no somos clones, ¿recuerdas?). Las palabras odiosas, la indiferencia y el descuido pueden hacerle daño a nuestro cónyuge hasta lo más profundo. Sin embargo, ¿cómo nos hacen daño también a nosotras?

¿Cómo puede ayudar a resolver un conflicto el estar en paz con Dios? ¿Te sientes en paz con Él? Sí o no, ¿por qué?

La paz con Dios abre la puerta para una relación más profunda con Él; esa relación más profunda nos permite hablar con Él primero sobre el conflicto. Podemos pedirle a Dios que nos muestre cuál es nuestra parte en el conflicto. ¿Descubres que dices: «Lo lamento, pero...»? ¿Cómo puedes decidir llegar a ser buena para decir «lo siento»... sin ningún pero?

¿Qué tiene que ver el momento con la solución de un problema? (Piensa en Ester). ¿Cómo ha afectado tu relación un mal momento? ¿Y cuándo aprovechaste el momento adecuado?

En cuanto al lugar que escoges para hablar de un problema, ¿por qué es importante? ¿Cuál es un buen lugar para que tú y tu cónyuge solucionen un problema?

«No se trata de *sus* problemas ni *mis* problemas. Estamos casados. Es nuestro problema». Cuando surge el conflicto, ¿descubres que te inclinas hacia *su, mi* o *nuestro*? ¿Cómo puedes mejorar en quedarte en el mismo equipo?

El modo en que lidiamos con el conflicto es también muy importante. ¿Eres capaz de vigilar tu boca, o tiendes a decir cualquier cosa que estés pensando en el momento en que lo piensas? ¿Cómo puedes mejorar?

El humanismo y el materialismo pueden causar graves conflictos en el matrimonio. ¿Han llevado cualquiera de los dos problemas innecesarios a su matrimonio? ¿De qué manera?

La decisión de manejar los períodos de la vida juntos será determinante a la hora de atravesarlos. Piensa en períodos pasados con tu cónyuge (noviazgo, matrimonio, tener hijos, nuevos empleos, mudanza, otros).

¿Cómo afectaron a tu matrimonio? ¿Eres intencional en cuanto a pasar tiempo juntos y edificar intimidad en cada período de la vida?

La comunicación es clave, tanto para escuchar como hablar. ¿Cómo actúan en conjunto las palabras, el tono de voz y el lenguaje corporal de una persona durante la comunicación?

Capítulo 8: Una esposa con propósito (Philip)

No se trata de ti. ¿Entiendes que tu papel como esposa es alentar y apoyar a tu esposo para que se convierta en todo lo que Dios le ha llamado a ser? ¿Entiendes que él tiene que hacer lo mismo por ti? ¿Cuál es tu respuesta a estas cosas?

Nuestro cónyuge no siempre nos alienta de esa manera, y muchas mujeres se preguntan: *¿Quién se supone que debo ser?* ¿Es esa la pregunta que hay en tu corazón? ¿De qué manera han respondido esa pregunta para ti las películas, los medios de comunicación, las revistas, la familia y la iglesia? ¿Están en armonía esas respuestas con lo que Dios dice que eres?

¿Recuerdas el ejemplo del entrenador Phil y Michael Jordan? «Yo soy el entrenador Phil; ella es MJ». ¿Cómo te sentiste cuando leíste eso? ¿Consideras que estás recibiendo el entrenamiento adecuado que necesitas para tener éxito?

Repasa otra vez las estadísticas sobre las mujeres en todo el mundo. ¿Eras consciente de lo que estaba sucediendo en otras partes del planeta? ¿Puedes ampliar tu capacidad de orar por las mujeres en todo lugar a medida que continúas orando por ti misma?

¿Cómo puede la iglesia, y los hombres en la iglesia, adoptar una postura local a fin de elevar el valor de las mujeres en todo el mundo?

Las mujeres son valiosas para los planes y los propósitos de Dios. ¿Qué dice Él acerca de las mujeres? ¿Qué nos dicen las Escrituras acerca de las mujeres en el ministerio? Puedes comenzar leyendo Hechos 2 y Gálatas 3:26-28.

¿Has experimentado la libertad que Cristo le prometió a *toda* la humanidad mediante tu iglesia local, o te has sentido tolerada pero incapacitada como mujer?

«Los hombres tienen que hacer lo que solo los hombres pueden hacer, a fin de que se capaciten a las mujeres para hacer lo que solo pueden hacer las mujeres». ¿Qué piensas de esta idea? ¿Has tenido que escoger quién eres con el propósito de satisfacer el ego de otra persona? ¿Te sientes libre para ser una mujer, o te sientes abrumada o intimidada?

Capítulo 9: El cambio sucede (Holly)

Los hijos son una maravillosa adición a una familia, ¿pero deberían ser el centro de un matrimonio? Sí o no, ¿por qué?

¿Descubres que hablas más sobre los negocios de la familia (quién hace la cena, quién recoge a los niños) que de la relación matrimonial? ¿Puedes volver a conectarte con tu cónyuge esta semana de modo que te enfoques en la edificación de la relación?

«En realidad, la crianza de los hijos es el procedimiento de enseñar y preparar a tus hijos a fin de que dejen tu hogar y comiencen sus propias vidas». ¿Te estás aferrando a tus hijos por temor a que se vayan, o estás preparándolos para edificar una vida por su cuenta cuando se vayan de tu casa?

¿Tienen tus padres más influencia en ti que tu cónyuge? ¿Sus comentarios crean división en tu matrimonio? ¿Cómo puedes tomar lo mejor de lo que te enseñaron tus padres sin permitir que sus consejos te abrumen?

¿Recuerdas la historia del tren de Priscilla Shirer? ¿Vivías con algo (depresión, amargura, celos) antes del matrimonio que haya aflorado en tu matrimonio? ¿Estás decidida a no permitir que esa «tercera persona» del pasado invada tu presente? ¿Cómo lidiarás con tu pasado?

¿De qué modo desempeñan un papel los amigos en tu matrimonio? Piensa en tus amistades más íntimas. ¿Edifican esas amistades tu matrimonio o lo derriban? (Si es lo segundo, ¡podría ser adecuado crear nuevas amistades!).

¿Cómo pueden tu cónyuge y tú invertir en relaciones con personas que también busquen el propósito de Dios? ¿Vienen a tu mente algunas personas concretas? ¿Cómo puedes llegar a ellas? Se necesitarán tiempo y paciencia, ¡pero valdrá la pena! (Prueba a unirte a un grupo pequeño de la iglesia local a fin de entablar nuevas relaciones, si es que no se te ocurre nadie).

Tu esposo no quiere que tú seas su jefa; quiere que seas su esposa. ¿Eres buena en cuanto a cambiar de papeles (jefa, mamá, esposa etc.)? ¿Cómo puedes mejorar?

¿Estás plantada en una iglesia local? Comienza a servir, comienza a amar, comienza a ampliar tu perspectiva de modo que tu cónyuge y tú puedan crecer juntos en el propósito de Dios. Él los creó a ambos para distinguirse y ser determinantes en un mundo perdido y quebrantado.

Capítulo 10: ¡Choca esos cinco! (Philip)

¿Qué piensas del método de choca esos cinco? ¿Es algo de lo que estarías dispuesta a hablar y después intentar con tu cónyuge?

Las cinco mayores necesidades de los hombres son: respeto, aliento, compañerismo, relaciones sexuales y aventura. ¿Cuál sientes que te resulta más difícil de satisfacer?

«El respeto es el aceite que hace que el motor de un hombre funcione con suavidad. Nos ayuda a mantener una mente y un corazón dispuestos». Sé lo bastante valiente esta semana para hacerle a tu esposo las dos preguntas siguientes: (1) «¿Qué hago o digo para que tú te sientas respetado?» y (2) «¿Hay algo que yo haga que te hace sentir poco respetado?».

¿Está el aliento funcionando con libertad en tu relación? ¿Cuáles son algunas maneras en que puedes alentar a tu esposo? ¿Cómo puedes comenzar a alentar con regularidad quién es él, sus esfuerzos, su trabajo y su ministerio?

¿Tomas tiempo para «jugar» con tu esposo? ¿Eres su compañía? Si no, ¿cuáles son sus pasatiempos? ¿Qué le gusta? ¿Cómo puedes participar?

¿Qué es atractivo para tu esposo? No te deberían valorar solo por tu aspecto, pero está bien que tu esposo se interese por tu aspecto. ¿Cómo puedes ser buena para satisfacer su deseo en esta esfera?

¿Eres una enemiga de la aventura de tu esposo o un apoyo de ella? ¿Te asusta la búsqueda de aventura?

Hay mucha confusión en la actualidad sobre cómo deben ser los hombres. ¿Cuál ha sido tu experiencia en tu casa, en el trabajo y en la iglesia con hombres pasivos o agresivos? Si eres soltera, ¿tiendes a sentirte atraída por uno o por el otro? ¿Hay algunas características malsanas en ti que te atraigan hacia un hombre malsano?

¿Has pensado alguna vez en la historia del hijo pródigo tal como se describe en este capítulo? ¿Cómo influye en ti el amor del Padre?

Capítulo 11: «S-E-X-O» no es una palabra vulgar (Philip y Holly)

Nota: ¡Estas preguntas deberían discutirse entre esposo y esposa!

¿Dónde conseguiste tu información sobre la relación sexual? ¿Fue útil o fue algo a lo que tuviste que sobreponerte?

«La relación sexual, que debería ser un regalo para nuestra vida, será una maldición si no se trata de la manera apropiada. Aunque quizá muchas personas no respeten la perspectiva bíblica sobre la relación sexual, el enfoque de nuestra sociedad no está dando resultados». ¿Qué piensas de estas ideas?

¿Te sientes cómoda hablando con tu cónyuge sobre la relación sexual, sobre lo que te gusta y lo que no te gusta? ¿Te has puesto a la defensiva al respecto en lugar de escuchar?

Esposas, ¿están fingiendo en sus respuestas? Si es así, ¿por qué? ¿Por qué es difícil ser sincera sobre lo que necesitas?

A medida que pasamos por diferentes épocas en la vida, puede que cambien nuestras necesidades. ¿Están hablando sobre esos cambios?

¿Cómo puedes utilizar tu imaginación para darle sabor a tu vida sexual? Pasa algún tiempo esta semana pensando en maneras de hacer que tu vida sexual con tu cónyuge despida chispas a menudo.

¿Qué puedes hacer para crear una mejor atmósfera? ¿Qué tipo de juego preliminar estás esperando? ¿Qué palabras estás utilizando para crear una atmósfera de intimidad?

¿Cuántos toques no sexuales se dieron el uno al otro este día? ¡Intenten dar más mañana!